Peter Dudek   Jugendliche Rechtsextremisten

Peter Dudek

Jugendliche Rechtsextremisten

Zwischen Hakenkreuz und Odalsrune
1945 bis heute

Bund-Verlag

CIP-Kurztitelaufnahme der Deutschen Bibliothek

Dudek, Peter:
Jugendliche Rechtsextremisten : zwischen Hakenkreuz
u. Odalsrune 1945 bis heute / Peter Dudek. – Köln :
Bund-Verlag, 1985.
 ISBN 3-7663-0897-1

© 1985 by Bund-Verlag GmbH, Köln
Lektorat: Gunther Heyder
Herstellung: Heinz Biermann
Umschlag: Roberto Patelli, Köln
Druck: Buch- und Offsetdruckerei Wagner GmbH, Nördlingen
ISBN 3-7663-0897-1
Printed in Germany 1985
Alle Rechte vorbehalten, insbesondere die des öffentlichen Vortrags
der Rundfunksendung und der Fernsehausstrahlung, der fotomechanischen
Wiedergabe, auch einzelner Teile.

Inhalt

Abkürzungen 7

1. Einleitung 11

2. Annäherungen: Jugendliche im Protest von
   rechts 13
   2.1 Streiflichter und Kurzmeldungen 13
   2.2 Jugendbilder – Jugendsituation 17
   2.3 Jugendprotest und jugendlich-rechtsextreme
       Subkultur 25

3. Die skeptische Generation der Kriegskinder –
   Eine Skizze 30
   Exkurs: Die »Halbstarken« 41

4. Die rechtsextreme Jugendszene der fünfziger
   Jahre 53
   4.1 Die nationalistischen Jugendbünde des KNJ . . . 63
   4.2 Die soldatischen Jugendverbände 71
   4.3 Die völkischen Jugendbünde 77

5. Die sechziger Jahre: Krise und neuer Aufbruch . 85
   5.1 Die antisemitische Schmierwelle 1959/60 85
   5.2 Die Verbotspolitik gegenüber rechtsextremen
       Jugendgruppen 90
   5.3 Zur Lage der nationalistischen Jugendbünde . . 98

6. Die siebziger und achtziger Jahre: Verjüngung –
   Radikalisierung – Militanz 105
   6.1 Der Bund Heimattreuer Jugend (BHJ) e.V. . . . 113

6.2 Die Wiking-Jugend (WJ) – Durchlauferhitzer
    für neonazistische Karrieren 127
6.3 Die Jungen Nationaldemokraten (JN) 140
6.4 Die neonazistischen Gruppen: »Politische
    Soldaten« der Gewaltphilosophie 153

7. **Der Terrorismus von rechts** 182

8. **Opfer oder Täter? Skizzen zu einem Prozeß
   gegen jugendliche Neonazis** 197

9. **Politische Deutungsmuster und rechtsextreme
   Karrieren** 223

10. **Thesen zum Rechtsextremismus unter
    Jugendlichen** 232

11. **Literaturverzeichnis** 237

12. **Personenverzeichnis** 241

Abkürzungen

Organisationen/Institutionen

AAR	Aktion Ausländerrückführung
ANR	Aktion Neue Rechte
ANS	Aktionsfront Nationaler Sozialisten
ANS/NA	Aktionsfront Nationaler Sozialisten/Nationale Aktivisten
AVJ	Arbeitsgemeinschaft Vaterländischer Jugendverbände
AVV	Arbeitskreis Volkstreuer Verbände
BAS	Befreiungsausschuß Südtirol
BBI	Bürger- und Bauern-Initiative
BDJ	Bund Deutscher Jugend
BDM	Bund Deutscher Mädel
BHJ	Bund Heimattreuer Jugend
BHJÖ	Bund Heimattreuer Jugend Österreichs
BJD	Bund Junger Deutscher
BKA	Bundeskriminalamt
BMI	Bundesministerium des Innern
BNJ	Bund Nationaler Jugend
BNS	Bund Nationaler Studenten
BVJ	Bund Vaterländischer Jugend
DA	Deutsche Aktionsgruppen
DAZ	Deutsches Arbeitszentrum
DB	Deutscher Block
DBI	Deutsche Bürgerinitiative
DBJR	Deutscher Bundesjugendring
DG	Deutsche Gemeinschaft
DGB	Deutscher Gewerkschaftsbund
DJBK	Deutscher Jugendbund Kyffhäuser
DJO	Deutsche Jugend des Ostens

DKEG	Deutsches Kulturwerk Europäischen Geistes
DP	Deutsche Partei
DRP	Deutsche Reichspartei
DVV	Deutsche Volksunion
DWV	Deutsch Wandervogel
EVS	Europäische Verbindungsstelle
FKDP	Freundeskreis Deutsche Politik
FK	Freundeskreis der nationalen Jugend
FR	Freiheitlicher Rat
GVJ	Gemeinschaft Volkstreuer Jugend
HJ	Hitler-Jugend
HNG	Hilfsgemeinschaft für nationale politische Gefangene und deren Angehörige
HTS	Hochschulring Tübinger Studenten
JBA	Jugendbund Adler
JDB	Jungdeutsche Bewegung
JDG	Junge Deutsche Gemeinschaft
JN	Junge Nationaldemokraten
KB	Kyffhäuserbund
KNJ	Kameradschaftsring Nationaler Jugendverbände
LKA	Landeskriminalamt
MJ	Marine-Jugend
NHB	Nationaldemokratischer Hochschulbund
NJD	Nationaljugend Deutschlands
NPD	Nationaldemokratische Partei Deutschlands
NSDAP	Nationalsozialistische Deutsche Arbeiterpartei
NVF	Nationale Volksfront
PDI	Pressedienst Demokratische Initiative
RAD	Reichsarbeitsdienst

RAF	Rote Armee Fraktion
RFS	Ring Freiheitlicher Studenten
RZ	Revolutionäre Zellen
SA	Sturmabteilung
SRP	Sozialistische Reichspartei
VdS	Verband deutscher Soldaten
VSBD/PdA	Volkssozialistische Bewegung Deutschlands/ Partei der Arbeit
WJ	Wiking-Jugend
WSG	Wehrsportgruppe

Zeitungen/Zeitschriften

AdG	Archiv der Gegenwart
apuz	aus politik und zeitgeschichte. Beilage zum »Parlament«
DA	Deutscher Anzeiger
DNZ	Deutsche National-Zeitung
ET	Erkenntnis und Tat
FAZ	Frankfurter Allgemeine Zeitung
FR	Frankfurter Rundschau
JPD	Jugendpressedienst, hrg. v. BHJ
ND	Nachrichtendienst
nps	nationalpolitische studien
SvZ	Studien von Zeitfragen
taz	Die Tageszeitung

1. Einleitung

Seit einigen Jahren vollzieht sich im bundesdeutschen Rechtsextremismus ein Generationswechsel. Es sind nicht nur mehr die unbelehrbaren NSDAP-Parteigänger, sondern zunehmend Jugendliche, die den aktivistischen Kern des rechten Lagers stellen. Vor dem Hintergrund politischer, gesellschaftlicher und ökonomischer Krisen steigt die Zahl jener, die nach einfachen Antworten suchen, nach starken Führern rufen oder offen an das »Vorbild« der NSDAP anknüpfen wollen. Mit den Verjüngungstendenzen stieg die Zahl der Gewalttaten und Gesetzesverletzungen 1982 auf den Höchststand in der Geschichte der Bundesrepublik. Ein kleiner Teil der politisch fanatischen Jugendlichen wandert in den terroristischen Untergrund ab. Auf der anderen Seite übernehmen Jugendcliquen ideologische Versatzstücke der Rechtsextremisten als Provokationsmittel, sehen in der gewalttätigen Auseinandersetzung mit vermeintlichen Gegnern und im Verfolgen und Mißhandeln von Türken eine Art »Freizeitsport«. Wie gefährlich sind diese Jugendlichen? Was wollen sie? Wie entstand und verlief das jugendlich-rechtsextreme Protestpotential in der Bundesrepublik?
Bei der Beantwortung dieser Fragen liegt die Gefahr der Verharmlosung oder Überdramatisierung gleichermaßen nahe. Über die Möglichkeiten des politischen Rechtsextremismus, Einfluß auf größere Gruppen von Jugendlichen zu gewinnen, läßt sich ein wohlbegründetes Urteil am besten aus der Kenntnis der Geschichte des Rechtsextremismus unter Jugendlichen fällen. Deshalb ist dieser Band historisch angelegt. Aus der historischen Perspektive betrachtet er die aktuelle Situation und Entwicklung rechtsextremer Jugendorganisationen. Es war der Wunsch des Verlages, auf eine stark wissenschaftsorientierte Darstellungsform und Argumentationsweise zu-

gunsten interpretierter Primärinformationen zu verzichten. Gedacht ist der Band deshalb als eine Art Informationsbuch über eine politische Protestbewegung, die sich trotz aller Medienresonanz in einer Gettosituation befindet. Das weiß niemand besser als die Führer und opinion-leaders rechtsextremer Jugendgruppen. Dennoch wächst in den letzten Jahren ihr mittelbarer und unmittelbarer Einfluß vor allem auf Jugendliche der Unterschichten. Geschichte wiederholt sich nicht. Aber vor dem Hintergrund der Erfahrungen in der jüngsten Vergangenheit bedarf das antidemokratische Protestpotential von rechts besonderer Aufmerksamkeit.

Im Juni 1984   Peter Dudek

2. Annäherungen: Jugendliche im Protest von rechts

2.1 Streiflichter und Kurzmeldungen

1.: »In bundesdeutschen Städten ist derzeit der Film des österreichischen Regisseurs Walther Bannert, ›Die Erben‹, zu sehen. Seit dem Start des Zelluloidstreifens werden Lichtspielhäuser, die ›Die Erben‹ in ihr Programm aufgenommen haben, und der Münchner Filmverleih ›Cosmofilm GmbH‹ durch Neonazis bedroht. Die telephonischen Bombendrohungen, davon zwei in der vergangenen Woche, gingen bei Cosmofilm inzwischen ein, so ein Mitarbeiter gegenüber der taz. Zweifelloser Höhepunkt der Aktionen gegen den Film ist der Brandanschlag auf das Mannheimer Kino ›Casablanca‹ im ›Capitol‹ am 10. 1. 84. Sachschaden rund eine Million DM.« (»Die Tageszeitung« vom 27. Januar 1984, S. 5.)
2.: »Bis Mitternacht wurden am Mittwoch 86 Hamburger Skinheads von der Polizei in Gewahrsam genommen. Etwa 100 bis 150 von ihnen hatten sich anläßlich eines Punk-Konzerts in der ›Fabrik‹ zusammengerottet, um die Besucher zu bedrohen ... Die Polizei, die vorher einen Hinweis auf mögliche Auseinandersetzungen bekommen hatte, war sofort mit einem Aufgebot von etwa hundert Beamten vertreten. Die als ›rechtsradikal‹ einzustufenden Skins waren mit Latten und Knüppeln bewaffnet in Richtung der Konzerthalle gezogen, wurden von der Polizei unterwegs aufgegriffen und bis zum Ende des Konzerts festgehalten ... Die Veranstalter hatten bereits in der Vergangenheit, insbesondere bei antifaschistischen Veranstaltungen, Überfälle und Bedrohungen von seiten rechtsgerichteter Gruppen erlebt.« (»Die Tageszeitung« vom 4. Februar 1984, S. 5.)
3.: »Als ›Satire, wenn auch in nicht zu billigender Form‹, bezeichnete der Verteidiger des vor der Staatsschutzkam-

mer des Landgerichts Zweibrücken wegen ›Volksverhetzung‹ angeklagten Ex-Polizisten Hans-Günter Fröhlich, das sogenannte 1982 verbreitete ›Zionistenspiel‹, dessen Gewinner erst sechs Millionen Juden vergast haben muß. ›Früher sei derartige Satire gang und gäbe gewesen‹, sagte Rechtsanwalt Peter Stöckicht, von 1968 bis 1972 Abgeordneter der NPD im Stuttgarter Landtag. Er selbst hätte das Spiel auch aufgehoben, denn so etwas hat ›absolut historischen Wert, ja sogar einen hohen Geldwert für Sammler‹. Jüdischen Mitbürgern in der Bundesrepublik ›wie Galinski und andere‹ bescheinigte der rechtsradikale Verteidiger eine ›Zensorenfunktion‹, die ›ungefragt ihre Stimme abgeben‹... Der Angeklagte Hans-Günter Fröhlich bestritt wie seine mitangeklagte Lebensgefährtin Ingeborg Schulte, das antisemitische Hetzspiel hergestellt oder verbreitet zu haben. In seinem Schlußwort sagte der ... Ex-Polizist, daß er auch im Falle seiner Verurteilung seine nationalsozialistische Gesinnung nicht aufgeben werde.« (»Die Tageszeitung« vom 1. März 1984, S. 2.)

4.: »Von mehreren Schüssen aus der Gaspistole eines mutmaßlichen Neonazis wurde ein ›Nachrücker‹ der Grünen im Bundestag, der Frankfurter Herbert Rusche, am Montagabend in München bei einem Vortrag zum Thema der Gleichberechtigung Homosexueller in München verletzt.« (»Frankfurter Rundschau« vom 14. März 1984, S. 4.)

5.: »Der Brandanschlag auf die ehemalige jüdische Synagoge in Düsseldorf ist geklärt. Die Düsseldorfer Kriminalpolizei nahm am Freitag zwei mittzwanziger Männer fest, die den Brandanschlag gestanden. Einer der Täter, die sich weiterhin auf freiem Fuß befinden, ist Mitglied der neofaschistischen Nationaldemokratischen Partei Deutschlands (NPD).« (»Die Tageszeitung« vom 12. März 1984, S. 5.)

6.: »In der B-Ebene des Frankfurter Hauptbahnhofes wurde in der Nacht zum Montag ein 22 Jahre alter Mann Opfer eines brutalen Raubüberfalls. Der Mann war gegen 1 Uhr auf dem Heimweg, als er auf der Rolltreppe plötzlich von zwei jungen Männern gepackt und hinuntergestoßen wurde. In einer Ecke wurde er dann von vier weiteren Personen umringt, bei denen es sich der Beschreibung nach um ›Skinheads‹ handelte... Nach Angaben der Polizei waren die ›Skinheads‹ mit Fliegerjacken, engen Hosen und Bundeswehrstiefeln bekleidet.« (»Frankfurter Rundschau« vom 20. März 1984, S. 13.)

7.: »Das Frankfurter Landgericht hat am Dienstag drei Anhänger der Nationaldemokratischen Partei Deutschlands (NPD) verurteilt, die nach einer Parteiveranstaltung im Juli 1983 nachts in einem Park einem Türken nachgestellt und ihn bedroht hatten.« (»Frankfurter Rundschau« vom 28. März 1984, S. 9.)

8.: »Das ›Buchcafé‹ in der Bad Hersfelder Innenstadt ist am frühen Mittwochmorgen vollständig ausgebrannt. Nach Angaben der Polizei besteht Verdacht auf Brandstiftung ... Das ›Buchcafé‹ war Treffpunkt von Friedens-, Wehrdienstverweigerer-, Umwelt-, Frauen- und Türkengruppen. Fragen, ob gegen Mitglieder einer Neonazi-Gruppe ermittelt werde, wurden von der Kriminalpolizei nicht beantwortet.« (»Frankfurter Rundschau« vom 6. April 1984, S. 15.)

9.: »Nach einer Massenschlägerei unter der Autobahnbrücke in Praunheim hat die Polizei am Freitagabend 70 Jugendliche – darunter drei Frauen – festgenommen. Nach Angaben eines Polizeisprechers hätten sich gegen 17 Uhr etwa 150 Männer und Frauen aus der Nordweststadt, Praunheim und der Innenstadt dort eingefunden und mit ›massiven Schlägereien‹ begonnen. Offenbar handelte es sich um drei sogenannte ›streetgangs‹ (Straßenbanden), deren 15- bis 20jährige Mitglieder sich gegenseitig mit Baseballschlägern, Knüppeln, Ketten, Messern, Signal- und Gaspistolen traktierten.« (»Frankfurter Rundschau« vom 7. April 1984, S. 9.)

10.: »Insgesamt 21 Männer sind am Samstag gegen Abend nach dem Fußballspiel Bayern München gegen VfB Stuttgart in der bayerischen Landeshauptstadt festgenommen worden. Wie die Polizei am Sonntag mitteilte, hatten sie am Münchener Hauptbahnhof und im Olympia-Stadion, wo das Spiel 2:2 endete, randaliert. Elf werden dem Ermittlungsrichter zur Haftprüfung vorgeführt. Sie sollen sich wegen Körperverletzung, Sachbeschädigung, Diebstahl, Beleidigung und Verstoß gegen das Waffengesetz verantworten.« (»Die Tageszeitung« vom 9. April 1984, S. 2.)

11.: »Zu einer Haftstrafe von einem Jahr ohne Bewährung verurteilte ein Dortmunder Schöffengericht am Freitag vergangener Woche Siegfried B. (32), aufgrund eines ›Stern‹-Berichtes bundesweit als ›SS-Siggi‹ bekannt. Der Einheizer der Dortmunder ›Borussenfront‹ hatte sich der Volksverhetzung, Bedrohung, Verwendung von Kennzeichen verfassungswidriger Organisationen und Beleidigungen schuldig gemacht ... In Dortmund werden in nächster Zeit noch etwa zwei Dutzend Prozesse gegen Mitglieder der ›Borussenfront‹ wegen Volksverhetzung und Körperverletzung stattfinden. Ein Münchner Gericht hat drei 15- bis 19jährige Fans des VfL Bochum zu drei Wochen Jugendarrest verurteilt. Am 17. März dieses Jahres hatten sie in der Münchner Fußgängerzone gerufen: ›Türken raus, Kanaken raus!‹ und einen Türken mit Fäusten zu Boden geschlagen und mit Füßen getreten.« (»Die Tageszeitung« vom 9. April 1984, S. 5.)
12.: »Gestern nachmittag, mitten in Straßburg: 15 deutsche Schlachtenbummler – mit Glatzköpfen und in Uniformjacken – ziehen mit einer riesengroßen Fahne lärmend und grölend durch die Straßen. Sie singen Nazi-Lieder, belästigen Passanten.« (»BILD« vom 19. April 1984, S. 16.)

Meldungen dieser Art findet man täglich in bundesdeutschen Tageszeitungen. Gewöhnlich überliest man sie oder sie geraten schnell in Vergessenheit, denn es haftet ihnen keine Dramatik mehr an. Allemal zum Alltag in den Großstädten zählen Gewaltanwendung und Provokationen Jugendlicher mit rechtsextremem Hintergrund. Die wenigsten von ihnen sind überzeugte Neonazis, die meisten von ihnen sind ausländerfeindlich eingestellt und finden nichts dabei, im Fußballstadion »Immel nach Auschwitz« zu wünschen. Seit Ende der siebziger Jahre gewinnen nazistische Symbole und Parolen als Provokationsmittel Jugendlicher zunehmend an Bedeutung. Fußballfans verschiedener Clubs beschimpfen sich gegenseitig mit »Jude, Jude«-Rufen und das Geschäft der diskreten Devotionalien- und Militariahändler blüht. Aufnäher wie »Ich bin stolz, ein Deutscher zu sein« erfreuen sich großer Beliebtheit inzwischen auch bei männlichen Jugendlichen in der Provinz. »Rotfront-verrecke«- und »Kanaken-raus«-Parolen kann man wieder fast in jeder Großstadt an den Wänden der U-Bahnhöfe lesen. Driftet die junge Generation nach rechts ab? Treten sie das Erbe ihrer Großväter an? Kommen die Nazis wieder? Solche Fragen werden ernsthaft gestellt: von den Medien, von Gewerkschaften, Parteien, Pädagogen. Sie sind maßlos überzogen und gehen am Kernproblem vorbei.

Die Jugendlichen, von denen hier die Rede ist, sind Kinder der bundesrepublikanischen Wohlstandsgesellschaft. Sie haben Lehrer gehabt, die aus der Studentenbewegung der sechziger Jahre hervorgegangen sind, ihre Eltern kennen den Faschismus nur aus Kindheitserinnerungen. Sie sind mit persönlichen und gesellschaftlichen Problemen konfrontiert, die nicht die der Weimarer Republik waren. Deshalb können wir uns nicht auf die Kriegsgeneration, die alten Nazis und Mitläufer herausreden, wenn wir uns fragen, warum die demokratische Alphabetisierung so wenig Erfolg gehabt hat. Die viel beschworene Krise der Jugend ist eine Krise der Gesellschaft. Zu ihr gehört der Rechtsextremismus als »normale Pathologie« (E. Scheuch).

Es wäre geradezu verwunderlich, wenn es in einer Gesellschaft wie der der Bundesrepublik keine rechtsextreme Bewegung gäbe, kein antidemokratisches Protestpotential mit biologistisch eingefärbter nationalistischer Gemeinschaftsrhetorik, das die Organisationsprinzipien eines Graugans-Reviers mit jenen komplexer Industriegesellschaften verwechselt. Seit 1953 ist die rechtsextreme Bewegung – mit Ausnahme der Jahre 1966 bis 1969 – parteipolitisch bedeutungslos geblieben. Interessant ist deshalb nicht die Frage nach ihren eventuellen Erfolgsmöglichkeiten, sondern die nach den Bedingungen ihres dauerhaften Mißerfolges.

2.2 Jugendbilder – Jugendsituation

Ohne Zweifel ist das soziale Klima in der Bundesrepublik rauher geworden. Jugendliche zählen zu einer der ersten Gruppen, die das zu spüren bekommen. Ihnen, die ihr Leben noch vor sich haben, rückt die Realität am bedrohlichsten zu Leibe. Kriegsgefahr, Umweltzerstörung, Arbeitslosigkeit lösen nicht

nur Betroffenheit, sondern Realängste aus. Gerade die Zahl arbeitsloser Jugendlicher steigt seit 1981 explosionsartig an. So weist die amtliche Statistik vom März 1984 149 500 arbeitslose Jugendliche unter 20 Jahren aus.
In der Altersgruppe der 20- bis 25jährigen stieg die Arbeitslosenquote gegenüber dem Vorjahr um 19 Prozent und beträgt gegenwärtig 13,8 Prozent (absolut: 434 000). Dies ist die unterste Grenze, denn die Dunkelziffer ist hier besonders hoch. Eine entsprechende Berechnung für das Jahr 1980 kam zu dem Ergebnis, die tatsächliche Jugendarbeitslosigkeit mache das Zweieinhalbfache der arbeitslos Registrierten aus. Zunehmende Jugendarbeitslosigkeit und ein immer größerer Mangel an Ausbildungsplätzen in bestimmten Berufsfeldern deklassieren Jugendliche schon vor ihrem Eintritt in das Berufsleben sozial und bedrohen ihr Selbstwertgefühl. Auf die identitätsbedrohenden Desintegrationsprozesse reagieren Jugendliche in unterschiedlicher Weise. Deshalb gibt es weder eine gemeinsame politische Stoßrichtung noch ein gemeinsam verbindendes Thema »des« Jugendprotestes. Vielmehr differenziert sich die junge Generation in eine Vielfalt von Subkulturen aus mit je eigenständiger Sozialmoral, Gruppennormen, mit unterschiedlichen expressiven Stilen und verschiedenen Aktivitätsfeldern. »Unpolitische« Subkulturen wie Skinheads, Punks, Street-Gangs, Fußballfans zählen ebenso zum jugendlichen Protestpotential wie Initiativen im Bereich der alternativen Bewegung, wie die Friedensbewegung oder wie die Anhänger links- und rechtsextremistischer Gruppen.
Bilder über Jugend und Jugendprotest werden viele in Umlauf gesetzt. Für den großen Teil der Jugendlichen, die sich in ihren Wertorientierungen nicht mehr an Erwachsenen anlehnen, hat die umfangreiche Shell-Studie folgendes Profil erstellt:

»– gehen anders mit Erwachsenen um: sie provozieren sie, meiden häufiger den Kontakt;
– mißtrauen aller Art von Autorität: der göttlichen ebenso wie der staatlichen oder der privaten (am ehesten noch arrangieren sie sich mit den vertrauten Erwachsenen aus dem Familienbereich);
– denken kurzfristiger, eher gegenwartsbezogen, sind sich nicht so sicher, wie es in ihrem Leben einmal weitergehen wird;
– sehen die Zukunft eher düster, die eigene wie die gesellschaftliche,
– leben riskanter, sind mehr vom persönlichen Scheitern bedroht;
– streben in jüngeren Jahren danach, sich möglichst rasch aus der kontrollierten und behüteten Familiensituation zu lösen, machen gewisse

Entwicklungsschritte früher (z. B. Liebe Jungen – Mädchen, abends ausgehen, selbständig Urlaub machen, von zu Hause ausziehen);
- lehnen konventionelle Lebensentwürfe häufiger ab, suchen eine individuelle Art des Erwachsenwerdens;
- stehen unkonventionellen gegenkulturellen Lebensentwürfen nahe, wohnen häufiger in Wohngemeinschaften, lehnen Heiraten ab, verweigern häufiger die Übernahme von Elternrollen;
- beteiligen sich vermehrt an Protestbewegungen (Hausbesetzer, Umweltschützer, Anti-Atomkraft) und beziehen gegen konservative politische Strömungen Stellung; orientieren sich politisch vorwiegend an den Grünen oder stehen dem Parteiensystem überhaupt fern.« (Shell-Studie, 1981, S. 18.)

Solche Charakteristiken sind eingängig und die vorliegende trifft sogar in Teilen für rechtsextreme Jugendliche zu. Dennoch muß man mit Bildern über »die« Jugend vorsichtig sein. Häufig nämlich passiert es den professionellen Deutern der Jugendsituation, daß sich ihre Etikettierungen schon beim Erscheinen ihrer Studien überholt haben. So wechselten in den letzten Jahren die Urteile über »die« Jugend fast wie Moden. Mal galt sie als abgeschlafft, mal als gewalttätig, mal als unpolitisch, mal als Protestjugend, mal als Aussteiger, mal als narzißtisch geprägt. Charakteristisch an solchen Zuschreibungen ist ihr überwiegend negativer Charakter. Jugend erscheint als Problem, das erklärt werden soll. Vielen Berichten über Jugendliche in der Medienöffentlichkeit – aber auch in der Jugendsoziologie – haftet eine Betrachtungsweise an, die Jugend in ähnlicher Weise wahrnimmt wie die Ethnologen fremde Völker. Jugendlichen Subkulturen wie den Punks, den Skins und auch den Neonazis wird ein Exoten-Image angeheftet, das den Blick für die Tatsache verstellt, daß Jugendsubkulturen Ausdrucks- und Verarbeitungsformen gesellschaftlicher Realität sind, die Jugendliche heute vorfinden, ohne sich mit ihr abzufinden.

Solche altershomogenen Gruppen wirken als Gegenstrukturen zum familiären und öffentlichen Bereich der Gesellschaft. Sie entstehen in der Regel an den Schwachstellen der Sozialisationskette im Übergang von Schule zum Berufsleben. Neuartig an ihnen ist, daß sie sich nicht mehr allein an Verteilungsproblemen entzünden, sondern in Bereichen der »Lebenswelt« entstehen. Nicht mehr materielle Sicherheit ist die ausschließliche Triebfeder jugendlichen Protestverhaltens. Vielmehr artikuliert sich darin häufig eine »neue Grammatik von Lebensformen« (Jürgen Habermas), die Suche nach

neuen Wohn- und Lebensweisen, umweltbewußter Lebensart, Selbsterfahrung und Selbsterfüllung.
Aus der Sicht der Politiker dagegen werden Jugendprotestbewegungen in der Regel als Integrationsproblem wahrgenommen. Das läßt sich an den Halbstarkenkrawallen der fünfziger Jahre ebenso studieren wie an der Lehrlings-, Schüler- und Studentenbewegung der sechziger und dem Jugendprotest der frühen achtziger Jahre. Entsprechend zählt die Beschwörung der Gefahr einer politischen Radikalisierung zu den Standardreaktionen von Politikern. So warnte schon 1981 der damalige Vorsitzende der Konferenz der Innenminister der Länder, Uwe Barschel (CDU), vor einem von Jugendlichen getragenen neonazistischen Protestpotential.
»Als größte Gefahr für die Demokratie bewertete Barschel die Möglichkeit, daß infolge wachsender sozialer Not unter jungen Menschen das Protestpotential, das jetzt schon sehr viel breiter sei als Ende der sechziger Jahre, weiter zunehme, daß es am Rande dieses Potentials zu Gewalttätigkeiten komme und daß dann der Neonazismus mit der Begründung, der Staat reagiere zu lasch, seinerseits zuschlage. Durch wirtschaftlich-soziale Not, zum Beispiel Mangel an Arbeitsplätzen für die kommenden geburtenstarken Jahrgänge, könne so ›eine Situation entstehen, die vergleichbar ist mit der in den letzten schweren Jahren in der Weimarer Republik‹.« (Zit. nach »Frankfurter Rundschau« vom 27. April 1981, S. 1 f.) Auch die Enquete-Kommission des Deutschen Bundestages »Jugendprotest im demokratischen Staat« prognostiziert bei anhaltender Arbeitslosigkeit die Möglichkeit politischer Radikalisierung Jugendlicher:
»Eine nennenswerte Zahl von Jugendlichen, darunter auch viele Kinder von Ausländern, erhält heute in unserer Gesellschaft kaum eine Chance, überzeugende Zukunftsaussichten zu entwickeln. Dieser Teil ist glücklicherweise noch relativ klein, würde aber weiter wachsen, wenn die wirtschaftlichen Schwierigkeiten und mit ihnen die Jugendarbeitslosigkeit zunähmen. Auf Dauer kann dies zur Herausbildung eines zahlenmäßig bedeutsamen Subproletariats führen, das, da es nichts zu verlieren hat und auf normalen Wegen auch nichts zu gewinnen hat, zum Nährboden für Gewalt und Kriminalität und zum Sammelbecken links- und rechtsextremistischer Gruppen wird.« (S. 22)

Gesellschaftliche Entfremdung, nicht erfüllte Wünsche nach Geborgenheit, Wärme, nach Akzeptanz und Ich-Bestätigung, so diagnostizierte die Eidgenössische Kommission für Jugendfragen, seien eine der Hauptursachen jugendlicher Aggression. Gewalt sei in der Jugendprotestbewegung häufig die »Sprache der Verzweiflung«, Ausdruck verzweifelter Gefühlslagen und verzweifelter Situationen mit dem Ziele, in der Gesellschaft einen Platz der Selbstentfaltung zu finden. Vor diesem Hintergrund verwundert es nicht, daß sich Jugendliche seit Mitte der siebziger Jahre auch verstärkt dem organisierten Rechtsextremismus anschließen und dort einen Generationswechsel eingeleitet haben.

Es sind nicht mehr nur die unbelehrbaren Altnazis, die völkischen Literaten, die deutschnationalen Parteigänger, sondern zunehmend Jugendliche, die den aktiven Kern des rechtsextremen Protestpotentials und seines Umfeldes stellen. Sie sind im wesentlichen die Träger des offenen Neonazismus und mit ihnen stieg die Zahl der Gesetzesverletzungen und Gewalttaten 1982 auf den Höchststand seit Bestehen der Bundesrepublik. *Und dennoch entspricht die Medienresonanz neonazistischer Gruppen nicht ihrer politisch marginalen Bedeutung.* Zwar bilden sie das personelle und ideologische Resonanzfeld des Rechtsterrorismus und zweifelsfrei existieren personelle Querverbindungen zwischen der alten Rechten und neonazistischen Kadergruppen. Insgesamt gesehen aber werden diese Gruppen vom rechten Lager eher skeptisch bis ablehnend beurteilt. Wie neuere Untersuchungen gezeigt haben, wird auch ihr Einfluß innerhalb der jüngeren Generation überschätzt. So kommen sowohl die Shell-Studie (1981) als auch die neue Sinus-Studie (1983) zu dem Ergebnis, daß nationalistisch eingestellte Gruppen und »Rocker« von den 15- bis 24jährigen am stärksten abgelehnt werden. Nach beiden Untersuchungen sind die Neigungen zu politischem Extremismus und Gewalt bei jungen Erwachsenen und Jugendlichen sehr schwach ausgeprägt (siehe Tabelle 1).

Zu ähnlichen Ergebnissen gelangte 1978 der Soziologe Walter Jaide in seiner Untersuchung über politische Einstellungen von 18jährigen in der Bundesrepublik. Auch er konnte keine neuerliche Rechtswendung innerhalb der Jugendbevölkerung feststellen (Jaide, 1978, S. 70), betonte aber gleichzeitig, daß politische Unsicherheit, Traditionalismus und Desinteresse an

Tabelle 1
Einstellungen zu ausgewählten jugendlichen Protestgruppen bei den 15- bis 24jährigen (in Prozent)

	Mache ich mit, gehöre dazu		Gehöre ich nicht dazu, finde ich aber gut		Ist mir ziemlich egal, kann ich tolerieren		Gefällt mir nicht, lehne ich ab		Das sind Gegner von mir		Kenne ich nicht, keine Angabe	
	Shell ↓	Sinus ↓	Shell ↓	Sinus ↓	Shell ↓	Sinus ↓	Shell ↓	Sinus ↓	Shell ↓	Sinus ↓	Shell ↓	Sinus ↓
Rocker	2%	–	6%	4%	21%	20%	52%	51%	17%	22%	2%	3%
Punks	2%	–	15%	7%	41%	25%	34%	44%	4%	18%	3%	6%
Hausbesetzer	2%	–	45%	14%	27%	18%	19%	30%	6%	15%	1%	3%
Nationalistisch eingestellte Gruppen	1%	–	3%	3%	16%	10%	41%	43%	33%	33%	6%	11%

Datenbasis: Shell-Studie: 15- bis 24jährige (1 077 Fälle)
Sinus-Studie: 15- bis 24jährige (1 358 Fälle)
(Quelle: Sinus, 1983, S. 61)

Veränderungen dominant seien. Solche scheinbar beruhigenden Befunde, die mit der vergleichsweise geringen Stärke der jugendlich-rechtsextremen Subkultur korrelieren, werden durch Untersuchungen entwertet, die im Einstellungsbereich hohe Übereinstimmungen zwischen Meinungen Jugendlicher und rechtsradikalen Parolen feststellen. So stellte eine Frankfurter Untersuchung (Sochatzy u. a., 1980) unter knapp 900 Schülern fest, daß gut ein Zehntel der Befragten rechtsradikalen Parolen in starkem Maße zustimmte und jeder vierte dies im überwiegenden Umfang tat. So plädierten beispielsweise 41,7 Prozent für einen Volksentscheid zur Wiedereinführung der Todesstrafe, folgten 41,3 Prozent der NPD-Parole: »Deutsche Arbeitsplätze für deutsche Arbeiter«, wollten 48,1 Prozent »Schluß mit dem roten Mördergesindel« machen. Die generelle Unzufriedenheit Jugendlicher mit dem politischen System der Bundesrepublik und dessen Repräsentanten endet eben nicht nur im viel zitierten »Ausstieg aus der Gesellschaft«, sondern vielfach auch in einem diffusen Nationalismus, verbunden mit manifester Ausländerfeindlichkeit. Gerade in Ballungsgebieten ist die Bereitschaft besonders unter Hauptschülern, Auszubildenden und jungen Arbeitslosen groß, die Arbeitsplatzproblematik durch eine nationalistisch gefärbte Brille zu sehen und sich von der Rückführung sämt-

licher Arbeitsemigranten die Lösung aller Probleme zu erhoffen. Einschlägige Repräsentativergebnisse untermauern die massiven ausländerfeindlichen Einstellungen unter arbeitslosen und nicht arbeitslosen Jugendlichen. So konstatiert die Sinus-Studie (1983) zu diesem Problem:
»Es lassen sich in bezug auf das Ausländerproblem bei den Befragten drei Argumentationsmuster unterscheiden. Eine Gruppe bekennt sich zunächst zu Fairneß und Toleranz, schränkt dies aber, auf den Punkt Arbeitslosigkeit gebracht, wieder ein, eine andere – die zweifellos bedeutendere – argumentiert offen ausländerfeindlich, gleichsam ›ohne mit der Wimper zu zucken‹. Eine dritte Gruppe verbindet Ausländerfeindlichkeit nach innen mit Angriffen auf die angeblich arbeitsplatzvernichtende ausländische Konkurrenz (Japan, die EG usw.) . . . Anlaß zu Besorgnis gibt aber das hohe Maß an Betroffenheit und die besondere soziale Situation junger Arbeitsloser. Es ist daher anzunehmen, daß junge Arbeitslose für ausländerfeindliche Aktivitäten in höherem Maße mobilisierbar sein werden als sozial und wirtschaftlich integrierte Jugendliche. Es gibt Hinweise, daß rechtsextreme Gruppen diese Zusammenhänge kennen und auszunutzen versuchen.« (S. 155 ff.) (vgl. Tabelle 2).

Tabelle 2

»Die Ausländer nehmen uns die Arbeitsplätze weg«	Jugendliche, die arbeitslos waren bzw. noch arbeitslos sind n = 391	Jugendliche, die länger als ein halbes Jahr arbeitslos sind n = 123	Jugendliche, die noch nie arbeitslos waren n = 1600
. . . das halte ich für ein großes Problem, das auch mich betrifft	20%	22%	10%
. . . das halte ich für ein großes Problem, obwohl es mich nicht betrifft	24%	17%	32%
Diese Aussage stimmt nicht	31%	36%	29%

(Quelle: Sinus, 1983, S. 156)

Solche Befunde politischer Einstellungen und jugendlichen Politikverhaltens sind keineswegs überraschend. Sie dokumentieren die Tradition autoritärer und nichtdemokratischer Meinungs- und Verhaltensmuster Jugendlicher in der Bundesrepublik, die seit 1945 existiert. Sie verweisen aber auch auf die Kontinuität rechtsextremer Jugendpolitik, die entsprechende Deutungen und Interpretationsangebote bereitstellt, und ohne die die gegenwärtigen rechtsextremen Entwicklungstendenzen nicht verstehbar sind. Die verbreitete These von einer »neofaschistischen Renaissance« unter Jugendlichen unterschlägt die Tradition eines autoritären, nichtdemokratischen Untergrundes unter der schweigenden Mehrheit der Jugendlichen, der in bestimmten gesellschaftlichen Krisensituationen rechtsextrem organisiert werden kann. Sie sitzt andererseits dem durch die Studentenbewegung der sechziger Jahre ausgelösten Klischee einer demokratisch gefestigten und »links« engagierten Jugend auf, nimmt für bare Münze, was allenfalls für eine Minorität innerhalb der jungen Generation zutrifft. Noch immer ist die politische Kultur der Bundesrepublik »mit tausend Fasern mit dem Dritten Reich« (Harry Pross) verbunden, und seit 1945 hat es »in breitem Ausmaß nichtdemokratisierte und zu wenig öffentlich diskutierte Bereiche gegeben. Demokratisches Meinen hat sich ›immer‹, ›gut‹ mit autoritärem Verhalten und auch mit starken Tendenzen politischer Nicht-Beteiligung vertragen. Die vom historischen Faschismus perfektionierte Inhaltsleerung von Demokratie, die den Stellenwert von politischer Öffentlichkeit und ästhetisierter Politik im historischen Faschismus ausmacht, wirkt nach 1945 weiter und begünstigt solche Integrationsmechanismen, die sich mit der Einübung demokratisch-parlamentarischer ›Spielregeln‹ begnügen.« (Hennig, 1979, S. 100.)

Die Existenz eines rechtsextremen jugendlichen Protestverhaltens, das sich neuerdings auch auf »unpolitische« Jugendcliquen ausbreitet, kann in diesem Zusammenhang nicht ausschließlich auf die Wiederholungsgefahr des Nationalsozialismus bezogen werden, sondern muß als *eine* Möglichkeit der Krisenverarbeitung Jugendlicher der Bundesrepublik gesehen werden. Insofern ist der jugendliche Rechtsextremismus als Teil des Jugendprotestes zu werten und kann nicht selbstberuhigend als Relikt des Dritten Reiches oder dramatisierend als

Auftakt einer nationalsozialistischen Renaissance gewertet werden. Die auf das Dritte Reich fixierte Wahrnehmungsoptik wird dem Umfang der jugendlich-rechtsextremen Subkultur und ihren politischen Traditionen nicht gerecht.

2.3 Jugendprotest und jugendlich-rechtsextreme Subkultur

Bei der Beschäftigung mit jugendlichen Protestbewegungen stehen immer Erklärungen über Ursachen und Antriebsmotive im Vordergrund. Die zahlreichen, teils sich widersprechenden oder ausschließenden Deutungen, die die Jugendsoziologie bereitstellt, sind nun nicht nur Resultat unterschiedlicher theoretischer und politischer Standorte der Autoren. Sie spiegeln auch die vielfältigen Motivstrukturen und Wertorientierungen, die dem beobachtbaren Verhalten Jugendlicher zugrunde liegen. Mit Recht hat Walter Hornstein von einer »Gemengelage höchst komplexer Art« gesprochen und darauf verwiesen, daß »Orientierungen junger Menschen immer auch ein Resultat der Auseinandersetzungen (sind), mit dem, was sie erfahren haben in den Konflikten, die ihren bisherigen Lebensweg bestimmt haben...« (Hornstein, 1982, S. 19). Das gilt nachdrücklich auch für rechtsextreme Jugendliche, deren politische Orientierungen nicht einfach das Resultat der Suggestionskraft geschickter Verführer sind. Warum aber entscheiden sich bestimmte Jugendliche für den politischen Protest rechtsaußen, andere wiederum für ein Engagement in der Friedens- und Ökologiebewegung, dritte für informelle Cliquen oder die Arbeit im gewerkschaftlichen und kirchlichen Bereich? Wir wissen dafür keine endgültigen Antworten.
Sicher ist, daß es keine einzelnen Ursachen für solche Entscheidungen gibt. Jede persönliche Entwicklung ist ein Wechselwirkungsprozeß zwischen verschiedenen Bedingungsfaktoren, die gesellschaftlicher, biographischer aber auch situativ zufälliger Art sein können. Damit soll daran erinnert werden, daß man mit kausalgesetzlichen Aussagen zur *Erklärung* politischer Entwicklungen vorsichtig umgehen soll. Weder sind allein die ökonomische Krise noch der viel beschworene Wertezerfall, weder der »normale« Generationskonflikt noch strukturelle Veränderungen im Entwicklungsprozeß von

Jugendlichen die Ursachen von Rechtsextremismus unter Jugendlichen. Das Problem spitzt sich noch einmal zu, will man etwa die tiefe Kluft zwischen der großen Zahl rechtsextrem Eingestellter und der kleinen Gruppe rechtsextrem Engagierter erklären, oder will man aus allgemeinen Systembedingungen auf die konkreten Handlungen einzelner Rechtsextremisten schließen.

Für unseren Zusammenhang ist es deshalb wichtig, zwischen einer Makroebene (Gesellschaftsanalyse, Krisenbestimmung etc.) und einer Mikroebene (Gruppenanalyse, individuelle Einstellungen, individuelles Verhalten) zu unterscheiden. Wir untersuchen im folgenden die jugendlich-rechtsextreme Subkultur auf der Mikroebene, d. h. *wir skizzieren ihre politische und organisatorische Entwicklung von 1945 bis heute nach.*

Auch wenn das Hauptaugenmerk auf dem organisierten Rechtsextremismus liegt, so wird dennoch der jeweilige generationsspezifische Hintergrund von Jugendlichen mit berücksichtigt. Erst er ermöglicht es, die Entwicklung und den Mißerfolg des organisierten Rechtsextremismus unter Jugendlichen verstehbar zu machen. Grundlegende These dieser Darstellung ist es, daß die soziale Bewegung »Rechtsextremismus« systembedingte Ursachen hat. Über ihren Erfolg und Mißerfolg entscheiden nicht dunkle Interessen »des Großkapitals«, sondern in erster Linie die Integrationskraft der demokratischen Parteien, die politische Sensibilität der Jugendverbände für die Konfliktlagen und Lebensthemen Jugendlicher und nicht zuletzt die offene Frage, inwieweit sich eine demokratisch strukturierte politische Kultur in der Bundesrepublik etabliert hat, die sich resistent gegenüber politisch regressiven Bewegungen in gesellschaftlichen Krisensituationen erweist.

Die jugendlich-rechtsextreme Subkultur nun unterscheidet sich organisationssoziologisch in mehrfacher Weise von den Jugendprotestbewegungen in der Geschichte der Bundesrepublik. Bei rechtsextremen Jugendgruppen handelt es sich um politisch oppositionelle bzw. teiloppositionelle *Kleingruppen*, die mit wenigen Ausnahmen keinen programmatischen Generationskonflikt kennen. Im Gegenteil. Sie sind eingebunden in ein von Erwachsenen dominiertes politisches Lager und kultivieren politische Traditionen, in denen Erwachsene als Stichwortgeber und Vorbild fungieren. Entsprechend gering ist der

Autonomiegrad dieser Gruppen. Sie sind Bestandteil des rechtsextremen Lagers, das sich organisatorisch ausdifferenziert hat in Splitter- und Kaderparteien, in soldatische Traditionsverbände, in Kulturgemeinschaften, in ein weit verzweigtes Netz von Vertriebs- und Verlagsgemeinschaften mit reichhaltigem Buch- und Zeitschriftenangebot und eben Jugendgruppen. Parallel dazu existieren innerhalb dieses Lagers richtungspolitische Fraktionierungen, die auch quer zwischen einzelnen Jugendgruppen liegen, an ihren Rändern durchlässig sind und sich unterscheiden lassen in
– ein nationaldemokratisches Netzwerk (Gruppen, Verlage im Umfeld der NPD);
– ein »national-freiheitliches« Netzwerk (Gruppen, Verlage im Umfeld der »Deutschen Volksunion«, DVU, und der Deutschen National-Zeitung, DNZ);
– ein nationalsozialistisches Netzwerk (Gruppen, Verlage, die sich offen auf die Tradition der NSDAP und des Dritten Reiches berufen; fließender Übergang zum Rechtsterrorismus);
– Neue Rechte (Theoriezirkel, Zeitschriften mit solidaristischen – Dritter Weg zwischen Kapitalismus und Kommunismus –, befreiungsnationalistischen, populistischen Orientierungen).

Da es sich bei rechtsextremen Jugendgruppen um politische Kleingruppen handelt, ist ihre Analyse besonders schwierig. In der Regel weisen sie geringe organisatorische Stabilität auf; ihre Existenz ist häufig abhängig von einzelnen Personen, charakterisiert durch Umbenennungen, regionale oder lokale Verbreitung, von Spaltungen, Neugründungen, Auflösungen, Scheinorganisationen, kurz: ein verwirrendes Ensemble organisatorischer Zersplitterung, angesiedelt zwischen Kuriosa und politisch ernstzunehmenden Gruppen, das sich erst Anfang der sechziger Jahre zu entflechten beginnt, als nämlich massive Nachwuchsprobleme für das natürliche Ende vieler Gruppen sorgten. Zahlreiche Gruppen verfügten über keine Mitteilungsblätter, oftmals sind schriftliche Zeugnisse nicht mehr existent. Andererseits werden Organisationen durch spektakuläre Ereignisse in einem Maße bekannt, das nicht ihrer Bedeutung innerhalb des rechten Lagers entspricht.

Solche Schwierigkeiten muß man bei einer Skizze der Geschichte des jugendlichen Rechtsextremismus berücksichtigen. Mit anderen Ausprägungen des jugendlichen Protestverhaltens teilen rechtsextreme Jugendgruppen das Stigma gesellschaftlicher Außenseiter. Im vorliegenden Falle erweist sich der Nationalsozialismus und sein Terrorsystem nicht ausschließlich als positiver Anknüpfungspunkt, sondern auch als hemmendes Moment. Denn das Herausarbeiten des nationalsozialistischen Traditionsbezuges rechtsextremer Gruppen durch politische Gegner und Medienöffentlichkeit wirkte und wirkt abschreckend auf potentielle Sympathisanten, die im Zuge der Güterabwägung eine bürgerliche Karriere einem politischen kriminalisierten Engagement in der rechtsextremen Bewegung vorziehen.

Rechtsextreme Jugendgruppen können im Unterschied zu anderen jugendlichen Protestbewegungen auf politische Traditionen zurückgreifen, die ihnen Deutungsmuster geben, um politische und gesellschaftliche Entwicklungen zu interpretieren. Sie können Jugendlichen politische Sinnangebote liefern, die zwar kein geschlossenes Weltbild bieten, sich bei den Aktivisten jedoch gegenüber kritischen Einwänden immun erweisen und in gewisser Hinsicht mit der Dogmatik politisch-religiöser Sekten vergleichbar sind.

Im Unterschied zu anderen jugendlichen Protestbewegungen vertreten rechtsextreme Gruppen regressive *politische* Positionen, die letztendlich auf einer biologistisch begründeten autoritären und antidemokratischen Weltanschauung basieren. Das schließt andererseits nicht aus, daß sie sich in bestimmten Fragen (Umweltproblematik, Abrüstung, Antiamerikanismus) mit »linken« Kritikpositionen treffen. Konkret: An den Demonstrationen gegen den Bau der Kernkraftwerke Brokdorf, Grohnde, Kalkar und bei den Auseinandersetzungen um die Startbahn West in der Nähe von Frankfurt haben sich auch rechtsextreme Jugendliche beteiligt.

Diese Beispiele machen einen abschließenden Hinweis nötig: Gerade an den Fragen der Atomenergie, der Ökologie- und der Aufrüstungsproblematik zeigt sich, daß Jugendprotest heute keine ausschließliche Generationsfrage darstellt. Die Rebellion der Jugend ist keine Angelegenheit der Jungen, sondern bewegt zunehmend ältere Bürger. Diese intergenerative Bewegung speist sich aus unterschiedlichen Quellen. Die Sprengkraft dieser Bewegungen resultiert aus ihrem ökonomisch und kulturell bedeutsamen Protest, der sich auf die

Reproduktionsbedingungen der menschlichen Gattung richtet und nicht allein auf jugendspezifische Probleme. Aus dieser Sicht thematisiert der Jugendprotest keine *Jugend*probleme, sondern Probleme des Überlebens der Gattung Mensch. Das gilt auch für rechtsextreme Jugendliche. Sie vertreten Utopien – verkehrte Utopien.

3. Die skeptische Generation der Kriegskinder
Eine Skizze

Für die Frühgeschichte der Bundesrepublik gibt es in der Literatur eine Fülle von Bezeichnungen: Stunde Null, Neuanfang, Restauration, Wiederaufbau. Sie alle nehmen indirekt Stellung zu der Frage, ob und inwieweit die westdeutsche Bevölkerung »Lehren aus dem Faschismus« gezogen hat. Wie stark war der Anteil der immer noch überzeugten Nationalsozialisten, welche Spuren hat die HJ-Erziehung bei der Jugendgeneration des Dritten Reiches hinterlassen? Die Politik der Alliierten jedenfalls war in ihrer Anfangsphase von dem Mißtrauen geprägt, das deutsche Volk sei ein Volk nazistischer Überzeugungstäter, das auch nach der militärischen Niederlage seiner positiven Haltung gegenüber dem Nationalsozialismus treu bleibe. In diesem Sinne prognostizierte der amerikanische Soziologe Howard Becker 1945, nach der Zerschlagung des Nationalsozialismus würde sich in Deutschland eine jugendgeprägte NS-Untergrundbewegung bilden, würden Verwahrlosung, Kriminalität und Bandentum unter Jugendlichen ein Ausmaß annehmen, das den Aufbau einer demokratisch verfaßten sozialen und politischen Ordnung gefährdete.

> »Unsere große, unmittelbare Sorge wird den zahlreichen Mitgliedern der Staatsjugend zu gelten haben, die trotz der Niederlage sich verzweifelt an ihrem Glauben an das Nazisystem und seine Taten klammern werden. Harmlos aussehende Burschen werden der Nazi-Untergrundbewegung als eifrige Handlanger dienen, und Mädchen mit Zöpfen und sanften Gesichtern werden unaufmerksamen Posten zu plötzlichem Tode verhelfen. Jugendlichen gegenüber, die ständiger Verkehrung ausgesetzt waren, mögen sie sich Werwölfe nennen oder nicht, wird die sofortige und unerschrockene Anwendung von Gewalt das einzige Mittel sein, sie in Schach zu halten.« (Becker, 1949, S. 267.)

Becker korrigierte einige Jahre später selbstkritisch seine düsteren Prognosen. Die »politischen Soldaten« der NS-Erziehung bildeten keine nazistische Untergrundarmee. Im Gegenteil. Das Bild der Nachkriegsjugend ist eher das einer unpolitischen Jugend. Klönne sieht hierin eine der Wirkungen der HJ-Erziehung, die politisches Nachdenken verhindert und faschistische Grundorientierungen in der Jugend auf unpolitische Bereiche umgelenkt habe:

» . . . jenen Sozialdarwinismus nämlich, der in der HJ-Sozialisation auf die gängige und eingängige Formel gebracht war, daß ›nur das Gesunde und Starke‹ sich durchsetze, während ›alles Schwache und Kranke‹ zugrunde gehen müsse. Vermutlich war es ein historischer Glücksfall, daß solche Verhaltensmuster in der Aufbauzeit der Bundesrepublik sich auf das vergleichsweise harmlose Feld wirtschaftlicher Aktivität konzentrieren konnten, mit einem ökonomischen Spielraum, der Klassen- und Gruppenkonflikte zweitrangig hielt.« (Klönne, 1982, S. 287.)

Ähnlich betont auch Peter Reichel:

»Der Wiederaufbau nach 1945 hat zumindest an eine ungebrochene Leistungs- und Konsumorientierung anknüpfen können: ›Made in Germany‹ statt ›Tausendjähriges Reich‹.« (Reichel, 1982, S. 25.)

Beide Thesen erscheinen in ihrer pauschalen Form spekulativ, denn Leistungsorientierung ist sicherlich keine spezifische Wirkung der HJ-Sozialisation – sozusagen die Fortsetzung der Reichsjugendwettkämpfe mit anderen Mitteln. Unbestreitbar jedoch ist die weitgehende Ablehnung der Nachkriegsjugend gegenüber der Politik der Vergangenheit *und* Gegenwart. Es war Helmut Schelsky, der mit seiner Studie zur Nachkriegsjugend das Bild einer »skeptischen Generation« entworfen hat. Ihre Kennzeichen sind: »Sie ist den Strukturen und den Anforderungen der modernen Gesellschaft gegenüber in einem Maße angepaßt und ihnen gewachsen wie keine Jugendgeneration vorher, weshalb man vielleicht auch von einer ›angepaßten Jugend‹ sprechen sollte. Wir haben uns dafür entschieden, den ebenfalls von allen Beurteilern dieser Jugend zugeschriebenen skeptischen und nüchternen Wirklichkeitssinn, der sie von der romantischen Geisteshaltung der Jugendbewegung und dem ideologischen Denken der ›politischen Jugend‹ unterscheidet, zu ihrer vorläufigen Kennzeichnung zu wählen, und sprechen daher von der ›skeptischen Generation‹, eine Benennung, die eine größere zeitliche Distanz oder ein anderes Verständnis dieser Jugend bestätigen mag oder nicht.« (Schelsky, 1975, S. 77.) In der Tat sind die objektiven Lebensbedingungen wie auch die subjektiven Verhaltensformen der Nachkriegsjugend untrennbar verwoben in die Sachnotwendigkeiten und Folgen der durch den Krieg zerstörten materiellen und oft auch familiären Lebensverhältnisse. Zerbombte Städte, auseinandergerissene Familien, Hungersnot stellten Verhaltensanforderungen an die damals Vierzehn- bis Fünfundzwanzigjährigen, die auf die Rückeroberung und Sicherung der einfachsten materiellen Lebensgrundlagen ausgerichtet sein mußten.

Die relative politische Indifferenz des »ohne mich«, die Schelsky für diese Generation diagnostiziert hat, darf also nicht vorschnell auf das Erlebnis und das Verarbeiten des nationalsozialistischen Terrorsystems zurückbezogen werden, sondern zunächst auf die wirklichen Verhaltensanforderungen des Alltags, die nur sehr beschränkt Spielräume und Zeit für politisches Interesse ließen. Schelsky spricht in diesem Zusammmenhang von einem »kritischen Positivismus der Lebenssicherheit« (S. 79), der die durchschnittliche Lebenseinstellung der Jugend prägt: Enge familiäre Bindungen im Sinne solidargemeinschaftlicher Krisenbewältigung, schnelle Anpassung an die Verhaltensregulative der Erwachsenenwelt, distanzierte Einstellungen zum Staat und seinen Institutionen und das Primat der materiellen Sicherung der Daseinsgrundlage sind nach Schelsky die hervorstechenden, empirisch gesicherten Merkmale dieser Jugend. Bezüglich der Genese politischer Einstellungen bemerkt er: »Der Zusammenbruch und die Untaten einer Politik und eines Systems, denen ein großer Teil der Jugend einmal gläubig und vertrauend angehangen hatte, die persönlichen Nachteile und Diffamierungen, denen auch ein Teil der Jugend dieser Generation auf Grund ihrer politischen oder militärischen Vergangenheit unterworfen war, vor allem aber wohl die Erkenntnis, in welchem Maße ein sozialer und politischer Idealismus durch die modernen Großorganisationen der Politik ideologisch ausgebeutet werden kann, haben zu einer Skepsis und Ablehnung gegenüber der Politik der Vergangenheit und der Gegenwart zugleich geführt, zu einem Mißtrauen gegen politische Ideologien und Ideen, zu eben dem ›ohne uns‹ gegenüber allen öffentlichen und gesamtgesellschaftlichen Ansprüchen, das sich auf das Private und das Berufliche, auf den in eigener Urteilskraft und Verantwortung überschaubaren Bereich des Daseins bewußt beschränken will.« (S. 355)

Die Generation der Kriegskinder hatte sich mit den Verhältnissen der autoritär-demokratischen Kanzlerherrschaft arrangiert. Schelskys im großen und ganzen zutreffende Situationsanalyse, die an dem Raster erfolgreicher/nicht erfolgreicher Einübung in die Standards der Erwachsenenwelt orientiert ist, vernachlässigt jedoch einige – für uns wichtige – subkulturelle Ausdrucksformen jugendlichen Protestverhaltens in den fünfziger Jahren. Schelsky geht nämlich anthropologisch davon aus, daß das Streben nach Verhaltenssicherheit »das Grundbedürfnis der Jugend in unserer Gesellschaft ist« (S. 38), so daß »die Jugendphase zum Kulminationspunkt moderner Verhaltensorientierung (wird), die das Streben nach Sicherheit und Stabilisierung des Verhaltens zu der Lebensaufgabe der Jugendlichen schlechthin werden läßt« (S. 43). Von diesem Blickwinkel her kann es keine (relative) Autonomie von jugendlichen Subkulturen, Lebensstilen, Ausdrucks- und Interaktionsformen geben, denn sie sind alle bezogen auf die Zielperspektive: Einübung der Erwachsenenrolle. Bei Schelsky führt diese Konzeption zu einer Konzentration auf Ergebnisse der repräsentativen Umfrageforschung und einer Vernachlässigung von Randgruppen und ihren subkulturellen Ausdrucksformen. Ausgehend vom Stand der gegenwärtigen Jugendforschung (vgl. Hornstein, 1982) und bezogen auf unser Thema – rechtsextremer Jugendprotest – muß es aber darum gehen, relativ autonomen subkulturellen Erscheinungen von jugendlichen Randgruppen nachzugehen und ein stärkeres Gewicht auf die *Ausdrucksformen* und subjektiven Befindlichkeiten der »skeptischen Generation« zu legen.

Was also waren die Bedingungen und historischen Antriebskräfte, die letztlich doch den Rückzug der Hitler-Jugend-Generation aus der Politik befördert haben? Bedingungen, über die der Soziologe Alfred Weber 1947 schrieb, es gebe »in Wahrheit gegenwärtig für niemanden mehr die Möglichkeit eines wirklich durchgeführten Absentismus von der Politik«, und es sei deutlich, »daß beinahe jede unserer Lebensregungen von der Frage der Schnürsenkel oder Hemdknöpfe über Essen, Kleidung, Wohnung, Heizung bis zu dem Geistigsten heute in einem in der Geschichte noch nicht dagewesenen Maß von der Politik bestimmt wird« (Weber, 1982, S. 127).

Zu den historischen Antriebskräften gehören zunächst die objektiven Entwicklungen des politischen und ökonomischen Systems. Der durch die Alliierten aufgezwungenen parlamen-

tarischen Demokratie als Staatsform mußten die Jugendlichen schon deshalb weitgehend indifferent gegenüberstehen, weil sie in ihrer bisherigen politischen Sozialisation nicht auf die Grundauffassung und Ziele einer parlamentarischen Demokratie vorbereitet worden waren.
Politische Sozialisation in der Hitler-Jugend bedeutete ja nicht kritische Beteiligung und politisches Engagement nach Maßstäben der eigenen Überzeugung, sondern kritikloses, durch überschaubaren Aktivismus dokumentiertes Eintreten für eine Idee, die nicht hinterfragbar war, sondern »geglaubt« wurde. Zudem lieferte das Auswechseln einer Diktatur durch ein von fremden Besatzungsmächten faktisch kontrolliertes Provisorium Ende der vierziger Jahre vermutlich gerade für Jugendliche keine besonderen Anreize für eigene politische Anstrengungen. Die wirtschaftliche Notlage in den Jahren nach dem Krieg tat ein übriges dazu, den Rückzug aus der Politik zugunsten der Konzentration auf die Erfordernisse des materiellen Überlebens zu befördern. Das Gegenstück zu Politisierung öffentlichen Lebens, das Alfred Weber treffend beschrieben hat, war somit die Privatisierung der individuellen Handlungsentwürfe. Diese eigentümliche Dialektik läßt sich in den subjektiven Wahrnehmungsweisen der Gesellschaft und den entsprechenden Handlungsentwürfen ein Stück weit konkretisieren. Zugleich wird in der Rekonstruktion von Gesprächen mit Jugendlichen nach Kriegsende deutlich, *daß die politische Moral, welche den Lebensentwürfen der »skeptischen Generation« zugrunde lag, zutiefst widersprüchlich war.*
Im Zeitraum von 1950 bis 1954 wurde im Auftrag der sozialwissenschaftlichen Abteilung der UNESCO eine empirische Studie angefertigt, die den Titel trägt: »Gespräche mit der deutschen Jugend. Ein Beitrag zum Autoritätsproblem« (Pipping u. a., 1954). Anhand dieser Studie, die Methoden der einstellungsorientierten Autoritarismusforschung mit offenen Interviews bei 444 Jugendlichen der Jahrgänge 1928 bis 1933 kombiniert, lassen sich die subjektiven Verarbeitungsformen objektiver Entwicklungen recht deutlich zeigen. Deutlich wird dabei auch die überaus ambivalente Einstellung der Jugendlichen zu politischen Fragen, die den Idealtypus der »skeptischen Generation« zu relativieren vermag.
Die Verfasser schildern zunächst allgemeine Eindrücke bei den Gesprächen über politische Themen:

»Bei der Behandlung dieses Fragekomplexes war im Interview einige Vorsicht nötig. So aufgeschlossen sich die Jugendlichen zumeist allgemein zeigten, so wortkarg wurden sie vielfach, wenn das politische Gebiet berührt wurde. Nur eine ganz sachliche und neutrale Haltung der Interviewer konnte die Hemmungen bei den Probanden mindern.
Trotzdem wurden zur Politik allgemein recht wenig Aussagen gemacht. Als Grund dafür können nicht nur das auf diesem Feld tief eingewurzelte Mißtrauen und die Enttäuschung nach dem Zusammenbruch gelten. Sehr viele unserer Jugendlichen hatten sich offenbar wirklich noch keinerlei Gedanken über Politik gemacht oder waren ganz desinteressiert, weil die private Sphäre sie restlos ausfüllt. Zu verschiedenen Fragen konnten solche Probanden deshalb gar nicht Stellung nehmen. Was aber wirklich gesagt wurde, ist überwiegend so stereotyp und flach, daß sich darin ein Mangel an innerer Anteilnahme am politischen Geschehen unverkennbar ausdrückt«. (S. 319)

Wenn man berücksichtigt, daß über 90 Prozent der Befragten Mitglied der HJ bzw. des BDM waren, so muß diese Einschätzung zunächst befremdlich erscheinen. Auf die Frage nach dem Grad des politischen Interesses zeigten sich 6,8 Prozent sehr interessiert, 30 Prozent mäßig interessiert, 40,7 Prozent indifferent und 22,1 Prozent lehnten jedes Interesse entschieden ab. Die politisch Uninteressierten wurden daraufhin nach den Gründen für ihr Desinteresse befragt. Die Kodifizierung der Gesprächsprotokolle erbringt das in Tabelle 3 wiedergegebene Ergebnis.

Tabelle 3
Die, die kein Interesse für Politik haben: Gründe dafür, Jungen und Mädchen

	Jungen (%)	Mädchen (%)	Alle (%)
Kein Interesse schlechthin, keine besonderen Gründe	23,8	38,0	32,0
Ablehnende Gemeinplätze: »Wir haben die Schnauze voll«, »ohne mich«, etc.	22,0	13,5	17,0
Ablehnung aus Ressentiment	28,2	11,0	18,3
Unkenntnis, Unvermögen, Verständnislosigkeit	9,6	25,7	18,9
Mangel an Selbstvertrauen, Aussichtslosigkeit	14,1	8,2	10,7
Moralische Gründe	2,3	3,6	3,1

(Quelle: Pipping u. a., 1954, S. 321)

Bemerkenswert an diesen Befunden ist die offensichtliche Unfähigkeit dieser Jugendlichen, ihr politisches Desinteresse in einen sinnvollen und durchdachten Zusammenhang mit ihren eigenen Erfahrungen in der HJ/im BDM zu bringen. Moralische Gründe, die noch am ehesten einen rationalen Bezug zu diesen Erfahrungen signalisieren könnten, sind von nur 3,1 Prozent der Jugendlichen angeführt worden. Die großen, wenngleich gebrochenen Nachwirkungen dieser Sozialisation und die fünf Jahre nach Kriegsende kaum wirksamen Umerziehungsprogramme zeigen sich auch in der Einstellung der Jugendlichen zum Parteiensystem der noch jungen Bundesrepublik. Nur 17 Prozent hatten eine positive, 17 Prozent eine indifferente und 66 Prozent (!) eine negative Haltung dazu bekundet.

Noch zu Beginn der fünfziger Jahre hatte sich die apathische Einstellung der Jugendlichen zu den Parteien nicht wesentlich verändert. Eine 1953 durchgeführte Repräsentativbefragung von Jugendlichen zwischen 15 und 24 Jahren im Sendegebiet des Nordwestdeutschen Rundfunks (NWDR) ermittelte zwar 41 Prozent zustimmende Meinungen, aber immerhin 59 Prozent Ablehnungen. 63 Prozent der Jugendlichen waren auch dann nicht bereit, einer Partei beizutreten, wenn es eine Partei gäbe, die ihren Anschauungen völlig entspräche (Jugendliche heute, 1955, S. 66 ff.).

Das Fehlen einer inneren Verarbeitung des Nationalsozialismus drückt sich darin aus, daß positive und negative Bewertungen des Dritten Reiches unvermittelt in einem *undurchschauten* Mischungsverhältnis einhergehen, das jedoch überlagert ist von eindeutigen linearen Nachwirkungen der politischen Sozialisation in HJ bzw. im BDM. Politisches Desinteresse aus Gründen wie »Unkenntnis, Unvermögen, Verständnislosigkeit« besonders bei Mädchen kann vor allem als Nachwirkung des nationalsozialistischen Politikverständnisses aufgefaßt werden: In der NS-Ideologie ist Politik eindeutig Männersache, Frauen sind nichtpolitische Arbeitsfelder zugewiesen.

Die Jugendlichen wurden auch auf ihre eigene politische Sozialisation in HJ bzw. im BDM hin befragt: »Dabei erwies sich, daß sowohl bei Jungen wie bei Mädchen die Häufigkeit von lobenden zu kritischen Aussagen sich wie 2 zu 1 verhält.« (S. 328) Die Probanden wurden gefragt, ob etwas und gegebenenfalls was ihnen in HJ bzw. im BDM besonders gefiel. 37,9 Prozent hoben den Sport positiv hervor, 29,4 Prozent die allgemeine HJ/BDM-Tätigkeit. Die Autoren kommentieren:

> »Es scheint weitgehend der Fall gewesen zu sein, daß die Probanden sich kaum um das Ideologische und Politische kümmerten. Für sie war die HJ/BDM in erster Linie eine Jugendorganisation, wo sie Sport und Spiele aller Art treiben konnten – und sich wichtig machten. Einige sagen zwar, daß sie ›das Politische‹ nicht mochten; es ist aber damit weniger die nationalsozialistische Ideologie gemeint, als die politischen Unterrichtsstunden, das Lernen von Hitlers Lebenslauf u. ä.« (S. 329)

Die einige Jahre später, Ende 1955, vom EMNID-Institut erhobenen Daten über Einstellungen von Jugendlichen führen zu ähnlichen Resultaten. Das gebrochene Verhältnis der Befragten zur Zeit des Dritten Reiches spiegelt sich in Abwehrhaltungen gegenüber entsprechenden Fragen und in einer schlechten Historisierung: »Für viele sind der Nationalsozialismus und Hitler sicher heute als ›längst Vergangenes‹ uninteressant; anderen mögen die Fragen lästig gewesen sein. Vielleicht spiegelt sich darin aber auch ein gewisses Tabu wider, weil man sich in manchen Fällen in Schule und Elternhaus scheut, diese Themen auch nur anzurühren. – Die Jugendlichen, die sich über Hitler bzw. den Nationalsozialismus äußern, geben größtenteils negative Kennzeichnungen.« (Fröhner, 1956, S. 19.) Insgesamt beurteilen 44 Prozent den Nationalsozialismus negativ, 43 Prozent machen keine Angaben, 9 Prozent heben positive Merkmale hervor (S. 119). Zum »heutigen Staat«, d. h. zur Bundesrepublik des Jahres 1955, äußern sich 39 Prozent »entschieden« positiv und 19 Prozent negativ (S. 121).

Eindrucksvoller als die Aussagen statistisch aufbereiteter Umfrageergebnisse sind die Selbstzeugnisse von Kriegskindern über ihre Erlebnisse und ihre Wahrnehmungen beim Ende der faschistischen Herrschaft in Deutschland. Sie schildern plastisch, daß dieses Ende häufig nicht nur als ein verlorengegangener Krieg, sondern als Zusammenbruch einer ganzen Welt erlebt wurde.

Haß (1950) hat hierzu aus 71 Lebensläufen von Abiturienten der Geburtsjahrgänge 1924 bis 1930 eindrucksvolles Material zusammengestellt. Das bewußte Wahrnehmen des Krieges in unmittelbarer Umgebung, bei einigen auch eine soldatische Rekrutierung für den Fronteinsatz in den letzten Kriegsmonaten, der Zugriff des Reichsarbeitsdienstes (RAD) und die erlebte Zerstörung der Familien durch den Tod des Vaters oder näherer Familienangehöriger sind weitere Fixpunkte in den Erinnerungen dieser Abiturienten. Probleme und Erfordernisse des alltäglichen Kampfes ums Überleben prägen die Situationsdeutungen der Jugendlichen. Hierzu einige Beispiele zur Illustration.

Ein 19jähriger berichtet:

> »Meine immer mehr zutage tretenden Zweifel versuchte ich dadurch im Keime zu ersticken, daß ich mir mangelndes Verständnis für die Schritte des Führers vorwarf. Ich wollte nicht glauben, daß ein großes Volk so betrogen und ins Unglück gestürzt werden könnte. Es zeugt für meine vollkommene Verblendung, daß erst an dem Tage, an dem Hamburg den Engländern übergeben wurde, meine Hoffnung auf eine Besserung der Kriegslage endgültig dahinschwand. Dieser Tag war der bisher schwärzeste in meinem Leben. Mein seelischer Zusammenbruch war so vollkommen, da ich meine Gutgläubigkeit und mein Vertrauen so grausam enttäuscht sah. Ich erkannte, daß Adolf Hitler mich meiner besten Jugendjahre beraubt hatte. Gleichgültig und völlig lethargisch trat ich nach der bedingungslosen Kapitulation der deutschen Wehrmacht den bitteren Weg in die Gefangenschaft an.« (Haß, 1950, S. 31 f.)

Ein anderer 19jähriger schildert seine Erfahrungen so:

> »Dann kam mit dem Kriegsende die allmähliche Ernüchterung und Erkenntnis, daß die Anschauung, in deren Sinn man erzogen worden war, für die man unbedingt gekämpft hatte, ein großangelegter Schwindel und Betrug war, der uns zum Untergang führen mußte. Es bemächtigte sich meiner eine tiefe Enttäuschung über die Menschen, und ich selbst machte mir die größten Vorwürfe. Ich konnte es nicht mehr begreifen, wie ich einer solchen Irrlehre zusagen konnte und daß ich nicht vorher die Unmöglichkeit dieser Idee erkannte. Um aber nicht ganz in diesen Gedanken zu versinken und um auch nicht allmählich infolge des abwechslungslosen Lagerlebens geistig zu verflachen, besuchte ich bald den Unterricht und die Vorträge, die Soldaten aus unserer Mitte hielten. Wenn auch alles unter sehr einfachen Bedingungen durchgeführt wurde – Papier und Bücher waren fast gar nicht vorhanden –, so wurde doch der Geist angeregt und von der uns umgebenden Welt auf andere Dinge gelenkt.« (Haß, 1950, S. 24 f.)

Eine 19jährige schreibt:

> »Als im Mai 1945 Deutschland zusammenbrach, stürzte für mich eine Welt ein. Während der nächsten Monate mußte ich das große innere Ringen durchmachen, das wohl keinem deutschen Jungen erspart blieb. Ein Gefühl tiefer Verbitterung und Verlassenheit behielt lange, lange die Oberhand! Gegen alle Erwachsene verschloß ich mich, da mir ihr Verhalten gegenüber der Jugend unverständlich war. Zu allem diesen kam noch die quälende Untätigkeit. Wohl konnte ich meiner Mutter einiges helfen, tat

Erntearbeit, aber das alles füllte mich so wenig aus, daß es mich kaum ablenkte. Wohl die einzigen schönen Stunden des Sommers 1945 waren die, in denen ich mich dem Lesen hingab.« (Haß, 1950, S. 77.)

Eine andere 19jährige:

»Nach dreimonatigem Aufenthalt im Erzgebirge kamen wir nach E. Hier erlebte ich den Zusammenbruch Deutschlands und damit den Zusammenbruch alles dessen, was in mir lebte an Glauben, Begeisterung, Hingabe an Ideale . . .« (Haß, 1950, S. 101.)

Eine 18jährige:

»Ich war innerlich verzweifelt und fragte mich: Wie soll das nur weitergehen? Wie können wir leben ohne Deutschland? Langsam begann es in mir zu dämmern: Deutschland lebt weiter, wenn es auch äußerlich zerschnitten und geknebelt ist, das innere Reich der Deutschen bleibt und wird ewig bestehen, solange es deutsche Menschen gibt, die seine Werte erkennen, sie ehren, mehren und weitergeben. Der Kampf ums Dasein aber geht unablässig weiter, und nur der Stärkste, Zäheste und Passendste wird ihn meistern. Darum ist es so wichtig, daß wir alle unsere Kräfte dafür einsetzen, daß Deutschland wieder ersteht und aufbauen kann . . .« (Haß, 1950, S. 108.)

Die Deutungsmuster dieser Jugendlichen sind geprägt von dem Glauben an einen Schwindel und Betrug durch das Dritte Reich, von Enttäuschung, Selbstvorwürfen, andererseits aber von dem Versuch, Zweifel an der Ideologie des Dritten Reiches zu ersticken, Ungläubigkeit, von einem »seelischen Zusammenbruch« und der Auffassung, der besten Jugendjahre beraubt worden zu sein. Die Ambivalenz dieser Deutungen kommt am stärksten zum Ausdruck in der Äußerung eines anderen Jugendlichen, die Kapitulation Hamburgs vor den Engländern sei der schwärzeste Tag in seinem Leben gewesen. Hier vermischt sich die Enttäuschung am Dritten Reich und seinen Lebensentwürfen mit der Unfähigkeit, diese Enttäuschung akzeptieren zu können angesichts der Niederlage dessen, was in den Jahren der Adoleszenz als Leitbild gepflegt worden war. Hier liegen zugleich die eigentlichen Wurzeln dessen, was Schelsky als »skeptische Generation« bezeichnet hat: Diese Generation hat nicht Politik rational-abwägend abgelehnt oder auch nur »skeptisch« beurteilt, sondern ihr Verhältnis zum Politischen war bestimmt durch die gewissermaßen aufgezwungene subjektive Unfähigkeit, die Glaubwürdigkeit *jeglicher* Politik zu akzeptieren. Verdrängen, Mißtrauen und Abkehr vom Politischen aufgrund einer nicht verarbeite-

ten politischen Situation bei Kriegsende prägten die Situationsdeutungen einer ganzen Generation.
Rechtsextreme Jugendliche in der Frühphase der Bundesrepublik reagieren auf die gleiche Situation ebenso mit Enttäuschungsberichten, halten jedoch an den im Dritten Reich erworbenen Sozialisationsmustern fest. Aus den wenigen vorliegenden Selbstzeugnissen sei eines zitiert, das auf die Schulsituation 1945 eingeht:

> »Unter den übriggebliebenen Lehrern fanden wir den Kreiskulturwart der NSDAP, das Fördernde Mitglied der SS, den Ortsamtsleiter einer Gliederung. – Ach ja – so hieß es jetzt – diese Herren waren ja alle vor der politischen Verfolgung des bisherigen Regimes in diese Positionen geflüchtet. Sie hatten diese Funktion nur wahrgenommen, weil sie hinterher vorher schon immer dagegen gewesen sind. Auch wir erinnerten uns: nur wollten *unsere* Erinnerungen den Herren nicht immer so recht zusagen.
> Wir lebten nun in einer sehr reinigungsbedürftigen Zeit und Persil wurde mehr denn je zuvor ein stehender Begriff für die charakterliche Läuterung vor allem des akademischen Heeres von Widerständlern. – Wie konnten wir Jungen auch so störrisch sein und in unserer Erinnerung ganz andere Vorstellungen mit diesen Erziehern verbinden?« (Degner, 1964, S. 82.)

Wir verzichten hier bewußt darauf, die jugendsoziologischen Befunde zu differenzieren nach Geschlecht, Alters- und Berufsgruppen. Im Vordergrund steht das Verhältnis der bundesdeutschen Jugend insgesamt, als »Generationsgestalt« und Faktor politischer Kultur. Von diesem Verständnis aus trifft nach wie vor Schelskys Definition einer »skeptischen Generation« als Charakterisierung politischer Partizipationsabsichten zu. Die subkulturellen Erscheinungen in den fünfziger Jahren müssen bei der Analyse folglich vor dem Hintergrund einer insgesamt depolitisierten Jugend gesehen werden, die aber dennoch ein gebrochenes Verhältnis zur Politik hatte. Keinesfalls handelte es sich bei der Nachkriegsjugend um eine »rebellische Generation« (Preuß-Lausitz, 1983, S. 23), auch wenn sie subkulturelle Erscheinungen mit oppositionellem Charakter aufweist, die nicht in das Bild der »skeptischen Generation« passen.
Solche Subkulturen zeichnen sich durch die Negierung der Verhaltensregulative und Sozialmoral der »skeptischen Generation« aus. Eine durch die Vermittlung der Medien besonders bekannt gewordene jugendliche Subkultur sind die sogenannten »Halbstarken«.

Exkurs: Die »Halbstarken«
Das Phänomen einer meist von Jugendlichen geprägten »Halbstarken«-Kultur entstand in der ersten Hälfte der fünfziger Jahre und hatte 1956/57 einen Höhepunkt erreicht, der durch die sogenannten »Halbstarkenkrawalle« markiert ist. Die ausführlichste Untersuchung zu diesem Problem schätzt den Anteil der Halbstarken an der Gesamtgröße männlicher Jugendlicher auf 1 bis 5 Prozent, die Zahl der »potentiellen Halbstarken« wird auf 10 Prozent geschätzt (Kaiser, 1959, S. 44). Die Handlungsorientierungen dieser Jugendsubkultur bewegten sich im Spannungsfeld zwischen locker organisierter Freizeitbeschäftigung und bandenmäßiger Kriminalität, zwischen spontaner Gruppenbildung und Organisation, zwischen politischer Opposition und kulturindustrieller Ausbeutung.

»Halbstarke« Verhaltensweisen waren allgemein gekennzeichnet durch eine hohe Bereitschaft zu provokativen Handlungen, die, juristisch gesehen, angriffs- und schädigungskriminelle Züge aufweisen und sich dadurch vom Nutzaspekt des organisierten Verbrechens unterscheiden. Von 100 erfüllten gesetzlichen Straftatbeständen von »Halbstarken« entfielen bei verschiedenen Stichproben die meisten auf groben Unfug oder ruhestörenden Lärm, einfache und gemeinschädliche Sachbeschädigung, einfache und gefährliche Körperverletzung, Übertretungen der Straßenverkehrsordnung, Widerstand gegen die Staatsgewalt und Beleidigung (vgl. Kaiser, 1959, S. 407). Beschränken wir uns zunächst auf diesen strafrechtlich relevanten Teil, so verdeutlicht eine knappe Chronologie die hervorstechenden Ereignisse der Jahre nach 1953, die das Halbstarkenproblem zu einem relevanten Problem der bundesrepublikanischen Gesellschaft werden ließen:

> »1953 versuchten in Hannover anläßlich des sog. Himmelfahrtskrawalls, bei welchem zeitweilig ungefähr 10 000 Menschen versammelt waren, einige Gruppen vornehmlich junger Leute nach Zerstreuung der größeren Ansammlungen durch die Polizei die Krawalle fortzusetzen. Sie hoben u. a. im Dirnen-Quartier Hannovers hinter dem Bahnhof Fenster und Türen aus und errichteten in den Trümmern eine Barrikade.
> Im September 1954 wurde aus Berlin-Charlottenburg von einer Kundgebung Erwachsener gegen die ›bedrohlichen Auswüchse Jugendlicher‹ in der Hebbelstraße berichtet. An Mißständen wurden hervorgehoben, daß die Erwachsenen ›von Jungen mit Schulbüchern ins Gesicht geschlagen . . ., Personen angerempelt . . ., Lichtschalter in Treppenhäusern ab-

gerissen..., Fensterscheiben eingeworfen und Schaukästen abgeschraubt‹ würden, und daß ›die Spielhalle zum Anziehungspunkt der sog. Halbstarken in dieser Gegend geworden sei‹.
1955 kam es in Nürnberg zu Ausschreitungen, und in Berlin-Kreuzberg betätigte sich die sog. Naunyn-Clique. Auch die ungefähr 20köpfige Clique der ›nackten Havelpiraten‹, durch die Presse als ›Bande von Halbstarken‹ bekanntgeworden, erregte in dieser Zeit wegen ihrer auffälligen Handlungen am Großen Fenster und in Berlin-Lichterfelde Aufsehen. Dadurch u. a. sah sich die Berliner Kriminalpolizei veranlaßt, im Sommer 1955 ein spezielles Dezernat zur Bekämpfung des Rowdy-Unwesens einzurichten.
Im Oktober 1955 kam es auch in Hamburg im Zusammenhang mit einem Gastspiel Louis Armstrongs zu einem Großkrawall.
Im Januar 1956 wurden aus Berlin-Neukölln und Frankfurt-Bornheim ›Halbstarken‹-Exzesse gemeldet. Am 8. April 1956 schließlich eröffnete ein Veranstaltungskrawall im Berliner Sportpalast die dann folgende einjährige Welle der ›Halbstarken‹-Großkrawalle.
Aber auch nach dem Verebben jener Welle kam es 1957/58 zu neuen Großkrawallen, so in München, Hof, Frankfurt und wiederholt in Westberlin, insbesondere im Zusammenhang mit den Presley-Filmen ›Gold aus heißer Kehle‹ und ›Mein Leben ist der Rhythmus‹. Die Tournee des Rock 'n' Roll-Stars Bill Haley im Oktober 1958 löste eine Reihe von Jugendausschreitungen aus. In Hamburg und Essen kam es zu bedeutsamen Krawallen, denen kurz zuvor in Berlin die bisher schwersten Ausschreitungen Jugendlicher vorausgegangen waren, und in Düsseldorf und Stuttgart konnten größere Exzesse nur mühsam unterbunden werden. Schließlich waren auch im Februar 1959 die inzwischen ›üblich‹ gewordenen Faschingskrawalle (in Nürnberg) wieder zu verzeichnen.« (S. 93 f.)

Neben diesen Massenspektakeln gab es aber auch eine Alltäglichkeit »halbstarker« Verhaltensweisen. Das Belästigen von Mitbürgern in kleinen Gruppen, das Zerstören von Schaufensterscheiben und besonders das provozierende Verhalten im Umgang mit Mopeds und Motorrädern gehörten ebenso zu diesem Alltag wie Ausschreitungen bei Rock-Konzerten und besonders bei Besuchen des 1956 angelaufenen Films »Außer Rand und Band« (Rock around the clock). Die »Halbstarken«-Subkultur war vor allem ein städtisches Problem und nicht auf die Bundesrepublik beschränkt.
Organisationssoziologisch handelt es sich bei dieser Jugendkultur um eine spontaneistisch geprägte Gruppenbildung von Jugendlichen. Der Zusammenhalt ergibt sich aus eher zufälligen Gründen, so etwa als gemeinsame Bewohner einer Straße, Besucher eines Konzerts oder einer Kneipe, oder aber aus dem schulischen Zusammenhalt, die die Binnenstrukturen der Gruppen determinieren. Hierzu zählen:

- Das Interesse an einigen damals als progressiv geltenden Produkten der Jugend-Kulturindustrie (Jazz, Rock 'n' Roll, Motorräder, Filme mit entsprechender Thematik).
- Eine negative Einstellung sowohl zur »Vereinsmeierei« wie zur organisierten Politik. Von 341 bei Kaiser untersuchten Halbstarken gehörten nur 6,2 Prozent einer Jugendorganisation und 24,7 Prozent einer sonstigen Vereinigung an (S. 62). Dorner bemerkt als ehemals Beteiligter: »Abgelehnt wurden von uns entschieden die politischen Jugendverbände ... das Verhältnis von jugendlichem Protest und politischer Organisation ändert sich erst in den 60er Jahren, in denen sich eine Identität von politischer und genuin jugendlicher Revolte herstellt ... Nicht nur mit den ›linken‹ Heinis wollten wir nichts zu tun haben, sondern auch nichts mit den organisierten ›rechten‹.« (Dorner, 1980, S. 231.)
- Das Tragen auffälliger Kleidung und eine betonte äußere Selbstdarstellung. Röhrenhosen, Petticoats, den frühen Rock 'n' Roll-Stars nachempfundene Frisuren, Lederkleidung und Blue Jeans: »Die Levis war einerseits ein Statussymbol, weil sie amerikanisch war, andererseits im ›Gebrauchswert‹ den deutschen Jeans (genannt Flatterjeans, da sie am Hintern viel zu weit geschnitten waren) überlegen. Sie vermittelten nicht das Gefühl für den eigenen Körper, ein Gefühl, das sich überhaupt in allen Bewegungen ausdrückte: der Gang war geschmeidig und wiegend, bei leicht vornübergebeugtem Oberkörper, was zugleich eine wachsame Angriffsbereitschaft signalisierte.« (Dorner, 1980, S. 328.)

Im Gegensatz zu späteren jugendlichen Protestbewegungen, insbesondere zur Zeit der APO Ende der sechziger Jahre, ist das sozialstrukturelle Profil der »Halbstarken« gekennzeichnet durch relativ hohe biographische Belastungen in der Kindheit, relativ geringe Ausbildung und Zugehörigkeit zur Arbeiterklasse. Diese Einschätzung gilt jedoch ausschließlich für straffällig gewordene »Halbstarke«, nicht für das gesellschaftliche Umfeld, wofür keine exakten sozialstrukturellen Profile erarbeitet worden sind. Zullinger (1958, S. 81) rechnet dazu »Krieg und Grenzbesetzung (›vaterlose Gesellschaft‹), Berufstätigkeit der Mütter, journalistische Verheldung der amerikanischen Gangster, Überflutung der Jugend mit Schundliteratur und Comicstrips, Vermaterialisierung des Lebens, als ob

die Technik das Höchste wäre, Verkommerzialisierung der ›Bildung‹, Versexualisierung der Reklame, Wohnungsnot, ›Wirtschaftswunder‹ und anderes mehr«.
Nach seinen Untersuchungen, schreibt Kaiser (S. 167), sei für straffällig gewordene Jugendliche kennzeichnend »die Zugehörigkeit zur unteren Sozialschicht; die ausführende, einfachstrukturierte Berufstätigkeit; das krisenempfindliche Alter; die unvollständige, beunruhigte oder geborgenheitssterile Familie; der Mangel an einem betont intellektuellen Bedürfnis und die dadurch angezeigte Ungeistigkeit der Daseinstechnik sowie eine stark entwickelte Organisationsscheu und ausgeprägte anarchisch-›privatistische Geselligkeit‹«.
Folgt man Kaiser, so ist das »Halbstarken«-Phänomen als »eigenständiger Teilbereich der Jugendkriminalität« aufzufassen. Entwurzelungstendenzen der Moderne, Traditionsabbau, Verlust des Heimatgefühls und Auflösungserscheinungen der Familie macht er für das »abweichende Verhalten« dieser Jugendlichen verantwortlich.
Das Beispiel der Berliner Gladow-Bande beleuchtet eindrucksvoll die Struktur der jugendlichen Bandenkriminalität im Nachkriegsdeutschland. Zwischen Anfang 1948 und Mitte 1949 hatten die beiden sechzehnjährigen Werner Gladow und Werner Papke eine Bande aufgebaut, die nach dem Vorbild von Al Capone in Berlin zahlreiche organisierte Verbrechen beging. Die auch als »weiße Krawatte« nach ihren bei den Straftaten getragenen Erkennungszeichen benannte Bande beschaffte sich Waffen durch Überfälle auf Posten an den Sektorengrenzen, beging mehrere Morde und zahlreiche Raubüberfälle. Das Lebensmotto Werner Papkes, der die HJ als Bewährungszeit männlichen Kampfesmutes erlebt hatte (Oertwig, 1981, S. 10), war: Ehre, Treue und Freundschaft. Der Tatsachenroman von Oertwig schildert das Vorbild »Al Capone« und die Kleidung als wesentlich für die Gruppenstruktur:

> »Alle haben ein großes Vorbild: den amerikanischen Gangsterkönig Al Capone. Immer wieder gehen sie zusammen ins Kino, sehen sich Gangsterfilme an. Anschließend setzen sie sich in einem Lokal zusammen und sprechen den Film durch. Sie diskutieren darüber, was sie besser gemacht hätten, analysieren die Filme und wollen daraus für die eigene Verbrecherkarriere lernen ... Eines hat Gladow in den amerikanischen Kriminalfilmen besonders gefallen – die Kleidung der Gangster. Für ihn ist klar,

auch die Gladow-Bande muß einheitlich gekleidet sein... Diese weiße Krawatte ist das Markenzeichen von Werner Gladow. Alle sollen sofort erkennen, wen sie vor sich haben, wenn seine Bande auftaucht.« (Oertwig, 1981, S. 39 f.) Gladow und zwei seiner Komplizen wurden am 9. November 1950 in Frankfurt/Oder hingerichtet.

Sowohl die jugendliche Bandenkriminalität der frühen Nachkriegsjahre als auch die Halbstarkenkrawalle der fünfziger Jahre wurden von der Jugendsoziologie wie von den Medien vorwiegend als Ausdruck abweichenden Verhaltens Jugendlicher interpretiert. Im einschlägigen Schrifttum werden insbesondere die auf ganz Westeuropa sich ausdehnenden Krawalle bei der Bill-Haley-Tournee 1958 auf die stimulierende Wirkung der reißerischen Presseberichterstattung zurückgeführt (Kaiser, 1959, S. 174). Dorner bemerkt rückblickend und nicht frei von Zynismus, die Kinos hätten zuerst Reklame mit den Krawallen gemacht und sich dann anschließend über tatsächlich stattfindende Ausschreitungen gewundert (S. 222).
Der Jugendsoziologe H. H. Muchow forderte seinerzeit »Schluß mit der Reklame für die Halbstarken!« und begründete dies: »Für das Überspringen der Aktionen von Stadt zu Stadt, für die epidemieartige Ausbreitung über das ganze Land gibt es aber eine sehr viel einfachere Erklärung: die sensationellen Berichte der Boulevardpresse, die Mode der Halbstarken-Filme und das dauernde Gerede über die Halbstarken in der Tagespresse spielen die Rolle eines Kontagiums, eines Ansteckungsstoffes. Die Jugendlichen der verschiedenen Großstädte wetteifern geradezu miteinander um die Zeilenlänge, mit der ›ihr‹ Krawall in der Zeitung erscheint!« (Muchow, 1956, S. 487.)
Das politische System reagiert mit aller Härte auf die »Halbstarken«-Subkultur. Der CSU-Abgeordnete Junker forderte 1956 im bayerischen Landtag, gegen Halbstarkendelikte müsse »jeweils der schärfste Strafantrag« gestellt werden, nach einer Meldung der »Süddeutschen Zeitung« vom 17. August 1956 sprach sich der bayerische Innenminister dafür aus, »gegen die Halbstarken mit Brutalität vorzugehen, da die bisher stattgehabte Humanitätsduselei absolut wirkungslos sei« (Dorner, 1980, S. 222). Kaiser (S. 116) bemerkt zur Reaktion der Behörden zutreffend, ihre Maßnahmen beschränkten sich auf die Beschreibung der »Halbstarken« unter der Optik von Verwahrlosung und der Mißachtung der Staatsgewalt sowie

administrativ auf strafrechtliche Verfolgung und Erziehungsmaßnahmen.
Aus Leserbriefen von »Halbstarken« Ende 1956 lassen sich eine Reihe von Wahrnehmungsweisen der Jugendlichen herauslesen, die in spezifischer Weise auf den objektiven gesellschaftlichen Problemdruck, aber auch auf das über sie in der Öffentlichkeit gezeichnete Bild reagieren. In einem Leserbrief heißt es (Kaiser, 1959, S. 117):

> ». . . Es handelt sich um Resignation. Die Bande ist die letzte und schlechteste Möglichkeit frei zu bleiben; und das wollen wir. Ich kann die fünf Millionen Jugendlicher nur bedauern . . . Wir wollen uns aber nicht in christlichen oder politischen Organisationen, in studentischen Verbindungen oder Sportvereinen an die Zügel nehmen lassen. Das wäre so schön bequem, wir wären harmlos beschäftigt, einfach neutralisiert und hätten keine ätzende Wirkung mehr. Das endet schließlich damit, daß Herr Obermeister und Herr Gernegroß erbittert um den Präsidentenstuhl des Kaninchenzüchtervereins kämpfen. Solche Leute sind politisch natürlich völlg ungefährlich . . . Warum fühlt sich die Mehrheit der westdeutschen Bundesbürger beleidigt, wenn wir rotabgesetzte Lederjacken, Farmerhosen oder blue jeans tragen? Warum hören sie bei Jazz oder moderner Tanzmusik nur Lärm? Weil für sie die Zustände von vor 25 Jahren als Richtschnur gelten . . . Wenn aber in harmlosen Äußerlichkeiten wie Haartracht und Kleidung keine Freiheit besteht, so darf man von Gedankenfreiheit nicht einmal träumen. Die größte Furcht bereitet dem Bundesbürger der Gedanke an eine Änderung. Staat und Regierung . . . sollen ihn vor jeder Beunruhigung bewahren und tun es auch tatkräftig . . .«

In den »Bremer Nachrichten« äußerte sich ein Jugendlicher folgendermaßen (ebenda, S. 118):

> »Ich frage Euch, Erwachsene! Was wollt Ihr eigentlich von uns? Warum nennt Ihr uns die ›Halbstarken‹, ereifert Euch, wenn Ihr von uns hört, rümpft die Nase, wenn Ihr uns seht? Warum droht Ihr immer gleich mit der Polizei und den Gefängnissen und wollt neue Gesetze gegen uns schaffen? Warum kommt Ihr nicht einmal zu uns und sprecht mit uns? Warum denkt Ihr immer nur an Euch? Ihr seid nicht nur schwach und mutlos, Ihr seid auch bequem, immer satt und liebt das Gleichmaß. Ihr könnt unser Vorbild nicht sein, und Eure Welt gefällt uns nicht! So wie Ihr seid, wollen wir nicht werden!«

Die in den Stellungnahmen zum Ausdruck kommenden Wahrnehmungsweisen der Jugendlichen sind geprägt von einer starken emotionalen Ablehnung der politischen Institutionen und der Erwachsenenwelt schlechthin. Vor allem aber richtet sich der zutiefst moralische Protest gegen die Wertmaßstäbe und Attitüden der Erwachsenenwelt, die in den Augen der Jugendlichen von Schwäche, Mutlosigkeit, Sattheit und Unfähigkeit zu Veränderungen dominiert ist, und gegen deren Reaktionsweisen gegenüber den »Halbstarken«. Naserümpfen, der Ruf nach polizeilichen und gesetzlichen Maßnahmen sind hier Indikatoren für das Unverständnis der Älteren für die Probleme der Jüngeren. Diese negativen Abgrenzungen und die daraus abgeleiteten Kreationen eigenständiger Verhaltensdispositionen als Kontrapunkte zu den verachteten Erwachsenen-Attitüden konstituieren das »Wir-Gefühl« der »Halbstarken« und zugleich damit eine relative Autonomie als jugendliche Subkultur. Die Kritik und das Wir-Gefühl sind historisch gebunden und zukunftsstiftend in einem: Grundmotive der frühen bürgerlichen Jugendbewegung kommen hier ebenso zum Vorschein wie Verhaltensstile der späteren Studentenbewegung Ende der sechziger Jahre.

Es ist für die in den fünfziger Jahren betriebene Jugendsoziologie sehr bezeichnend, daß ihre von devianztheoretischer Beschreibung und präventiver Sozialkontrolle geleiteten Untersuchungen sowohl an der Eigenständigkeit als auch der eigentümlichen historischen Stellung und Bedeutung der »Halbstarken«-Subkultur systematisch vorbeisehen mußte. So war es fast zwangsläufig »fachfremden« aber dennoch sensiblen Beobachtern aus anderer Blickrichtung vorbehalten, den eigentlichen subkulturellen Charakter dieser Jugendkultur ins Blickfeld zu rücken. Vor allem der Jazzkritiker Joachim Ernst Berendt kam in einer kulturkritischen Betrachtung der modernen Tanzmusik zu bemerkenswerten Einschätzungen. Berendt sah moderne Tanzmusik, die in der »Halbstarken«-Subkultur durch das Aufgreifen vor allem des Rockabilly und des Rock 'n' Roll im Umkreis Bill Haleys eine bedeutende Rolle als ästhetische Stimulation und Ausdruck von Protest spielte, als Ausbruch aus einer Welt, in der die Individuen und besonders Jugendliche auf die Funktion als anonyme Räder in einer gigantischen Produktionsmaschinerie reduziert sind. Berendt (1958, S. 131) erkannte klar die relative Eigenständigkeit und Historizität der »Halbstarken«-Subkultur jenseits der nur durch kriminelle Delikte Auffälligen: »Junge Menschen, die in einer solchen Welt leben, brauchen einen Ausbruch aus ihr, ein Ausbruch mit Rucksack und Klampfe, Wimpel und Volkslied erschiene ihnen wie eine Maskerade. Dies war der Ausbruch, der zur Welt ihrer Großväter und Urgroßväter paßte. Je stärker die Bezogenheit und Eingespanntheit in das

System, desto ursprünglicher muß der Ausbruch sein und desto grundsätzlicher muß er die Mittel des Systems – und nicht systemfremde Mittel wie eben Volkslieder und Zeltwanderungen und Zupfgeigenhansel – benutzen. Alle die Dinge, die sich in musikalischer Hinsicht im Jazz oder in tänzerischer Hinsicht im Jitterbug oder – noch auffälliger – in den Rock 'n' Roll-Exzessen abspielen, sind Ausbrüche aus dem modernen System – mit den Mitteln dieses Systems.« Der Rock 'n' Roll der fünfziger Jahre ist zuerst in England rezipiert und dort überwiegend von Jugendlichen der Arbeiterklasse (Teddy Boys) kultiviert worden.

Zusammenfassung
Im Jahre 1963 legte Ernst Fischer eine Diagnose der deutschen Jugend vor. Er vergleicht die Ausgangsbedingungen nach 1945 mit denen nach 1918. »Der wesentliche Unterschied zwischen 1918 und 1945 besteht jedoch darin, daß aus dem Ersten Weltkrieg eine große Revolution hervorging und nach dem Zweiten siegreiche Armeen politische Programme und gesellschaftliche Systeme im Tornister mitbrachten. Die Wirklichkeit widersprach den Verheißungen. Zwischen den Siegern kam es zum schroffen Bruch. Anstelle des Friedens trat der Kalte Krieg. Der Abwurf der Bomben über Hiroshima und Nagasaki erwies sich nicht als letzte Aktion des Zweiten, sondern als erste des Dritten Weltkriegs. Das Erbe, das die junge Generation übernahm, war ein Trümmerhaufen, nicht nur der Städte, sondern der Ideologien. Der Glaube der Väter, der echte und der vorgetäuschte, wurde zum Phrasenqualm, der über die Welt dahinzog. Die Väter haben versagt – das war das Gefühl der Söhne, der Töchter.« (Fischer, 1963, S. 61.)
Der »Trümmerhaufen der Ideologien«, den Fischer diagnostiziert, war, wie Schelsky nachgewiesen hat, ein wesentlicher Stimulus für die »materialistische« Ausrichtung der Lebensgestaltung in der Frühphase der Bundesrepublik. Die Abwertung der Werte, welche die Jugendlichen dieser Zeit traf, rührte von der Selbstdiskriminierung des Nationalsozialismus einerseits und der wiederauflebenden Tradition des Antikommunismus andererseits. »Die Demokratie wird von den Jungen hingenommen wie ein amtliches Formular, mit gelangweiltem Blick, wegwerfender Handbewegung.« (Fischer, 1963, S. 62.)

Realpolitisch eingekeilt zwischen den Herrschaftsbefugnissen der alliierten Besatzungsmächte und einem sich konsolidierenden Sowjetblock war den Jugendlichen als identitätsstiftendes Moment doch eine wesentliche Erfahrung versagt geblieben, die ein aktives demokratisches Engagement hätte bewirken können: Die Erfahrung, daß der Faschismus in Deutschland von oppositionellen und revolutionären Kräften im eigenen Land überwunden worden wäre. Das Ausbleiben revolutionärer Veränderungen von unten, von der Basis der Gesellschaft, hatte eine schleichende Legitimationskrise der Gesellschaft und des politischen Bewußtseins zur Folge, die aber mit den Mitteln einer autoritären »Kanzlerdemokratie« schließlich halbwegs gelöst bzw. hinausgeschoben wurde.

Es ist nur auf den ersten Blick erstaunlich, daß einer unstabilen, geradezu vordemokratischen politischen Kultur bis Mitte der sechziger Jahre ein stabilisiertes politisches Institutionengefüge gegenüberstand. Die »Kanzlerdemokratie« des »CDU-Staates« bescherte der Republik eine gelungene politische, ökonomische und militärische Westintegration; vor allem aber gelang es ihr, das Anfang der fünfziger Jahre breite politische Protestpotential unter den politisch und sozial Deklassierten, den Vertriebenen, den überzeugten Nationalsozialisten dauerhaft zu integrieren und damit dem organisierten Rechtsextremismus seine soziale Basis zu entziehen. Der scheinbare Widerspruch zwischen politischer Kultur und politischem System löst sich bei einer Betrachtung des Legitimationsprinzips der »Kanzlerdemokratie« rasch auf: *Die in den sechziger Jahren zu Recht als »formierte Gesellschaft« bezeichnete und kritisierte real existierende Demokratie in der Bundesrepublik basierte auf dem Grundkonsens eines ständig wachsenden Lebensstandards und einer steigenden Güterverteilung bei gleichzeitiger relativer Abstinenz der breiten Bevölkerung von politischen Angelegenheiten.* Dieses Grundmuster politischer Legitimation funktionierte bis Mitte der sechziger Jahre verhältnismäßig reibungslos. Die Defekte in der politischen Kultur sind dabei von der »Kanzlerdemokratie« Adenauers nicht nur positiv integriert worden, sondern mehr noch: Depolitisierung der breiten Bevölkerung einschließlich gewerkschaftlicher Stillhaltetaktiken waren geradezu funktionale Voraussetzungen und Erfordernisse der »Leistungsgesellschaft« nach dem Krieg.

Das in der Tat überraschende Moment in dieser Entwicklung ist die *gelungene Anbindung der jugendlichen Generation* an die beschriebenen Erfordernisse der Erwachsenengesellschaft. Generationskonflikte, für die aufgrund der massenhaften Verstrickungen der Vätergeneration in den Nationalsozialismus wahrlich genug Gründe vorhanden waren, wurden offenbar ebenso in die Maschinerie der historischen Verdrängungsleistungen einbezogen wie die politischen Lebensgeschichten der Erwachsenen selbst. Während jedoch auf der Ebene alltagspraktischer Normen und Verhaltensgebote ähnliche Maximen der Leistungsbereitschaft und praktische Lebensorientierungen auszumachen sind, rührt die Depolitisierung der »skeptischen Generation« weniger von Prozessen der Schuldabwehr, sie ist stärker geprägt von Unsicherheiten, Enttäuschungen und ambivalent-gebrochene Beziehungen zum Nationalsozialismus und dessen Erfassung der Jugend von oben in Hitler-Jugend und im Bund Deutscher Mädel. Autonome subkulturelle Erscheinungen unter Jugendlichen, wie z. B. die »Halbstarken«-Welle, blieben im wesentlichen eruptiv, da sie zwar die Moral der zivilen Gesellschaft in Frage stellten, sich aber darüber hinaus als unpolitisch verstanden und weder den Basiskonsens noch das Funktionsprinzip der »Kanzlerdemokratie« in Frage stellten.

Eine entscheidende Frage in unserem Zusammenhang ist die nach den politischen und gesellschaftlichen Randbedingungen politischer Kultur, die das Engagement Jugendlicher rechtsaußen begünstigen oder erschweren.

Als begünstigende Momente können vor allem zwei Entwicklungen angesprochen werden: Die erlebte Sozialisation in der Hitler-Jugend und die positive Aneignung nationalpolitischer Erziehung begünstigten bei einem Teil der Jugendlichen zweifellos politische Identitäten rechtsaußen. Hinzu kam das Fehlen einer lebendigen antifaschistischen Tradition, im Rahmen derer zum Beispiel die Auseinandersetzung mit dem Nationalsozialismus schon in der Familie begonnen hätte. Auf der anderen Seite stand jedoch diesen begünstigenden Faktoren eine Wertstruktur der zivilen Gesellschaft gegenüber, die in den fünfziger Jahren zunehmende Skepsis gegenüber politischem Engagement überhaupt entwickelte.

Diesen begünstigenden Faktoren steht jedoch der Basiskonsens und das Funktionsprinzip der »Kanzlerdemokratie« samt seinen Folgewirkungen gegenüber: Zum Prinzip der Westintegration gehörte die vom politischen System der Bundesrepublik überzeugend vorgebrachte Ablehnung sowohl des Nationalsozialismus als Ideologie und politischem System ebenso wie des Kommunismus sowjetischer Prägung. Die nicht vollständig und nicht konsequent durchgeführte Entnazifizierung widerspricht diesen Funktionserfordernissen nicht, denn sie hatte weder Auswirkungen auf die Westintegration noch auf die parlamentarische Demokratie als politischem Ordnungs- und Gestaltungsprinzip. Die Frontlinien und die politischen Widerstandspotentiale sind aufgrund der Konturen politischer Kultur in den fünfziger Jahren vorgezeichnet. Es war zu erwarten, daß sanktionierende und präventive Instanzen des politischen Systems (Polizei, Justiz, Bildungssystem) am ehesten und mit relativer Härte gegen das Engagement Jugendlicher rechtsaußen vorgehen würden.

Unter jugendsoziologischen Aspekten ist der Subkultur der »Halbstarken« und den Jugendlichen rechtsaußen ihre oppositionelle Haltung zum politischen System gemein. Beide passen nicht in das Bild der »skeptischen Generation«. Die »Halbstarken« repräsentieren eine autonomistische, spontane vorpolitische Opposition, die Sozialmoral, Wertehaltungen und Lebensstil der Erwachsenen angreifen. Für rechtsextreme Jugendliche sind sie das Gegenbild eigener Idealität (vgl. »Fanal. Stimme der Wikinger«, Nr. 5/1961), ein Produkt der Nachkriegsgesellschaft. In ihrem Wahrnehmungsmuster sind Halbstarke das Opfer der kulturfremden amerikanischen Einflüsse – ohne Moral und Ideale. Wo »Halbstarke« Ausbruchsphantasien entwickelten, sehen sich rechtsextreme Jugendliche nach der magischen Rückgewinnung der Gemeinschaft. Wo jene nach subjektiver Identität streben, suchen diese Identität durchs Kollektiv. Beiden gemeinsam bleibt die Frontstellung gegen privatistisch leistungsorientierte Berufskarrieren. Die Kritik der »Halbstarken« gilt den sozial-moralischen Leitideen der »Spießbürger«, die rechtsextremen Jugendlichen kritisieren die Verdrängungen der während des Nationalsozialismus gültigen Leitideen, die in ihren Augen nicht typisch nationalsozialistisch seien, sondern Ewigkeitswert besäßen. Sind die »Halbstarken« aktionistisch ausgerichtet, so sehen sich rechtsextreme Jugendliche in der Rolle einer Fundamentalopposition, als neue Elite des deutschen Volkes in einer Zeit politischer und kultureller Unterdrückung. Bei aller Unterschiedlichkeit in Ausdrucksformen, sozialer Herkunft und Zielsetzungen teilen beide Subkulturen das gleiche Schicksal: Sie werden von den politischen Instanzen kriminalisiert und als Gefahr für die Stabilität des politischen Systems dargestellt.

4. Die rechtsextreme Jugendszene der fünfziger Jahre

Wir sind auf die Jugendsituation der fünfziger Jahre deshalb so ausführlich eingegangen, weil sie neben der Befreiung vom Faschismus, den Erfahrungen im Zweiten Weltkrieg als für eine ganze Generation lebensgeschichtlich bedeutsame Schlüsselerlebnisse den politischen und historischen Kontext bildet, in dem die rechtsextreme Jugendsubkultur entstanden ist.
Im Juli 1945 erließ die amerikanische Militärregierung die Anweisung, die NSDAP sowie 52 nationalsozialistische und acht militärähnliche Organisationen aufzulösen. Ihr folgte am 10. Oktober 1945 das Gesetz Nr. 2 des Alliierten Kontrollrats zur einheitlichen Auflösung der Naziorganisationen in allen vier Zonen. Gemäß der ursprünglichen Absicht der Besatzungsmächte, jede organisatorische Wiederbelebung des deutschen Militarismus und Nazismus zu unterbinden, unterlag die Bildung von Parteien, politischen Organisationen und Jugendgruppen zunächst einer strengen Lizenzierungspflicht. So wurde in der amerikanischen Zone ab Oktober 1945 zwar die Neugründung von Jugendgruppen zugelassen, den örtlichen Jugendkomitees jedoch die Verantwortung dafür übertragen, daß jedes Aufleben faschistischer oder militaristischer Gedanken und Formen dabei unterbliebe. Durch die Bildung von Landesjugendausschüssen in den Ländern der amerikanischen Zone im Mai 1946 konnten die sich zunächst nur örtlich zugelassenen Jugendgruppen überregional organisieren. Mit der Gründung des Deutschen Bundesjugendringes (DBJR) am 1. Oktober 1949 wurde der Prozeß der Neuorganisierung des Jugendverbandswesens abgeschlossen. Die antifaschistische Grundhaltung der meisten Jugendverbände ist der heute noch gültigen Satzung des DBJR zu entnehmen, in der es heißt: Es sei die Aufgabe der im Ring zusammengeschlossenen Jugend-

verbände, »militaristischen, nationalistischen, rassendiskriminierenden und totalitären Tendenzen entgegenzuwirken und diese zu bekämpfen«.
Zur gleichen Zeit setzte in den drei Westzonen die Entnazifizierungspraxis ein, die ab März 1946 in die Verantwortlichkeit der deutschen Behörden überging. In diesem Zusammenhang erließ der Länderrat der amerikanischen Zone mit Zustimmung General Clays am 6. August 1946 eine *Jugendamnestie,* welche alle nach dem 1. Januar 1919 Geborenen von Sühnemaßnahmen befreite, sofern sie nicht Belastete oder Hauptschuldige waren. Für jugendliche Belastete sollte eine Sühneminderung gewährt werden. In der amerikanischen Zone fielen insgesamt 89 772, in der französischen Zone 71 899 Jugendliche unter die Amnestie. Berücksichtigt man, daß 1939 8 100 000 Jugendliche in der HJ erfaßt waren, so wird der eher demonstrative Charakter der Jugendamnestie deutlich. Politisch gesehen erwies sich die Entnazifizierung als ein Fehlschlag und die Verfahren vor den Spruchkammern waren massiver Kritik in der westdeutschen Bevölkerung ausgesetzt, die – getragen von den Kirchen – sich gegen die allgemeine »Nazizählerei« wandte. Alle Parteien mit Ausnahme der SPD und KPD forderten die Beendigung der Entnazifizierung, die nur neues Unrecht schaffe und vom Prinzip der Vergeltung und nicht der Versöhnung getragen sei. Entsprechend stellte der neugewählte Bundeskanzler Adenauer in seiner Regierungserklärung vom 20. September 1949 fest:

> »Durch die Denazifizierung ist viel Unglück und viel Unheil angerichtet worden. Die wirklich Schuldigen an den Verbrechen, die in der nationalsozialistischen Zeit und im Krieg begangen worden sind, sollen mit aller Strenge bestraft werden. Aber im übrigen dürften wir nicht mehr zwei Klassen von Menschen in Deutschland unterscheiden: die politisch Einwandfreien und die Nichteinwandfreien. Diese Unterscheidung muß baldigst verschwinden.« (Verhandlungen des Deutschen Bundestages, 5. Sitzung vom 20. September 1949, S. 27.)

Von den ursprünglichen gesellschaftspolitischen Forderungen der Organisationen der Arbeiterbewegung nach einer demokratischen nichtkapitalistischen Gesellschaft blieb unter den dominierenden Großmachtinteressen der Besatzungsmächte nichts übrig. In der Praxis war die Entnazifizierung auf Personalsäuberungen verengt und endete in einem unbefriedigenden Rehabilitationsprozeß vieler Nazifunktionäre vor den

Spruchkammern, denen es mittels eidesstattlicher Erklärungen gelang, sich ihre weiße Weste (»Persilschein«) bestätigen zu lassen. Ganz offen wurde in der amerikanischen Militärregierung vom allgemeinen »whitewash« gesprochen. Für alle rechtsextremen Organisationen blieb dennoch die Ablehnung und Kritik der Entnazifizierung politisches Prinzip, das neben der Forderung nach »Wiederherstellung des Deutschen Reiches« und der naßforschen Verunglimpfung der Kriegsverbrecherprozesse als »Rache- und Siegerjustiz« Eingang gefunden hat in die Programmatik und Agitation der bundesdeutschen Rechtsextremisten. Sie dienten zunächst zur Legitimation der Existenz dieser Gruppen und haben sich dann im Laufe der Jahre zu einem regelrechten Mythos der »Verfolgung und Entrechtung« entwickelt, der noch heute seine Ausstrahlungskraft auch unter rechtsextremen Jugendlichen besitzt. Unabhängig von den richtungspolitischen Divergenzen des rechten Lagers gilt z. B. Rudolf Heß als lebendes Symbol dieses Mythos. Die aus humanitären Gründen auch in Teilen der Öffentlichkeit vertretene Forderung »Freiheit für Rudolf Heß« wird von Rechtsextremisten als politische Notwendigkeit gegen die angebliche Fortdauer der »Siegerjustiz« gedeutet. Bezeichnend heißt es in einem Lied, das die den Jungen Nationaldemokraten (JN) nahestehende Rockgruppe »Ragnaröck« dem »alten Mann« gewidmet hat:
»Er schmachtet in Spandau der alte Mann
weiß nicht wofür er büßen kann
Siegerjustiz wird zum demokratischen Witz
Humanität, die auf dem Papier nur steht
In seiner Zelle allein
soll er uns Vorbild und Mahnung sein.«
Unter dem Eindruck der Entnazifizierungsverfahren, der Kriegsverbrecherprozesse, der Gründung rechtsextremer Parteien, Interessenverbände, Verlage und Kulturgemeinschaften setzte nach der Lockerung der Lizenzierungsbestimmungen Ende der vierziger, Anfang der fünfziger Jahre die Gründungswelle rechtsextremer Jugendgruppen ein. Teils als Jugendorganisationen rechter und rechtsextremer Parteien (DP, DG, DRP, SRP), teils illegal, teils unter unverdächtigen Bezeichnungen wie Unitarische Jugend, Wanderverein, Pfadfinderschaft Nation Europa, Jugendbund Adler versuchten sie politische und jugendgemäße Traditionen neu zu begründen.

Der Kreis ihrer Initiatoren läßt sich relativ exakt bestimmen. Es handelte sich in der Regel um ehemalige Mitglieder der völkisch-nationalistischen Bünde der bürgerlichen Jugendbewegung vor 1933 sowie um jüngere HJ-Funktionäre und Mitglieder von NS-Organisationen, die ihre Form von Jugendarbeit neu zu beleben bzw. fortzusetzen suchten. Dabei folgte ein Teil der Jugendgruppen weniger den Traditionen der HJ – obwohl auch dies vorkam – als jenen Utopien eines »jugendbewegten Lebensgefühls«, das die Autonomie jugendlicher Lebensstile gegen die Welt der Erwachsenen ausdrücken sollte. Und selbst bei jenen Organisationen, die in das Interaktionsnetz rechtsextremer Erwachsenenverbände eingebunden waren, sind bündische Gestaltungsprinzipien nachweisbar. Es hilft deshalb der aktuellen Diskussion wenig weiter, rechtsextreme Jugendgruppen organisationsgeschichtlich mit der HJ nach 1933 zu vergleichen. Denn zum einen übernahm die HJ als Staatsjugend in ihren Anfangsjahren selbst jugendpolitische Orientierungen und Gestaltungsmittel der bündischen Bewegung, um sie in permanentem Aktivismus für den Nationalsozialismus zu politisieren. Zum anderen befanden sich rechtsextreme wie bündische Jugendgruppen im Unterschied zur Weimarer Republik nach 1945 in einer gesellschaftlichen Außenseiterrolle. Denn gerade die Übernahme jugendbewegter Gestaltungsmittel in die HJ-Arbeit diskreditierte diese Mittel in der Öffentlichkeit nachhaltig und setzte Gruppen, die weiterhin an Leitbegriffen wie Nation, Volksgemeinschaft, Jugendführer etc. festhielten, fast automatisch unter Rechtsextremismus-Verdacht. Wurden sie in Teilen der Öffentlichkeit, allen voran in den Gewerkschaften und den Jugendverbänden, primär unter dem Aspekt der Wiederholungsgefahr gesehen, so kamen andere Beobachter zu dem Schluß: »Sie sind in der Tat ein Relikt der Vergangenheit – ein häßliches Fossil, von vielen mit Argwohn betrachtet, aber nur als Museumsstück interessant.« (Laqueur, 1962, S. 249.)
Die unterschiedlichen Traditionsbezüge der Gruppen schlagen sich in unterschiedlichen Konzeptionen ihrer konkreten Arbeit nieder. Neben den Jugendorganisationen rechtsextremer Parteien, die den geringsten Autonomiespielraum hatten und in der Regel Kinder der Parteimitglieder rekrutierten, lassen sich grob drei verschiedene Richtungen rechtsextremer Jugendarbeit unterscheiden:

»1. betont politische, nationalistische Jugendorganisationen, die im ideologischen, teils auch im organisatorischen Zusammenhang mit nationalistischen oder neonazistischen Erwachsenenorganisationen stehen;
2. ›völkische‹ Jugendbünde, die an die völkischen Teile der Jugendbewegung vor 1933 oder deren Gedankengut anknüpfen;
3. ›soldatische Jugendgruppen‹, die größtenteils mit Unterstützung militärischer Traditionsverbände oder Organisationen ehemaliger Soldaten arbeiten.« (Klönne, 1960, S. 2.)

Die organisierte Verwirrung der rechtsextremen Jugendszene führte schon in den fünfziger Jahren zu phantastischen Spekulationen über die Zahl rechtsextrem organisierter Jugendlicher. Während in einigen Publikationen von 60 000 bis 80 000 Mitgliedern die Rede ist (»Civis«, Mai 1959), schätzte der DGB 1959 die Zahl auf weniger als 10 000. Ohne die im DBJR vertretene und in der Öffentlichkeit zum Teil als rechtsextrem orientiert eingeschätzte Deutsche Jugend des Ostens (DJO) dürfte die zuverlässigste Schätzung für die zweite Hälfte der fünfziger Jahre die folgende sein:
– Kameradschaftsring Nationaler Jugendverbände
  (KNJ) 20 000
– Arbeitsgemeinschaft Vaterländischer Jugendverbände
  (AVJ) 10 000
– Jungdeutsche Bewegung (JDB) 3 000
– Andere . . . . 5 000–7 000.
(Zit. nach »Sozialistische Jugendkorrespondenz« vom 15. Oktober 1959, S. 3.)
Charakteristisch für die fünfziger Jahre ist die nahezu vollkommene Bedeutungslosigkeit der parteigebundenen Jugendorganisationen. Es ist bezeichnend für die skeptische Haltung der Nachkriegsgeneration, daß die Jugendorganisationen rechter und rechtsextremer Parteien nur wenig Zulauf fanden.
Die 1952 vom Bundesverfassungsgericht als Nachfolgeorganisation der NSDAP verbotene Sozialistische Reichspartei (SRP) bemühte sich seit ihrer Gründung am 2. Oktober 1949 um den Aufbau einer »Reichsjugend«, die Jugendliche bis zu 18 Jahren aufnahm, die nach außen hin zunächst als »unabhängig« deklariert wurde. »Von Mitte bis Ende 1950 wurde die Reichsjugend als ›selbständige‹ Organisation aufgezogen. Sie gliederte sich in ›Hundertschaften‹, ›Züge‹ und ›Jungenschaften‹ bzw. in Mädel-›Gruppen‹, -›Scharen‹ und ›Mädelschaf-

ten‹ für Jugendliche im Alter von 14 bis 18 und 18 bis 21 Jahren. Ihre ›Jugendleiter‹ und ›Mädelleiterinnen‹ waren mit den auf allen Parteiebenen eingesetzten Jugendreferenten bzw. Mädelreferentinnen in den Verbandsvorständen identisch. Die oberste Instanz bildete der ›Reichsjugendführer‹ und der Jugendreferent der Parteileitung, Walter Matthaei. Die Führung der Jugendorganisationen mündete also auf allen Ebenen in die Parteiführung ein.« (Büsch/Furth, 1957, S. 143 f.) Politisch stand die SRP-Jugend völlig unter dem Einfluß der Parteileitung. Forderungen nach Beendigung der Entnazifizierung, die Verherrlichung von Kriegsverbrechern, die Verunglimpfung demokratischer Parteien und Politiker sowie die Rehabilitierung des Nationalsozialismus dominierten die politische Arbeit der Reichsjugend und ihrer Zeitschrift »Fanal«. Idol der Reichssozialisten war deren 2. Vorsitzender und Führer der »Reichsfront«, Generalmajor Otto Ernst Remer, der 1944 als Kommandant der Wacheinheiten der Division Großdeutschland maßgeblich an der Niederschlagung des Umsturzversuches vom 20. Juli beteiligt war und diesen nach 1945 als »Verrat« und »Dolchstoß« denunzierte. Der Ende der siebziger Jahre wieder politisch aktive Remer gilt heute neonazistischen Jugendlichen im Umfeld der ANS mit seiner Splitterorganisation »Deutsche Freiheitsbewegung – Der Bismarck-Deutsche« (gegr. 1. April 1983) als politisches Vorbild.
Völlig bedeutungslos blieben die Jugendorganisation der Deutschen Gemeinschaft August Haußleiters, Junge Deutsche Gemeinschaft (JDG), der Block junger Heimatvertriebener und Entrechteter des BHE.
Selbst die größte rechtsextreme Partei der fünfziger Jahre, die Deutsche Reichspartei (DRP), verfügte jahrelang über keine ernstzunehmende Jugendorganisation. Ansätze zu ihrer Bildung gab es allerdings mehrere. So gründete im August 1950 der Flensburger DRP-Bezirksvorsitzende Herbert Münchow die erste Gruppe der »Reichsjugend«. »Die DRP-Führung betrachtete diese Gründung jedoch mit großer Skepsis, weil ihr Münchow, der 1939 wegen eines Sittlichkeitsdeliktes verurteilt worden war, als Jugendführer nicht geeignet erschien. So ist Münchows Organisation spätestens seit Dezember 1950 nicht mehr als Jugendorganisation der DRP anzusehen. Zwar bestanden in der ersten Hälfte der fünfziger Jahre einige Grup-

Postverlagsort: Oldenburg (Oldb)

Die Fanfare

Zeitschrift für die junge Generation

Nr. 4   27. Januar 1952   Preis 25 Pfg.

Der Held von Narvik:

General Dietl
einer der beliebtesten deutschen Generäle. Ueber das neue Dietl-Buch lesen Sie Näheres auf Seite 11.

Die Entscheidung liegt bei uns!

Zwei Tage vor seiner Ermordung zog Mussolini, der Begründer des faschistischen Italiens, vor den wenigen Getreuen, die noch um ihn waren, Bilanz. Er sagte im Rahmen seiner Darlegungen sinngemäß: Die bisherigen Lebensformen Europas brechen nun zusammen. Das nationalsozialistische und das faschistische Regime erliegen der feindlichen Uebermacht. In Mitteleuropa wird ein großes Vakuum entstehen, Was politisch, staatlich, sozial und wirtschaftlich an neuen Ordnungsformen entstand, die Kultur dieser Zeit, die ganze Gesellschaft — alles wird in einem furchtbaren Chaos versinken. Die Vereinigten Staaten werden mit ihrem wirtschaftlichen Reichtum verhindern können, daß sich der Bolschewismus sofort dieses Raumes bemächtigt, aber eines werden sie nicht können: Sie werden dieses Vakuum nicht mit geistigen Werten auszufüllen vermögen.

Mussolini hat mit seiner Prognose recht behalten. Lebensmittel kamen aus den USA, als der Hunger die Widerstandskraft unserer Menschen endgültig zu brechen drohte. Das geistige — seelische Vakuum aber blieb, und keine Macht der Welt wird es von außen her mit neuen Werten ausfüllen können.

Seien wir gerecht, das ist auch nicht möglich, selbst wenn der Wille dazu in den USA vorhanden gewesen wäre. Was man nicht hat, kann man nicht geben. Europa unterliegt anderen Gesetzen als der amerikanische Kontinent. Die alte Kulturtradition Europas führte zu einer anderen Beantwortung der großen Lebensfragen als das verhältnismäßig junge und vorwiegend wirtschaftlich bestimmte Denken der Nordamerikaner. Das europäische Leben — politisch, staatlich, sozial, wirtschaftlich und kulturell — ist in seinem Wesen dynamisch. Europa wurde immer von starken geistigen Spannungsfeldern beherrscht, die in den volklichen und räumlichen Gegensätzen ihren Ursprung hatten. Sie bestimmten alle Gebiete des Lebens. Aus der Polarität der Kräfte, aus der Gegensätzlichkeit entsprangen die großen Leistungen dieses Kontinents. Immer drängt das Leben zur Vielgestaltigkeit niemals zur Gleichheit. Die Verschiedenheit der Kräfte ist natürlich. Verkennen wir dieses Lebensgesetz, verleugnen wir es im Bekenntnis zu einer uns fremden Welt, dann werden wir uns, unserer Tradition und den Gegebenheiten unseres Lebensraumes untreu — und damit geben wir uns selber auf.

Jede bleibende Leistung — vor allem auf kulturellem Gebiet — entspringt zwei Grundwerten: Der volklichen Eigenart und dem Raum, in dem sie in langen Zeiträumen wuchs. Europa hat diese Voraussetzung, Amerika nicht. Amerika ist Kolonialland; das ist kein Werturteil, es ist eine Feststellung. Es ist anders in Ursprung und Entwicklung

(Fortsetzung auf Seite 9)

AUS DEM INHALT: Nachrichten und Berichte ... S. 2 / „Freundschaft" — „Tatsachenbericht über die FDJ ... S. 3 / Die Kriegsschuldlüge ... S. 4 / Father Reichenberger: Die Antwort war Haß und Rache ... S. 5 / Zerkaulen: Erlebnisse aus dem Camp ... S. 6 / Die Sportseite: Im Skiparadies ... S. 8 / Kleines Lexikon ... S. 9 / Wir hören Radio ... S. 9 / Preisausschreiben ... S. 10 / Wir sagen „Ja" zu Europa, aber ... S. 10 / Aufruf eines zum Tode Verurteilten (Pierre Clementi) ... S. 11 / Das neue Dietl-Buch ... S. 11 / Humor ... S. 12.

»Die Fanfare«, Zeitschrift der Reichsjugend, der Jugendorganisation der Sozialistischen Reichspartei (SRP), Nr. 4 vom 27. Januar 1952.

pen, die die Bezeichnung ›Reichsjugend‹ trugen. Sie waren jedoch zumeist entweder Suborganisationen der Sozialistischen Reichspartei oder parteiungebundene rechtsextremistische Jugendbünde. Nur ein kleiner Teil der Gruppen dieses Namens lehnte sich an die DRP an. Im Oktober 1954 unternahm Alfons Höller auf einer Veranstaltung des nordrheinwestfälischen Landesverbandes einen neuerlichen Versuch, die ›Reichsjugend‹ als Jugendorganisation zu installieren. Letztere löste sich jedoch im Oktober 1955 selbst auf, nachdem der zuständige Regierungspräsident ein Verbot erwogen hatte. Am 18. Januar 1956 wurde die ›Reichsjugend‹ schließlich zum dritten Mal und nun ›offiziell‹ gegründet. Doch auch diese Organisation blieb ohne jede Bedeutung.« (Stöss, 1983, S. 1182 f.) Offensichtlich hatte es die DRP-Führung danach aufgegeben, eine politische Jugendorganisation zu gründen. Die am 29./30. September 1962 in Göttingen ins Leben gerufene »Junge Kameradschaft« versuchte ebenfalls erfolglos, wenigstens jugendliche DRP-Mitglieder und die Kinder ihrer Mitglieder zu sammeln.

Eine erwähnenswerte Rolle spielte Ende der vierziger, Anfang der fünfziger Jahre der Bund Junger Deutscher (BJD), Jugendorganisation der Deutschen Partei (DP), die mit zwei Ministern (Hellwege, Seebohm) im ersten Kabinett Adenauers vertreten war und 17 Abgeordnete in den ersten Bundestag schickte. Der BJD wurde im August 1947 aus dem DP-Jugendausschuß, dem Niedersächsischen Jugendbund (Hannover-Land) und der Niederdeutschen Volksjugend (Stade) gegründet und galt seit Oktober 1949 offiziell als DP-Jugendorganisation. Ein internes Mitgliederverzeichnis vom Juni 1948 weist 2508 gemeldete BJD-Mitglieder aus, eine Zahl, die jedoch bezweifelt werden muß. Der Bund war zentralistisch organisiert, erfaßte Jugendliche im Alter von 10 bis 30 Jahren und hatte seine Hochburgen in Niedersachsen, Bremen und Schleswig-Holstein.

Unverkennbar vertrat der BJD rechtsextreme Positionen und wurde in einigen Landesverbänden von ehemaligen Funktionären der HJ und Mitgliedern der Waffen-SS dominiert. Am 6. August 1951 wurde der Berliner BJD durch Senatsbeschluß als Nachfolgeorganisation der HJ verboten, da seine uniformiert auftretenden Mitglieder sich bei erhobenem Arm mit »Heil Deutschland« begrüßten. Selbst nach dem Ausscheiden

Flugblatt des Bundes Junger Deutscher (BJD), wahrscheinlich aus dem Jahr 1948.

einiger radikaler Mitglieder aus Hamburg und Bremen, die am 20. Juli 1951 das neonazistische »Freikorps Deutschland« gründeten (Verbot durch die Bundesregierung am 11. Februar 1953; vgl. AdG vom 11. Februar 1953), suchte der BJD rechtsextrem gesinnte Jugendliche zu rekrutieren. In den »Zielen und Grundsätzen« des BJD heißt es u. a.:

>»Der BJD bekämpft insbesondere den unserem Volke wesensfremden marxistischen Zwangskollektivismus. Wir appellieren an die in ernsten Lagen bewährte Frontkameradschaft und wollen in ihrem Geiste am Wiederaufbau unseres zerrütteten Volkslebens mitarbeiten. Wir zollen Hochachtung all denen, die für den Bestand des Deutschen Reiches und das Wohl des deutschen Volkes ihr Leben einsetzen und gaben. Ihr Blutzoll ist Verpflichtung, unermüdlich an der Schaffung gesunder Lebensgrundlagen für unser Volk mitzuarbeiten.«

Und in einem undatierten, aber nach 1952 entstandenen maschinengeschriebenen BJD-Manuskript lesen wir:

>»Der ›Bund Junger Deutscher‹ – Nationale rechtsfähige Jugendorganisation – befindet sich, auch wenn es unsere Gegner im marxistischen und bolschewistischen Lager nicht wahrhaben wollen, im ständigen Wachsen. Kameradschaft, Gemeinschaftsleben, deutsche Tradition und Sitten, der Glaube an die Zukunft unseres Volkes und Reiches und an die Einigung Europas, das Heranführen der Jugend an kulturelle Werte, die Achtung vor dem deutschen Soldaten, der Wille, unserem Vaterland in der Stunde äußerster Gefahr den Kriegsdienst nicht zu verweigern, scheinen für unsere Gegner faschistische und nationalsozialistische Dinge zu sein. Selbstauferlegte Zucht und Ordnung sind wohl ›HJ-Manieren‹? Der BJD steht erhaben über allen diesen unwahren Behauptungen. In seinen Reihen gibt es keine bezahlten Funktionäre, sondern junge Menschen, denen die Begriffe Heimat, Vaterland, Wahrheit, Freiheit und Recht etwas bedeuten. Wir gehören nicht zu den ›Ohne uns‹-Sagern, sondern zu denen, die auf dem Standpunkt des ›Nicht-ohne-uns‹ stehen. Die Zukunft gehört der Jugend.«

Diese Selbstdarstellung versammelt fast alle wichtigen Leitbegriffe rechtsextremer Jugendgruppen. Auch wenn sie bei den einzelnen Organisationen unterschiedlich akzentuiert sind, manchmal offen rassistisch, manchmal eher gemäßigt völkisch ausgelegt werden: Sie markieren den vagen Grundkonsens dieser Szene und verweisen auf politische Traditionen des antidemokratischen Denkens, die über das Jahr 1933 hinaus fester Bestandteil der politischen Kultur der Weimarer Republik und des Kaiserreiches waren. Die bedeutsameren nationalistischen und soldatischen Jugendverbände der fünfziger Jahre konkretisieren diese Leitbilder in ihrer männlichkeits-

orientierten, an Mutproben und Härteritualen ausgerichteten Erziehungsarbeit, die sich in dem Leitbild des idealistischen und selbstlosen »Kämpfers« verdichtet.
Die folgende Darstellung der Entwicklung der rechtsextremen Jugendszene der fünfziger Jahre wird zeigen, daß diese Angebote nicht geeignet waren, in der »skeptischen Generation« nachhaltig auf Resonanz zu stoßen. Konrad Windisch, ehemals Sprecher des Kameradschaftsringes Nationaler Jugendverbände (KNJ), drückte dies im Gespräch (mit P. Dudek/ H. G. Jaschke) so aus:

> »Diese Revolution der Satten, die ich propagiert habe und heute noch propagiere, die war uns damals ein echtes Anliegen, denn die haben nicht revoltiert. Die Satten sind in die Wirtschaft gegangen. Meine Generation hat geschaut, daß sie mit dem Studium fertig wird und Positionen erringt.« (Gespräch vom 3. Juni 1983.)

4.1 Die nationalistischen Jugendbünde des KNJ

Die zahlenmäßig bedeutsamsten Gruppen der jugendlich-rechtsextremen Subkultur waren in dem am 24. Juni 1954 gegründeten Kameradschaftsring Nationaler Jugendverbände zusammengeschlossen. Unmittelbarer Anlaß für die Gründung war der »IV. Europäische Kongreß der Nationalen Kräfte«, einer von der »Europäischen Verbindungsstelle« (EVS) organisierten Tagung europäischer Rechtsextremisten, die in Lübeck durch den Deutschen Block (DB) Karl Meissners vorbereitet wurde. Mit der Begründung, das Treffen wende sich gegen die verfassungsmäßige Ordnung der Bundesrepublik und gegen den Gedanken der Völkerverständigung, verbot die schleswig-holsteinische Landesregierung die Veranstaltung. Das von den Vertretern des Bundes Heimattreuer Jugend Österreichs (BHJÖ), Konrad Windisch, der Wiking Jugend, Walter Matthaei, des Jugendbundes Adler (JBA), Richard Etzel, unterzeichnete Gründungsprotokoll weist deshalb als Ort Hamburg aus. Konrad Windisch erinnert sich im Gespräch:

> »Diese Veranstaltung war verboten. Da war ich in Lübeck und die einzigen, die kamen trotz Verbot, waren der mir damals noch unbekannte Etzel vom JBA und Walter Matthaei von der Wiking Jugend ... Wir haben uns gut verstanden und ohne eigentlich die Mentalität der Organisationen genau zu kennen, haben wir uns gesagt: ›Na gut, wenn die alten

Scheißer sich also verbieten lassen und keine Veranstaltung machen, dann machen wir was und gründen den Kameradschaftsring Nationaler Jugendverbände.« (Gespräch vom 3. Juni 1983.)

Zunächst hatte diese Gründung keine weitere Bedeutung. Die Gruppen verpflichteten sich zum Austausch von Publikationen, zu gegenseitigen Beratungen und Einladungen zu Lagern und Veranstaltungen. Erst auf dem Kölner »Kongreß der nationalen Jugendverbände« am 5./6. Februar 1955, an dem Vertreter von 20 Jugendgruppen teilnahmen, schlossen sich weitere sieben Organisationen dem KNJ an, unter ihnen die »Flämische Soziale Bewegung« (Belgien) – ein Hinweis, der auf die frühen engen Beziehungen westdeutscher Rechtsextremisten mit entsprechenden Gruppen im Ausland aufmerksam machen soll. Mit der organisatorischen Leitung wurde Richard Etzel, der Leiter der damals größten rechtsextremen Jugendgruppe, dem Jugendbund Adler, betraut. 1959 lassen sich insgesamt 18 Gruppen dem KNJ zuordnen; die wichtigsten von ihnen waren:
- Jugendbund Adler (gegründet 19. September 1950)
- Wiking Jugend (Vorläuferbünde seit 1950; offizielle Gründung 1952)
- Arbeitsgemeinschaft Nationaler Jugendverbände Österreichs (ANJÖ) (vgl. Dudek/Jaschke, 1984a, S. 437 ff.)
- Bund Nationaler Studenten (gegründet 17. Juni 1956)
- Deutsch Wandervogel (gegründet Mai 1957)
- Jungsturm (gegründet 1954 in Hannover)
- Jungdeutsche Freischar (gegründet 1950)

Das personelle Anwachsen der rechtsextrem-jugendlichen Subkultur war in der zweiten Hälfte der fünfziger Jahre Anlaß, dieses Protestpotential ernster als bisher zu nehmen.
So schrieb der Informationsdienst »Die Brücke« (Folge 19) 1957:

> Durch den Konsolidierungsprozeß des KNJ sowie durch den »Aufbau des ›Deutschen Jugendbundes Kyffhäuser‹ und der von ihm inspirierten ›Arbeitsgemeinschaft Vaterländischer Jugendverbände‹ sind wesentliche Teile der nationalen Jugend aus dem Stadium ewiger Neu- und Umgründungen, bloßer ›Führerkonspiration‹ usw. herausgekommen und zu einem ernstzunehmenden Faktor in der Bundesrepublik geworden«.

Entsprechend reagierte auch der Bundesjugendring 1956 mit einer Intensivierung seiner antifaschistischen Jugendarbeit. So forderte die 14. Vollversammlung des DBJR alle Jugendringe auf, »Jugendorganisationen, die nationalistische, militaristische und neofaschistische Ziele verfolgen, nicht als Mitglieder aufzunehmen . . ., auf Jugendliche, die solchen Organisationen folgen, einzuwirken, um sie von der Verderblichkeit dieser Ideologien zu überzeugen und für die Demokratie zu gewinnen«. Weder das eine noch das andere erfüllte sich. Die bildungspolitische und publizistische Offensive der Jugendverbände diente den rechtsextremen Gruppen lediglich als Bestätigung ihrer Überzeugung, die deutsche Jugend sei umerzogen worden. Andererseits hielt die Konsolidierungsphase nicht lange an. An der Frage zur Haltung gegenüber der Bundeswehr und ihrer möglichen atomaren Bewaffnung kam es innerhalb des KNJ zu heftigen Kontroversen, die auf der Nürnberger Tagung am 31. Januar 1959 offen ausbrachen. Während JBA und BNS zur Bundeswehr positive Stellung bezogen, lehnten andere Bünde diese mit der Begründung ab, sie vertrete nicht die »soldatischen Traditionen des Deutschen Reiches«. Ergebnis war der Austritt des JBA am 1. Juli 1959 aus dem inzwischen unter der Führung Konrad Windischs agierenden KNJ. In dessen Organ »Der Trommler« wurden auch die »Grundsätze der nationalen Jugend« veröffentlicht, die wesentlich von den Positionen der österreichischen Jugendgruppen beeinflußt waren. In ihnen heißt es u. a.:

> »3. Wir lehnen den Marxismus und den Kapitalismus als überlebt, verderblich und unfruchtbar, in gleicher Weise ab und wollen eine Gesellschaftsordnung, in der die Stellung des Einzelnen einzig von seiner Leistung für die Gemeinschaft bestimmt ist . . .
> 19. Wir gehen den Weg der Jugendbewegung nicht als Selbstzweck, sondern als Vorbereitung für unsere kommenden Aufgaben, die wir dereinst als Männer und Frauen zu erfüllen haben.
> 20. Wir wissen, daß unser Kampf in den kommenden Jahren viele Opfer und Entbehrungen von uns verlangen wird. Wir wissen, daß wir sie stark und anständig tragen werden. Wir wissen, daß am Ende unseres Kampfes der Sieg unserer Idee stehen wird.« (»Der Trommler«, Folge 35, o. J.)

Charakteristisch für die KNJ-Bünde ist ihre primär politische Orientierung und ihre Nähe zu Erwachsenenorganisationen vor allem der DRP und des Deutschen Kulturwerkes Europäischen Geistes (DKEG) – einer 1950 unter Initiative des NS-Literaten Herbert Böhme gegründeten Organisation, die die illustre Schar völkischer, nationalistischer und nationalsozialistischer Schriftsteller und Dichter versammelte, für deren Ideen nach 1945 auf dem offiziösen Literaturmarkt kein Bedarf mehr bestand. Kämpferische Orientierung, Reichsmythos und die völkisch verwaschene Leitidee eines »organischen Volkssozialismus« sind weitere Charakteristika der KNJ-Bünde. Zum Leitbild des idealistischen Kämpfers schreibt »Der Trommler« (Folge 54, 1962):

> »Das tragende Element des Kampfes für die innere und äußere Freiheit unseres Volkes und Europas jedoch, ist der Einzelkämpfer geworden. Der Einzelkämpfer in der Gemeinschaft! Auf ihn, also auf Dich kommmt es an!... Auf Deine Haltung, Dein Wissen, Deine Intelligenz, Deinen Mut und Deine Bereitschaft zum Opfer! Vor allem Dein Wissen! Denn nur das Wissen um unser Recht und die Gültigkeit unserer Ideale hat uns werden lassen. Es erhält uns, gibt uns Kraft, weiter und immer weiter zu kämpfen. Jeder Tag ist ein Kampftag für Dich. Jeder Tag verlangt Deine Bewährung!«

Was sich hier 1962 wie Durchhalteparolen an die deutsche Jugend während des Zweiten Weltkrieges liest, gibt Aufschluß auf ein wichtiges erzieherisches Leitbild der KNJ-Bünde: *die Erziehung zum Kämpfer,* in der die Zielsituation des Krieges und des Fronterlebnisses in vielfältiger Weise mythologisiert wird. In ähnlicher Diktion heißt es auch in der Grundsatzerklärung des JBA:

> Die Erziehung zum Kämpfer bedarf keiner »lange(n) Reden und Aufsätze..., sondern es ist nötig, den jungen Menschen Beispiele zu geben... In unserer Tätigkeit für die Ausrichtung junger Menschen arbeiten wir für den Körper, damit dieser gesund, zäh, kräftig, hart und flink werde und bleibe, schulen den Geist, um Wissen und Können zu erweitern. Dort, wo in einem gesunden Körper ein reger Geist lebt, hat auch eine Seele Platz, die zu großen Regungen fähig ist und jene Haltung in Sauberkeit und Ehre ermöglicht, die wir in der jüngsten Vergangenheit und Gegenwart so schmerzlich vermißten und vermissen.«

Was heißt das in der Praxis der »nationalen Jugendbünde«? In einer programmatischen Schrift aus dem Jahre 1964 formulierte der Führer der Wiking-Jugend, Wolfgang Nahrath, Klartext:

> »Ihr Ideal ist der tapfere Soldat, der seine Heimat in einem unerbittlichen Ringen 6 Jahre lang verteidigt hat. Ihr Ideal ist die anständige deutsche Frau, die sich in den Jahren der Hungerkur nach 1945 nicht an die Siegermächte für Schokolade und Zigaretten verkaufte. Ihr Ideal sind die Dichter, Denker, Musiker, Maler, Bildhauer und Wissenschaftler, die dem deutschen Ansehen Weltgeltung verschafften. Ihr Erziehungsideal ist der ausgeglichene junge Mensch, dessen Geist und Körper eine Harmonie bilden.«

Aufgabe der volkstreuen Jugend sei es, »die Anteilnahme der jungen Ge-

Weitergeben! Weitersagen!   *Im Kampf liegt der Sieg*

DER TROMMLER

KAMPFSCHRIFT DER NATIONALEN JUGEND

5. Jahrgang — SONDERNUMMER — Folge 35

Die Arbeitstagung des Kameradschaftsringes Nationaler Jugendverbände in Coburg:

EINIG UND ENTSCHLOSSEN!

Einmütigkeit in allen Beschlüssen — Konrad Windisch (Wien) und Klausdieter Ludwig (Marburg) einstimmig zu Sprechern gewählt — Zusammenfassung der Gruppen des Bundes Heimattreuer Jugend in Westdeutschland. — Schillerjugend und Nationale Jugend Deutschlands (Berlin) kommen zum KNJ.

In zwei Tagen, am 29. und 30. August 1959, legten die Beauftragten der im KNJ zusammengefaßten nationalen Jugendverbände in Coburg den Grundstein für eine kommende Breitenarbeit der nationalen Jugend Europas.

In klaren Worten wurden die Grundsätze der nationalen Jugend abgefaßt und Erklärungen zu den verschiedensten Fragen, wie der Wehrfrage und der Frage der Staatsbejahung abgegeben. Die Gruppen des Bundes Heimattreuer Jugend in Westdeutschland, welche sich in den letzten Monaten in Franken, Niedersachsen und Kurhessen gebildet hatten, schlossen sich zu einem gemeinsamen Bund zusammen. Dazu kommen aus anderen Jugendbünden, welche dem KNJ nicht angehörten, Gruppen in Bremen, Passau, Rotenburg/Hann., Scheessel und Neumünster. Damit ist der BHJ auch zahlenmäßig die stärkste nationalpolitische Jugendgruppe in Westdeutschland geworden.

Die Schillerjugend und die Nationale Jugend Deutschlands wurden einstimmig in den KNJ neu aufgenommen. Die Tatsache, daß diese beiden Bünde ihre Hauptstärke im Ruhrgebiet und in Berlin haben, zeigt, daß die nationale Jugend gerade an den schwierigsten Punkten tätig ist.

Die einstimmige Wahl von Konrad Windisch und Klausdieter Ludwig vom Bund Nationaler Studenten zum 1. und 2. Sprecher zeigte ebenfalls die errungene innere Geschlossenheit des KNJ.

Auch an den Veranstaltungen des Jungeuropäischen Arbeitskreises, der von der Zeitschrift „Nation Europa" einberufen worden war, nahmen die Delegierten teil und arbeiteten an der Erarbeitung verschiedener Thesen mit.

Bei der von „Nation Europa" veranstalteten Bücherschau verschiedener nationaler Verlage Europas hatte auch der „TROMMLER" gemeinsam mit „STUDENT IM VOLK" einen eigenen Stand.

Einig und entschlossen — das war der Gesamteindruck von dieser Tagung. Jeder einzelne war bereit, das Eigeninteresse hinter das Interesse der Gemeinschaft zu stellen. Auch der „TROMMLER" leistet hierzu seinen Beitrag und wird in Zukunft den Untertitel „Kampfschrift der nationalen Jugend" tragen. Mehr als bisher wird er das Sprachrohr der nationalen Jugend Europas sein.

IN DIESEM ZEICHEN WERDEN WIR SIEGEN!

COBURG 1959

Jeder Teilnehmer an der Arbeitstagung des KNJ 1959 in Coburg hatte wohl denselben Eindruck: Hier wurde wirkliche Arbeit geleistet! Diese Arbeitsstunden waren ein Schritt nach vorn!

Was hat uns an Coburg so gefallen? Nicht der Rahmen — wir hatten schon schönere Tagungen —, nicht die Reden und Vorträge, es gab fast keine — sondern der Geist, von dem die Sitzungen getragen wurden. Sie begannen mit einem kurzen Gedenken an Hans Venatier, und vielleicht war es sein großes Vorbild, welches uns abhielt, die Zeit mit nutzlosen Dingen zu vertun. Vom ersten Augenblick an war es ein fester, in sich geschlossener Kreis, welcher hier beisammen war, um in ernster Arbeit den Grundstock für eine kommende Breitenarbeit der nationalen Jugend zu legen.

Sicher, es ging oft heiß her und jedes Wort wurde erwogen und durchdacht. Aber die Diskussionen waren jederzeit sachlich und jeder war bereit, die Argumente des anderen anzuerkennen.

Der erste Tag wurde beendet, als sich die Kameraden und Kameradinnen kurz vor Mitternacht auf dem Schloßplatz von Coburg die Hände zu einem großen Kreis reichten und die Lieder sangen.

Der zweite Tag war rein technischen Arbeitsfragen vorbehalten, die alle ebenfalls rasch und sachlich geklärt wurden. Wollen wir alles daransetzen, um den Geist von Coburg in unserer Gemeinschaft zu erhalten. Dann braucht uns um die Zukunft nicht bange zu sein.

»Der Trommler«, Zeitschrift des Kameradschaftsringes Nationaler Jugendverbände (KNJ), 1959.

neration am nationalen politischen Geschehen zu wecken und im Lager, auf Fahrt und auf Heimabenden den Heranwachsenden zur Selbstständigkeit zu erziehen. Bewußt erzieht sie die Buben und Jungmannen zur Härte und will ihre Mädchen zu einer gesunden, natürlichen Lebensweise führen, damit sie ihrer zukünftigen Aufgabe als Frau und Mutter gerecht werden können.« (Nahrath, 1964, S. 13.)

Gerade im Bereich der Erziehungsziele ergibt sich die größte Übereinstimmung mit der HJ, doch verzichteten die nationalistischen Jugendbünde fast durchgängig auf offene rassistische und antisemitische Töne zugunsten völkischer Deutungen.
Lager, Fahrt, Heimabende und *Feiern* bildeten die Grundlage ihrer durch Führerdominanz gekennzeichneten Jugendarbeit, die weltanschauliche politische Schulung mit »jugendbewegten« Aktivitäten verband. Gerade in dieser Verbindung lag und liegt ein zentraler Konfliktstoff rechtsextremer Jugendarbeit begründet, der zu erheblichen Differenzen zwischen und Spaltungen von Gruppen führt(e): Immer ging es dabei um den Streit zwischen dem Anteil politischer und dem bündischer Arbeit in der Praxis der Gruppe, wobei in einzelnen Organisationen selbst zwischen den örtlichen Gruppen erhebliche Unterschiede bestanden. Welche der beiden Linien dominierte, hing in der Regel von dem örtlichen Gruppenführer ab. Häufig waren es jüngere Erwachsene, die neben den Erfahrungen in der Jugendarbeit vor und nach 1933 gleichzeitig Mitglied in einer rechtsextremen Erwachsenenorganisation waren (DB, DRP, DKEG z. B.). So lassen sich zumindest nochmals innerhalb des KNJ drei unterschiedliche Richtungen unterscheiden: völkisch eingestellte Bünde, die unter der Idee des Lebensbundes vorwiegend jugendbewegte Arbeit machten, extrem paramilitärisch ausgerichtete Gruppen wie die Wiking-Jugend (WJ) mit deutlich positiven Bezügen zur HJ der Kriegszeit und vorwiegend politisch agierende Verbände wie der Bund Nationaler Studenten (BNS), dessen ca. 400 aktivistische Mitglieder zwischen 1956 und 1960 an den Hochschulen für bundesweite Schlagzeilen sorgten.
Am Beispiel des Jugendbundes Adler (JBA) wollen wir im folgenden die Arbeit eines politisch motivierten rechtsextremen Jugendbundes der fünfziger Jahre näher skizzieren. Politisch dem Deutschen Block Karl Meissners nahestehend, einer Splitterpartei des süddeutschen Rechtsextremismus, wurde der JBA im September 1950 in Bayreuth gegründet. Vorsit-

zender war seit seiner Gründung der führende DB-Funktionär Richard Etzel (geb. 1910, seit 1929 Mitglied der NSDAP, seit 1933 hauptamtlich im Jungvolk). Hauptverbreitungsgebiete des JBA waren jene Orte, in denen auch DB-Ortsgruppen existierten. Mit ca. 2000 Mitgliedern Ende der fünfziger Jahre war der JBA eine der mitgliederstärksten Jugendgruppen und verfügte über zwei Zeitschriften: »Der Adlerführer. Zeitschrift für die Führerschaft des JBA« und »Unsere Arbeit. Zeitschrift für den Eltern- und Freundeskreis des JBA«. Beide Zeitungen erscheinen auch heute noch und richten sich an die interessierten ehemaligen Mitglieder – Verbandsorgane ohne Verband, Jugendverband ohne Jugend.

Getrennt nach Mädel- und Jungengruppen organisierte der JBA Jugendliche im Alter von 9 bis 18 Jahren. Erhellend für das Gründungsmotiv rechtsextremer Jugendgruppen in der Nachkriegszeit ist die Schilderung des »Gauführers« Schubert in seiner Darstellung der Geschichte des JBA (»Unsere Arbeit«, 2/1961):

> »Mein Jahrgang z. B. meldete sich zu 98% kriegsfreiwillig und das Ende 1944, als mancher Erwachsene erklärte, daß der Krieg bereits verloren sei. Wir haben dann den Zusammenbruch erlebt und mit Freude feststellen können, daß – bis auf wenige Ausnahmen – die Gemeinschaft und Kameradschaft bestehen blieb. Das war kein Wunder, denn wir mußten ja alle unter dem Hunger leiden und wurden *alle* von den Besatzungsmächten feindlich behandelt. Anders wurden diese Dinge dann, als man in den Jahren 1946/47 daran ging, wieder eine deutsche Verwaltung aufzubauen und die Entnazifizierung ins Leben rief. Wir waren als 19- und 20jährige damals erschüttert. Wir konnten es einfach nicht glauben, daß Menschen, die, genauso wie Du und ich, während des Krieges ihr Letztes gaben, um dem Vaterland, dem Nächsten, dem Kameraden zu dienen, nun nur an sich dachten. Dies war zwar allzu menschlich, aber der Wechsel von einem Extrem ins andere, war für uns einfach unverständlich. Zuerst 100%ig dafür, dann 100%ig dagegen. Das waren die Eindrücke, die uns zum Gedanken der Gründung einer neuen Gemeinschaft hinführten.«

Schilderungen wie diese findet man in der Literatur der fünfziger Jahre häufig. Sie verweisen nicht nur auf den politischen Traditionszusammenhang der rechtsextremen Jugendszene, sondern auch auf dessen *Generationsbedingtheit*. Für die meisten der Nachkriegsgeneration waren eben nicht Rudolf Hess und Albert Speer, sondern Fritz Walter und Helmut Rahn die Vorbilder; Wohlstandssymbole verdrängten das Hakenkreuz und die Odalsrune. Für die meisten war das National- oder besser Reichsbewußtsein in den Sonntagsreden der Politiker bestens aufgehoben. Schlechte Zeiten Ende der fünfziger Jahre für einen Jugendbund, der von sich behauptet:

> Wir stehen »zwischen Pfadfindern und Hitler-Jugend. Ansonsten richten wir den Bund bewußt kämpferisch aus. Dies kommt schon im Abzeichen zum Ausdruck. Mit Absicht wählten wir als Symbol den angreifenden ›Adler‹, der uns gleichzeitig an eine der besten Truppenteile der alten deutschen Wehrmacht, an die Fallschirmjäger, erinnert. Unser Wollen ist dabei, wie diese Soldaten nur dem deutschen Volk zu dienen und für seine Zukunft zu arbeiten. Diese Einstellung verpflichtet uns, uns mit Politik zu befassen, ohne uns an Parteipolitik zu binden.« (»Unsere Arbeit«, 6/1959.)

Auf die *Erziehung zur Härte* war auch die praktische Arbeit des JBA ausgerichtet, in die unverkennbar die Jungvolk-Erfahrungen seines Bundesführers einflossen. Neben dem wöchentlichen Heimabend, dem jeweils ein Thema gewidmet war, den rituell aufgeladenen Winter- und Sonnenwendfeiern, angereichert mit Opfer- und Kampfappellen, zahlreichen Sammelaktionen, Instandsetzungen von Soldatenfriedhöfen u. ä. stand die Lagererziehung im Mittelpunkt der JBA-Arbeit.

Von der Aufnahmefeier, den Themen für Heimabende, ihrer inhaltlichen Wertung, dem Ablauf von Lagern, alles war durch die Bundesführung bis ins kleinste vorgeschrieben und vorgegeben. Autonomiespielräume, Möglichkeiten der Selbstentfaltung oder gar Selbstbestimmung für die Jugendlichen sah die »nationale Jugendarbeit« nicht vor. Auf ihrer Tagesordnung standen statt dessen: Turnierspiele, Geländespiele, Luftgewehrschießen, Leistungswettkämpfe im Schießen, Erzählen, Fotografieren. Denn, so das Selbstverständnis der JBA-Führung:

> Sie »schulen nicht nur die Augen, sondern erziehen zur Beherrschung des Körpers und zur Erfüllung der Bedingungen, die zum Erwerb der vier Klassen des Adlerschildes nötig sind. Außerdem helfen die Wettkämpfe mit, die Aufgaben zu lösen, die Jugendpflege und Jugenderziehung von uns fordern. Gerade in unserer Zeit, in der bei einem nicht geringen Teil der Jugendlichen Bequemlichkeit und Angeberei besonders wichtig erscheinen, wollen wir zur Einfachheit und Härte, zu Ordnung und Pünktlichkeit und Disziplin erziehen... Einen breiten Teil unserer Arbeit müssen Elternabende, Morgenfeiern, Sonnenwendfeiern und die Beteiligung an oder die Durchführung von Feierstunden zu Ehren großer Männer (Fürst Otto von Bismarck, Leo Schlageter, Konstantin Hierl usw.) einnehmen.« (»Unsere Arbeit«, 1/1962.)

Die Dominanz von Kampfspielen und Kampfsport, von absoluter Unterordnung und vormilitärischer Ausbildung teilte der JBA mit den soldatischen Jugendgruppen – getreu seinem Motto: »Nicht rechts geschaut, nicht links geschaut. Vorwärts! Geradeaus – und durch!«

4.2 Die soldatischen Jugendverbände

Während die KNJ-Bünde vorwiegend in Großstädten, landwirtschaftlichen Notgebieten und industriellen Ballungsräumen vertreten waren, sind die traditionellen Verbreitungsgebiete der soldatischen Jugendgruppen vorwiegend in den Klein- und Mittelstädten Niedersachsens, Schleswig-Holsteins und des Rheinlands zu finden. Da sie in der Regel Jugendorganisationen soldatischer Traditionsverbände waren, wurden sie vorwiegend von Erwachsenen geleitet. In der Tradition der »deutschnationalen-vaterländischen« Jugendverbände der Weimarer Republik stehend, war ihre Jugendarbeit weniger auf Autonomie und jugendliche Lebensstile gerichtet, sondern an der Pflege »soldatischer Haltungen und Tugenden« orientiert. Im Vordergrund ihrer Jugendarbeit standen Geländedienst, Sport, Lageraufenthalte, technische Ausbildung (funken, entfernungsschätzen, schießen etc.), Schießwettbewerbe. Die größeren Gruppen verfügten über Spielmanns- und Fanfarenzüge, die bei Veranstaltungen der soldatischen Traditionsverbände auftraten.

Von Beginn an wurden die soldatischen Jugendgruppen von den demokratischen Jugendverbänden abgelehnt. Schon die 5. Vollversammlung des DBJR wandte sich demonstrativ gegen jede Beeinflussung der Jugend durch Soldatenverbände und lehnte »entschieden die Bildung von eigenen Jugendgruppen« ab. Im Zuge der Anpassung der großen Soldatenverbände an die Politik der Bürgerblockparteien vor allem in den Fragen der Westintegration und des Aufbaus der Bundeswehr, was den Verlust einer kurzfristig realisierbaren gesamtdeutschen Perspektive zur Folge hatte, läßt sich die Geschichte der soldatischen Jugendverbände als Geschichte ihrer *Deradikalisierung* beschreiben. Im einzelnen heißt das, daß sich diese Gruppen, zum Teil unter Druck der Erwachsenenverbände, ihrer rechtsextremen Wortführer entledigten, allmählich das martialische paramilitärische Gehabe und ihre nationalistische und militaristische Rhetorik mäßigten.

Im Januar 1956 gab es den Versuch, die wichtigsten soldatischen Jugendverbände unter einer Dachorganisation zusammenzuschließen. Die in Bückeburg gegründete »Arbeitsgemeinschaft Vaterländischer Jugendverbände« (AVJ) kam jedoch nie richtig in Gang. Ihr gehörten formal an:

– Der *Deutsche Jugendbund Kyffhäuser (DJBK),* die Jugendorganisation des 1786 gegründeten streng nationalistisch ausgerichteten und während des Dritten Reiches gleichgeschalteten Kyffhäuserbundes (KB). Ihm waren zu jener Zeit mehrere Jugendorganisationen angegliedert u. a.: Jungsturm e. V., Deutsche Jungkameradschaft, Jungdeutschlandbund, Deutsch-Unitarische Jugend, Bund Deutscher Jungen (Hannover).

– *Deutsche Jugend im VdS.* Kündigte bald nach der AVJ-Gründung ihre Mitarbeit auf; erste Gruppen entstanden im Jahre 1954, deren konkrete Jugendarbeit sich auf die Durchführung von Sommerlagern u. ä. unter Führung erwachsener VdS-Mitglieder beschränkte.

– *Jugendkorps Scharnhorst.* Jugendorganisation des 1951 wiedergegründeten Stahlhelms; das Jugendkorps verfügte nur über wenige Gruppen, deren Existenz häufig von der Initiative örtlicher Stahlhelm-Funktionäre abhing.

– *Bismarck-Jugend,* eine monarchistisch orientierte Gruppe aus dem norddeutschen Raum.

– *Marine-Jugend.* Jugendorganisation des Marinebundes, die kurz nach der AVJ-Gründung den Kontakt zu den anderen soldatischen Gruppen abbricht. Offensichtlicher Grund waren die Versuche der MJ, in die Jugendringe aufgenommen zu werden, was ihr in einzelnen Orten gegen den Widerstand der einzelnen Jugendringe auch gelang.

– *Fallschirmjäger-Jugend.* Jugendorganisation des gleichnamigen Verbandes mit Kontakten zu den KNJ-Bünden und anderen rechtsextremen Gruppen.

– *Jungstahlhelm.* Untergliederung des Stahlhelms, die die 17- bis 21jährigen erfaßt. Schließt damit an das Jugendkorps Scharnhorst (10–16 Jahre) an.

Als fanatisch überzeugte Antikommunisten verstanden sich die soldatischen Jugendgruppen der fünfziger Jahre als Organisationen, die gegen die angeblich mangelnde Wehrbereitschaft der »Ohne-mich-Generation« ankämpften. Forderungen nach der Revision der Kriegsverbrecherurteile, der Freilassung inhaftierter Kriegsverbrecher, der Stärkung des »Wehrwillens« in der Jugend, der geistigen und materiellen Aufrüstung gegen den »Bolschewismus«, nach dem »Strich unter die Vergangenheit« zählten ebenso zu den gemeinsamen Grundüberzeugungen dieser Gruppen wie die ständige Beschwörung des »Geistes der Frontkameradschaft« als beispielhaft für den Aufbau der deutschen Nachkriegsgesellschaft. Überhaupt kennzeichnet die Ideologie der soldatischen Jugendorganisationen ihre Überzeugung, soldatische Sekundärtugenden und ein diffuser Gemeinschafts- und Vaterlandsbegriff müßten Leitbegriffe für die politischen Orientierungen der westdeutschen Bevölkerung werden und könnten handlungsanleitend für politische Konfliktlösungen sein.

Die »ewigen Werte des Soldatentums« zu verteidigen und zu kultivieren, das war ein erklärtes Ziel dieser Jugendverbände. Im Einklang mit den soldatischen Traditionsverbänden traten sie ein für: Kameradschaft, Ehre, Treue, Pflicht, Gehorsam, Disziplin, Vaterland. Für sie waren das »Werte an sich«, die sich jeglicher kritischen Hinterfragung entzogen. Treue – wem gegenüber? Wessen Ehre soll da verteidigt werden? Wem Gehorsam geleistet werden? Wer soll für was verteidigt werden? Welche Traditionen sollen verteidigt werden? Solche Fragen stellten sich die soldatischen Jugendorganisationen nicht. Für sie war klar: Eid ist Eid, Treue ist Treue, egal wem gegenüber und für welche Zielsetzungen.

Eine solche Sichtweise führte natürlich dazu, die schuldhafte Verstrickung der Wehrmacht in das nationalsozialistische Unrechtsregime zu leugnen, Personen wie Rudel, Dönitz, Remer, Dietl, Reder und Kesselring als Helden zu stilisieren. Wer nicht mehr nach der Funktion einer Armee und deren Zielen zu fragen weiß, sondern »soldatische Tugend« als Wert an sich begreift, dem mußte das Konzept des »Staatsbürgers in Uniform« der neuen Bundeswehr suspekt erscheinen. Es paßte weder in die Härte-Erziehung der soldatischen Jugendverbände noch in die Traditionsvorstellungen der Traditionsverbände, die nicht nur ein ausgesprochen widersprüchliches Verhältnis zum Dritten Reich einnahmen, sondern auch den Umsturzversuch der Männer des 20. Juli 1944 mit eher gemischten Gefühlen aufnahmen.

Bei einigen Organisationen machte die Mär vom erneuten Dolchstoß die Runde. Das erleichterte ihnen den Mythos der unbesiegbaren deutschen Armee fortzusetzen, das angeblich erst nach 1945 einsetzende Unrecht zu beklagen. Politiker aller Parteien, vor Wahlen auf Stimmenfang, bestätigten ihnen mit stramm nationalistischer Rhetorik ihre Überzeugungen. Die Schuld der Kriegsverbrechen sollte auf alle Schultern verteilt werden. Gegenseitige Aufrechnung des Grauens und der Verbrechen – das dient(e) zur Entlastung und Rechtfertigung, gepaart mit nationalistischem und antikommunistischem Pathos. Der in diesen Kreisen gepflegte moralische Rigorismus wird deutlich in dem Wahlspruch des DJBK, dem mit 4000 Mitgliedern größten Verbandes:

»TREU DEUTSCH in jeder Zeit
TREU DEUTSCH stets hilfsbereit
TREU DEUTSCH bei jeder Tat
TREU DEUTSCH in aller Not
TREU DEUTSCH bis in den Tod.« (»Die Junge Front«. November/Dezember 1956.)

In den Geboten und Pflichten der sich stets mit »Frontheil« begrüßenden Jungstahlhelmern liest man:

> »Eingedenk seiner von Gott verordneten Pflicht gegen das eigene Volkstum und das Vaterland sei der Jungstahlhelmer sich stets dessen bewußt, daß Deutschlands Zukunft auf dem Willen seiner heranwachsenden Söhne beruht. Daraus erwächst für jeden echten Jungstahlhelmer die Aufgabe, in beständiger Selbsterziehung an sich zu arbeiten, um reif zu werden für die siegreiche Führung des deutschen Schicksalskampfes ...
> Sei gehorsam! Nur wer in der Jugend gehorchen gelernt hat, kann als Mann befehlen und führen. Im Stolz freiwilligen Dienens erweist sich wahrhafter Adel der Persönlichkeit. – Achte Deine Eltern und habe auch Ehrfurcht vor dem Alter. Das ist göttliches Gebot.« (»Der Stahlhelm«, Januar 1952.)

Die Marine-Jugend wiederum zählte zu den Zielen und Aufgaben ihrer Jugendarbeit die »Pflege der Tradition und Kameradschaft«, das Bemühen, »den Seegedanken charakterlich, theoretisch und praktisch ihren Mitgliedern nahezubringen und denkbar verständlich zu machen« (Mainezeitung »Leinen Los«, 5/1957). Die MJ war jene Organisation, die sich betont unpolitisch gab, Bekenntnisse zur Demokratie ablegte und neben dem DJBK sich intensiv um die Aufnahme in die Jugendringe bemühte – was ihr in Hessen 1957 in Darmstadt, Wiesbaden, Schwalbach und Hersfeld auch gelang. Kritik an ihrer militaristischen Ausrichtung wertete sie als Dummheit und politische Hetze. Solche Kritiker betrieben nur das Geschäft des Ostens und verrieten einen »gemeingefährlichen Mangel an Charakter«. Charaktererziehung, so die MJ, sei die Voraussetzung jeder Demokratie und deshalb sei gerade sie von Grund auf demokratisch:

> »Nur ein Narr könnte versucht sein, der übermächtigen Naturgewalt der See zu widerstehen – gegen sie ›anzuklotzen‹. Der Seemann lernt sie auszumanövrieren. Sein Leben ist ein ständiger Kompromiß zwischen anliegendem Kurs und anlaufender See, d. h. der Seemann ist von Natur aus seit eh und je – Demokrat im besten Sinne des Wortes. Sein harter und männlicher Beruf lehrt ihn Mut, Ausdauer, Gelassenheit und Gottvertrauen.« (Ebenda.)

Auch wenn diese demokratietheoretische Begründung merkwürdig anmutet, die MJ konnte auf Unterstützung offiziöser Stellen rechnen. So berichtete z. B. der »Bonner Generalanzeiger« vom 26. August 1959 von einer 12tägigen Fahrt der MJ auf dem Bundeswehr-Ausbildungsschiff »Amazone«, die die Bundesmarine aus ihrem Werbeetat bezahlt hatte. Politisch weniger zurückhaltend war in den fünfziger Jahren der DJBK, dem eine Reihe anderer Gruppierungen kooperativ angegliedert war, so u. a. der Jungsturm e. V., der Jungdeutschlandbund, die Deutsche Pfadfinderschaft, die Deutsche Jungkameradschaft, der Bund Deutscher Jungen sowie Einzelgruppen aus der Unitarischen Jugend und des Altwandervogels. Grußbotschaften an Admiral Dönitz, Langemarck-Gedenkartikel, die Relativierung nationalsozialistischer Verbrechen waren ebenso Bestandteil der Gruppenarbeit wie die allgemeinen Arbeitsinhalte: »Pflege des Brauchtums des deutschen Volkes in Art und Sitte, körperliche Ertüchtigung und Erziehung zur Härte«. (Zit. nach Klönne, 1960.)

Obwohl der Bund sich in der Öffentlichkeit stets als politisch und konfessionell ungebundene demokratische Jugendorganisation, die sich vor allem auch den Aufgaben staatsbürgerlicher Erziehung widme, darstellte, war er in Teilen seiner Gliederung offen rechtsextremistisch. So wurde z. B. Alfons Höller, aktives Mitglied der DRP, im Mai 1959 zum Landesmarkführer Nordrhein gewählt und redigierte auch zeitweise das DJBK-Blatt »Die Junge Kameradschaft«. Höller, der gleichzeitig auch Beisitzer in der DJBK-Bundesführung war, gründete seit 1947 mehrere nationalistische Gruppen, betätigte sich 1953 als Gauleiter des Jugendkorps Scharnhorst am Niederrhein und gründete dann 1957 eine »Reichsjugend«, die Verbindungen zu etwa 780 ehemaligen HJ-Führern unterhielt. Sie wurde im Juni 1957 verboten und Höller zeitweise inhaftiert. Ende der fünfziger Jahre setzt dann auf Druck der Bundesführung des unionsorientierten Kyffhäuserbundes ein Neuaufbau des DJBK ein. In dessen Folge trennte sich der Bund von verschiedenen rechtsextremen Einflußpersonen. Mit dem Ausschluß der ehemaligen Bundesjugendführer Karl Bormann und Herbert Schmid sowie dem Ausschluß Höllers im März 1961 dürfte der Trennungsprozeß von offen rechtsextremistischen Aktivisten ein Ende gefunden haben.

Mitgliederschwund und zunehmende Überalterung begleiten den Bund durch die sechziger Jahre. 1972 verfügt er gerade noch über 2032 Mitglieder (»Kyffhäuser«, 5/1972). Symptomatisch allerdings ist, daß die DJBK-Mitgliederzahl in den siebziger Jahren unter der Leitung des hessischen CDU-Landtagsabgeordneten Dieter Fischer auf 14 000 gestiegen sein soll (»Kyffhäuser«, 3/1982). Mit Kameradschaftspflege und aktiver Freizeitgestaltung wirbt die sich heute als weltoffen bezeichnende Kyffhäuserjugend Jugendliche und bietet ihnen Fahrtengruppen, Arbeitsgruppen (u. a. Volkstanz, Erste Hilfe, Laienspiel), Sportgruppen (u. a. Bogenschießen, Segelflug, Reiten, Judo), Technische Gruppen und Musikgruppen. Zum rechtsextremen Lager kann sie heute nicht mehr gezählt werden. Ihre steigende Mitgliederzahl verweist jedoch auf die erhöhte Attraktivität derartiger Angebote in der jüngeren Generation.

Was hier am Beispiel des DJBK kurz skizziert wurde, gilt auch für andere soldatische und nationalistische Jugendgruppen im Nachkriegsdeutschland. Ihnen gelingt es in der Regel nicht, Ende der fünfziger, Anfang der sechziger Jahre den notwendig gewordenen *Generationswechsel* einzuleiten. Überalterte Führerschaft und mangelnde Resonanz bei der nachwachsenden Generation bewirken einen Auszehrungsprozeß, der für viele Gruppen das Ende bedeutet oder sie auf das Schattendasein von Älterenverbänden verweist, die unbemerkt von der Öffentlichkeit ihre eigene Tradition pflegen. Am nachhaltigsten trifft dieser Prozeß die völkischen Jugendbünde.

4.3 Die völkischen Jugendbünde

Am schwierigsten zu überschauen sind die zahlreichen völkischen Kleingruppen, die nach 1945 versuchten, die Tradition der bürgerlichen Jugendbewegung neu aufzunehmen. Denn sie verzichteten bewußt auf Dachorganisationen und hielten nur über einige Zeitschriften losen Kontakt. Andererseits bieten sie gegenüber ihrer gewollten organisatorischen Zersplitterung in ihren Präsentationsformen und Arbeitsweisen ein geschlosseneres Bild als die nationalistischen und soldatischen Gruppen. Dafür sorgte schon ihr gemeinsamer Traditionsbezug. Entsprechend arbeiteten sie mit der alten Symbolik der völkisch-bündischen Jugend und bedienten sich ihrer Mittel: feierliche Things und Schwertertänze, Landsknechtsromantik und Volkstumspflege, Spielscharen und Volkstanzkreise, Ritterideale und Naturromantik. Beherrscht werden sie von der Idee einer neuen Lebensform, in der sich lebensreformerische Vorstellungen mit dem Reichsmythos, der völkischen Elite, Führer-Gefolgschaftsmodellen und der Idee des Lebensbundes treffen. In Selbstdarstellungen heißt es, man sei national eingestellt, ohne rechtsradikalen Parolen nachzulaufen, und man wende sich gegen den *Stil* der »Neo-Super-Germanen« (»Erkenntnis und Tat« [ET], 7/1949). Dabei wurde die Abgrenzung gegenüber den mehr politisch oder paramilitärisch ausgerichteten Gruppen weniger ideologisch begründet. Vielmehr resultierte sie aus der elitären Haltung der »Völkischen«, die den Verbalradikalismus und das militante Auftreten dieser Gruppen ablehnten.

Die von Siegfried Schmidt (Tatgemeinschaft) seit 1949 herausgegebene Zeitschrift »Erkenntnis und Tat« (ET) kann neben dem »Widerhall« (Gefährtenschaft) als die wichtigste Zeitschrift dieser Richtung angesehen werden. In einer grundsätzlichen Auseinandersetzung der völkischen Jugendbünde mit den nationalistischen und soldatischen im Jahre 1956 warf »ET« diesen vor, sie würden Begriffe wie national oder völkisch nur mißbrauchen und seien vorwiegend auf dem militaristisch-nationalsozialistischen Führerprinzip aufgebaut, was es jedem »Gernegroß« ermögliche, sich zum Führer eines neuen Bundes zu ernennen.

> *»Zusammenfassend:* ist festzustellen, daß der *Stil* der meisten dieser Verbände dem Stil der JB (Jugendbewegung, P. D.) widerspricht, auch dann,

wenn manche Äußerlichkeiten mehr oder weniger gut nachgeahmt wird. Jugendbewegt-sein und National-sein schließt sich keineswegs aus, im Gegenteil – aber National-sein bedeutet nicht, daß man jugendbewegt ist. Vor allem dann nicht, wenn es gepaart ist mit Rabaukentum, Phrasendrescherei und dem uns zum Halse heraushängenden NS-Jargon. Daß es verschiedenen Kreisen nicht gelingt, von diesem ›Stil‹ hinwegzukommen, beweist, daß auch im Geistigen kein Unterschied zu diesen überwundenen Kräften besteht. Und das ist sehr bedenklich. Wir werden uns mit diesen Kräften auf keinen Fall in einen Topf werfen lassen. Schließlich ist es, um nur zwei Beispiele zu nennen, ja ein großer Unterschied, ob ich mit Pauken und Trompeten und Standarten aus Anlaß des Gedenktages irgendeines Generals einen Propagandamarsch mit Vorbeimarsch und anschließendem Deutschen Abend mit zackiger Militärmusik im Bürgerbräu veranstalte – oder ob ich mit einer Spielschar durch Südtirol wandere und mit Menschen deutschen Volkstums persönliche Bindungen knüpfe mit dem Ziel, diese Deutschen zum Festhalten an ihrem angestammten Volkstum aufzumuntern und durch freundschaftlich-menschliche Beziehungen dazu beizutragen, daß die Bindungen zum Muttervolk lebendig bleiben. Das eine ist eine Geste und ein Schauspiel, das zu nichts verpflichtet – das andere ist eine Tat, die auf große Phrasen verzichtet und eine ernste und monatelange zielstrebige Vorarbeit erfordert.« (»ET«, Mai/Juni 1956.)

Zwar blieben solche kritisch-distanzierenden Töne der völkischen Gruppen recht selten, zumal sie mit den anderen rechtsextremen Jugendgruppen im ideologischen Bereich hohe Übereinstimmungen aufweisen, andererseits gab es bestimmte Zielwerte ihrer *Jugend*arbeit, die sich von den politisch und soldatisch ausgerichteten Gruppen deutlich unterscheiden. (Umfangreiche Dokumentenbestände der völkischen Gruppen befinden sich im Archiv der deutschen Jugendbewegung Witzenhausen; im folgenden abgekürzt als AdJb.) Stichwortartig seien an dieser Stelle die wichtigsten Gruppen der völkischen Richtung aufgezählt:

Die Gefährtenschaft: Sie wurde im Mai 1950 von dem SRP-Funktionär Reinhold Kriszat gegründet und ging aus Teilen der Unitarischen Jugend hervor. Ideologisch war sie die radikalste Gruppe und verfügte mit der seit Juni 1950 erscheinenden Zeitschrift »Der Widerhall. Stimme der Jugend« über ein Blatt, das in rechtsradikalen Kreisen weite Beachtung fand. Wegen einer Gefängnisstrafe des Herausgebers Karl Heinz Heubaum wurde »Der Widerhall« 1955 eingestellt.
Der Verpflichtungsspruch des Bundes lautete: »Ich will mich mit allen meinen Kräften dafür einsetzen, daß der Glaube an die Unteilbarkeit Deutschlands, an die Unveräußerlichkeit

deutscher Gebiete und an den Zusammenhalt des Deutschen Volkes lebendig bleibt und der daraus erwachsende Wille zum Handeln den Bund einig in der Tat sieht. Ich gelobe Gefährtenschaft.« (Ruf, Ordnung, Kompaßzeichen der Gefährtenschaft, Broschüre, Nachlaß W. Kindt, AdJb.) Gegliedert war der Bund in Jungenschaft, Mädelschaft und Älterengruppen, die insgesamt ca. 1000 Mitglieder zählten (Angaben des Bundesgeschäftsführers H. Gringmann 1954). Zu den Autoren des »Widerhall« zählte u. a. Hans-Ulrich Rudel. Karl Otto Paetel charakterisierte den »Widerhall« wie folgt: »Er betrieb eine extreme Hetze gegen ›Juden, Marxisten und Jesuiten‹, erklärte Hitler zum genialsten Feldherren aller Zeiten und verbreitete planmäßig eine neue Dolchstoßlegende, die das Scheitern der Hitlerischen Kriegspolitik den Männern des 20. Juli vorwarf.« (Paetel, 1963, S. 242.)

Fahrende Gesellen. Bund für deutsches Leben und Wandern e. V.: Sie vertraten die gemäßigte Richtung der völkischen Jugendarbeit. Am 21. Januar 1948 wiedergegründet, versuchte er die Tradition des gleichnamigen 1909 als Wanderjugend des Deutschnationalen Handlungsgehilfenverbandes gegründeten Bundes fortzusetzen. In den fünfziger Jahren beteiligte er sich an den von Hans Grimm organisierten Lippoldsberger Dichtertagen und an Veranstaltungen des DKEG. Als Ziele werden in der Satzung des Bundes genannt: »Frohes naturverbundenes Wandern, Pflege des Jungwanderns, Achtung und Pflege des deutschen Volkstums sowie die Liebe zur Heimat, Pflege des Geistes und des Körpers durch eine gesunde, natürliche Lebensführung, Achtung und Anerkennung fremden Volkstums, Achtung und Würdigung der Lehre des Christentums.« (Nachlaß W. Kindt, AdJb.) Die Revision des angeblich durch die Umerziehung verfälschten Geschichtsbildes der jüngsten deutschen Vergangenheit zählt noch heute zu den Zielen des Bundes. »Wir können darüber betrübt sein, daß der Bund nicht auch heute Hunderte oder gar Tausende von Fahrenden Gesellen zählt. Wir dürfen aber nicht vergessen, daß 1945 ein Unheil über unser Volk hereingebrochen ist, daß es Kräfte im Ausland, auch im eigenen Lande gab, die das deutsche Volk am liebsten ausgelöscht hätten. Ideale, zu denen sich der Bund seit seinem Bestehen bekannt hat, wurden verdammt ... So, wie wir uns zu der Vergangenheit unseres

Bundes bekennen, bekennen wir uns auch zu der Vergangenheit unseres Volkes mit allen Höhen und Tiefen. Auch zu der jüngsten Geschichte bekennen wir uns, nicht aber zu einer Geschichtsverfälschung. Wir müssen immer fordern, daß die Wahrheit über das Geschehene ans Licht kommt und daß nicht die Sieger und ihre Helfer uns diktieren, was zwischen 1933 und 1945 geschehen ist.« (»Der Fahrende Gesell«, Nr. 2/1979.) Gegliedert war der Bund in Jungengruppen und die Zunft der Altgesellen; nach eigenen Angaben verfügte er 1954 über ca. 600 Mitglieder und ein eigenes Landheim in der Lüneburger Heide.

Jungdeutsche Volkschaft Thule: Verfügte 1954 über 300 Mitglieder, die in Jungen- und Mädelschaft gegliedert waren. »Jungen- und Mädelgruppen laufen getrennt. Die Form ihres Wirkens entspricht der natürlichen Artung von Junge und Mädel.« »Wir wollen in unseren Handlungen ›JUNG‹ bleiben und ›DEUTSCH‹ in unserer Haltung. ›VOLKSCHAFT‹ soll unser völkisches Wollen und unser Wirken für Volkstum, Heimat und Familie kennzeichnen. Die sagenhafte nordische Insel ›THULE‹ (Das soll der Treue Insel sein. Dort gilt noch Eid und Ehre!) ist uns Sinnbild für ein freies, reines und echtes Leben.« (UNSER WOLLEN, Nachlaß W. Kindt, AdJb.) Bundesabzeichen war die Odalsrune; Verbreitungsgebiete: Norddeutschland, Hessen.

Schillerbund deutscher Jugend: Dieser bisweilen auch als Schillerjugend auftretende Verband wurde am 9. Mai 1955 in Marbach/Neckar unter maßgeblicher Beteiligung des DKEG gegründet und war eine Zeitlang Mitglied im KNJ. Bundesführer war Hans-Ulf Siebrands, unter dessen Führung ein auf die angebliche politische und kulturelle Unterdrückung des deutschen Volkes zielender Schiller-Kult betrieben wurde. »So steht Schiller mitten unter uns als Bild und Vorbild, und sein Vermächtnis an uns, die deutsche Jugend, heißt: Kämpfer und Held sein, Recht, Freiheit, Sittlichkeit und Vaterlandsliebe als höchstes Gesetz leben!« (»Schiller-Blätter«, 1/1955.) In den allgemeinen Satzungen der Schillerjugend heißt es: »Unser Gesetz ist das Gesetz der Natur! Das Gesetz der Härte und des ewigen Kampfes um die Erhaltung der Art. Wir wollen nicht Krieg, aber wir glauben nicht an den ewigen Frieden,

Aufruf

an alle jungen Menschen im Land

In großer geistiger und politischer Zerrissenheit unseres Volkes sind wir entschlossen, uns eine gemeinsame seelische und geistige saubere, neue Heimat für unser Volk, für ein neues gesundes Europa zu bauen.

Dazu rufen wir einen jeden von Euch auf, mitzutun!

Dieser Wunsch birgt aber dann die Pflicht, daß wir an der Verwirklichung einer solchen jungen Gemeinschaft mitschaffen. Es geht um die sichere Gestaltung unseres Lebens, unserer Zukunft! In unserem Volkstum und in der Besinnung auf seine Geschichte gründen die Wurzeln unserer Kraft zu diesem Entschluß und Werkbeginn.

Da seien sittliche Freiheit jedes Einzelnen, Verantwortung vor dem Volk und den ewigen Werten seiner Kultur die Wertmesser unseres Tuns. Unser Wort und Entschluß soll Tat werden, die ihren Wert am heiligen Ernste mißt und sich am Vorbild bildet.
Uns ist Vorbild Friedrich Schiller.

Deshalb rufen heute Dichter und Künstler, Wissenschaftler und Erzieher einmütig mit dem deutschen Kulturwerk Europäischen Geistes und allen ihm vertrauenden Bünden und Verbänden:

Deutsche Mädel und Jungen,

gründet mit uns den

Schillerbund Deutscher Jugend!

Am 9. Mai 1955, dem 150. Todestage dieses Dichters und Rufers für Freiheit und Würde des Menschen, werde uns sein Mahnwort zur Verpflichtung: „Immer strebe zum Ganzen, und kannst du selber kein Ganzes sein, als dienendes Glied schließ an ein Ganzes dich an."

Das wollen wir!

Deutsche und Europäer werden wir nicht durch Zufall. Deutsche und damit Europäer werden wir erst wieder in der Treue zum Gemeinsamen, das Volk heißt!
Und solchen Willens sind wir! Du und Du und Du! Wir alle in den Bünden und Verbänden, deutsche Mädel und Jungen. Einmütig wollen wir sein in diesem Willen! Laßt uns im Schillerbund Deutscher Jugend Gemeinsame sein! Das Gemeinsame, das uns alle bindet, ist die Seele unseres Volkes und Friedrich Schiller für uns Sinnbild und Vorbild.

Marbach am Neckar, den 9. Mai 1955 im Geburtshause des Dichters

Für die Gründungsmitglieder:

gez. Hans Seidenfaden, Lehrer	gez. Hans Joachim Koch, Dr. rer. nat.
gez. Hermine Maierheuser	gez. Wolfgang Stichnoth, Gewerbelehrer
gez. Gerhard Eschenhagen	gez. Margrete Doehler

Gründungsaufruf zur Bildung des Schillerbundes Deutscher Jugend, 1955.

weil der Kampf ums Dasein nach dem Willen der Schöpfung zur Gesunderhaltung des Lebens auf der Erde notwendig ist.« (»Rütli-Schwur«, 4/1959.) Wohl nicht zuletzt aus mangelndem Nachwuchs wurde er 1964 umgewandelt in den »Schillerbund – Deutscher Kulturverband e. V.« 1974 war der Oberstudienrat Heinrich Schwab der 1. Vorsitzende einer von der Öffentlichkeit nicht mehr registrierten Organisation.

Deutsch Wandervogel: Unter der Führung von Alfred Zitzmann wurde der DWV im Mai 1957 aus dem »Deutschen Jugendsturm«, dem »Nordischen Mädelbund« und Teilen der Schillerjugend gegründet. Der Intention nach knüpft er an den bis 1934 bestehenden Bund gleichen Namens an. Mitglieder waren meistens Kinder und Jugendliche »deutsch-gläubiger« Familien. Entsprechende germanophile religiöse Tendenzen waren und sind unverkennbar. Zwar war der DWV Mitglied im KNJ, legte in seiner Jugendarbeit aber vor allem auf »völkische Erziehung« Wert. In seiner Bundesordnung heißt es: »Der DWV erstrebt die Einigung der artbewußten Jugend Deutschlands, die untrennbare Gemeinschaft deutscher Jungen und Mädels zu Weltschau, Lebensführung und Feiergestaltung gemäß der eigenen Art. Wahrung und Mehrung des Schönen, Ausscheidung des Entarteten . . .«
»Die Idee von der Schaffung eines Groß-Nordischen Bundes stellen wir dem Schlagwort von der Nation Europa entgegen. Die nordische Rasse als einiges Reich, das wäre endlich die so heiß ersehnte dritte Kraft, eine geballte Macht, die in der Welt ein bedeutsames Wörtchen mitzureden hätte. Natürlich müßte dieses Reich nach völkischen, rassischen Grundsätzen aufgebaut und geführt werden. Mit anderen vorwiegend nordischen Völkern, wie z. B. der Südafrikanischen Union, könnten Bindungen besonderer Art hergestellt werden. Nur rassisch-völkisch aufgebaute Völker sind in der Lage, sich fortlaufend zu verjüngen und kräftig zu bleiben . . .« (Leitbrief des DWV 1/1958.) »Wir wollen ein Leben gemäß unserer eigenen Art, frei von allem Fremden, wollen nichts mehr gemein haben mit der heuchlerischen Moral christlicher Spießbürger und Proleten, der wir unsere Moral entgegensetzen: Ehre, Treue, Anstand und Reinheit des Leibes und des Geistes. Heiligste Ordnungen als Grundlagen unseres Volkstums, verbunden mit arteigenem Glauben, sind bedroht, sie gilt es zu hüten wie

einen Gral . . . Fern vom lauten Trubel sammeln wir uns, Getreue, Burschen und Maiden, in unseren Lagern, scharen uns um unser Banner, setzen wir uns an unsere nächtlichen Feuer und lassen die Lohe auf uns einwirken und alles Laue verbrennen.« (»Sturmruf«, 11/1958; vgl. auch »SvZ«, Nr. 11/1959.) Hauptverbreitungsgebiete: Franken, Schwaben, Oberpfalz, Ruhrgebiet, Hamburg; Ende der fünfziger Jahre ca. 300 Mitglieder unter Führung von Alfred Zitzmann (»Wiking«), der noch heute die Schar der inzwischen ergrauten Wandervögel zusammenhält.

Tatgemeinschaft: Wurde im Sommer 1946 von Mitgliedern der bürgerlichen Jugendbewegung mit dem Ziel gegründet, den alten Richtungsstreit innerhalb der bündischen Jugend durch einen *Neu*anfang zu überwinden. Völkisch ausgerichtet grenzte sich die Tatgemeinschaft sowohl von den alten bündischen Gruppen wie von den vorwiegend politisch arbeitenden Organisationen (im KNJ) ab. Gemischte Gruppen mit zum Teil älteren Mitgliedern, ca. 250 Mitglieder. »Erkenntnis und Tat« und der heute noch erscheinende »Nachrichten-Dienst« waren Zeitschriften, die vorwiegend Selbstdarstellung der einzelnen Gruppen und ihrer Aktivitäten boten.

Auch wenn das völkische Moment in den einzelnen Bünden unterschiedlich stark akzentuiert wurde, ist die Nähe zu rassistischem Denken und germanophilen religiösen Mythen (Haack, 1981) unverkennbar. Das elitäre Selbstverständnis, sie seien die Keimzelle eines neuen Volkes, sie seien der Träger einer völkisch begründeten Kulturerneuerung, erleichterte ihnen die Distanz zu tagespolitischen Fragen. Es verwundert nicht, daß diese Gruppen bei ihrem Verzicht auf demonstratives öffentliches Auftreten kaum beachtet wurden und in der Diskussion um Rechtsextremismus nur eine untergeordnete Rolle spielten und spielen. Bemerkenswert an diesen Bünden ist aber der enge Zusammenhalt ihrer Mitglieder bis ins hohe Alter hinein. Die Erlebnisse in der Jugendbewegung vor 1933 waren für die einzelnen offensichtlich so bedeutsam, daß sie zum biographisch prägenden Lebensthema wurden. Über gemeinsame Kulturveranstaltungen, Wanderungen, Treffen, Fahrten und über Zeitschriften tradiert diese Subkultur ihren Mythos jugendbewegter Lebensformen und völkischer Reinheit noch heute: Ob Freundeskreis der Artamanen oder Fahrende Gesellen, ob Geusen oder der Freundeskreis ehemaliger Nordungen, ob der Überbündische Kreis oder der Freundeskreis Jungvolklicher Bund, ob die Deutsche Volksbewegung für bündische Neuordnung oder der Deutsch Wandervogel, Greifenbund alter Wandervögel – sie sind die Verwalter völkischer Ideologie, deren politische Wirkungen gering sein mögen, die aber dennoch als Stichwortgeber für antidemokratisches Denken taugen. Nicht zufällig entstand aus dieser Subkultur 1980 ein Arbeitskreis »Überfremdung – für den Spezialfall: Türken und türkische Fremdarbeiter« in dessen Aufruf es heißt:

> »Zwei Millionen Türken warten schon auf die Einwanderung, sobald die Türkei der EG in irgendeiner Form angeschlossen wird (geplant für 1988). Es ist also einerseits der Türkei zu helfen, daß sie ihre Wirtschaft sanieren kann – aber andererseits dafür zu sorgen, daß der türkische Staat nicht Mitglied der europäischen Gemeinschaft wird. Die Türken sind keine Europäer – und Moslemfanatiker passen nicht in die europäische Kultur. Generell sollte für zukünftig aufzunehmende Fremdarbeiter das Rotationsprinzip... eingeführt werden – auch dann, wenn es die Wirtschaft stärker belastet und zu Mehraufwendungen führt. Abschließend wollen wir ganz allgemein feststellen, daß es sich hier weder um Ausländerfeindlichkeit noch um Diskriminierung von Fremdarbeitern handelt, sondern um die Erhaltung unseres Volkes – wie auch um die Erhaltung anderer Völker. Die Völker sind in Jahrhunderten gewachsene natürliche Gemeinschaften. Kulturen sind an Völker gebunden. Wer die Völker auflöst, zerstört die Kultur.« (»ND«, 43/1980.)

Andererseits leiden vor allem auch die völkischen Bünde Ende der fünfziger Jahre an dem Problem der Überalterung ihrer Gruppen. Dieses Schicksal teilen sie mit anderen rechtsextremen Organisationen, wobei aus der mangelnden Bereitschaft der »skeptischen Generation« zu rechtsextremem Engagement nicht auf deren demokratische Überzeugungen geschlossen werden darf. Vielmehr verweist die Krise dieser Verbände auf einen *generationsbedingten* Hintergrund ihrer Form von Jugendarbeit, der weitgehend von den Impulsen der bürgerlichen Jugendbewegung *vor* 1933 biographisch wie politisch lebte. Hinzu kamen andere Momente, die das Engagement für die Jugendarbeit rechtsaußen minderten: die Wirkungen der antisemitischen Schmierwellen 1959/60 und die in ihrem Kontext verschärften Verfolgungsmaßnahmen der Behörden.

5. Die sechziger Jahre: Krise und neuer Aufbruch

5.1 Die antisemitische Schmierwelle 1959/60

In den sechziger Jahren sind einige bemerkenswerte Formveränderungen der jugendlich rechtsextremen Subkultur zu beobachten. Denn die völkischen Jugendbünde verloren weiter an Resonanz, lösten sich teils auf, teils existierten sie als Älterengruppen ohne jugendlichen Anhang weiter. Die soldatischen Jugendverbände wie die VdS-Jugend oder der DJBK deradikalisierten sich zum Teil unter Druck der Erwachsenenorganisationen oder traten – wie die Gruppen des Stahlhelms – den Weg in die politische Bedeutungslosigkeit an. Andere Faktoren trugen zur Dezimierung der Gruppen bei: Die Vorbereitungen und der Beginn des Eichmann-Prozesses (April 1961) in Jerusalem erinnerten die deutsche Öffentlichkeit eindringlich an die Verbrechen während der Zeit des Nationalsozialismus. Die öffentlich geführte Diskussion um die Wiedergutmachungsfrage, der Prozeß gegen die Chargen von Auschwitz in Frankfurt zielen in die gleiche Richtung und waren für den organisierten Rechtsextremismus Anlaß, in verstärkter Weise seinen Geschichtsrevisionismus fortzuführen. Durch den Bau der Mauer in Berlin am 13. August 1961, der die Spannungen im Ost/West-Verhältnis verschärfte, war die »nationale Frage« erneut in die öffentliche Diskussion gerückt, und Rechtsextremisten erhofften sich, davon zu profitieren. In diese Zeit fällt auch die antisemitische Schmierwelle und werden erste Ansätze einer terroristischen Qualität des rechtsextremen Protestpotentials bemerkbar.
In der Weihnachtsnacht des Jahres 1959 beschmierten der 23jährige Arnold Strunk und der 25jährige Paul Schönen einen Gedenkstein für die Opfer des Nationalsozialismus. Sie zogen dann weiter zur Kölner Synagoge und setzten dort ihre Aktion fort mit Parolen wie: »Juden raus«, »Deutsche fordern: Juden raus«, eingerahmt durch mehrere Hakenkreuze.

Beide Täter waren Mitglied der DRP. Diese Tat sollte der Auftakt zu einer Welle antisemitischer Ausschreitungen weit über die Grenzen der Bundesrepublik hinaus werden. Dabei war ihre Tat keineswegs die erste dieser Art. Denn die Zerstörung, Beschmierung und Schändung jüdischer Einrichtungen und antisemitische Hetze lassen sich für die gesamten fünfziger Jahre registrieren, ohne daß dies zu Nachfolgetaten in dem Ausmaß der antisemitischen Schmierwelle geführt hätte. Hier einige Beispiele:

März/April 1954 Schändung der jüdischen Friedhöfe in Frankfurt, Asslar, Wald bei Heusenstamm und Schwarz-Rheindorf bei Beuel.

Mai 1954 Baden-Württembergischer Landrat wegen Beleidigung eines jüdischen Geschäftsmannes zu Geldstrafe verurteilt und seines Amtes enthoben.

Juni 1954 Alter jüdischer Friedhof in Düsseldorf geschändet.

August 1954 Düsseldorfer Lehrer wegen Verbreitung antisemitischer Schriften zu Geldstrafe verurteilt.

September 1954 Maschinenschlosser in Frankfurt wegen antisemitischer Beleidigung zu sechs Monaten Gefängnis ohne Bewährung verurteilt.

Januar 1955 Chefredakteur der Abteilung »aktuelle Information« im Bundespresseamt wegen antisemitischer Äußerungen entlassen.

März 1955 Gedenkstätte vor der ehemaligen Synagoge in Konstanz am Bodensee beschädigt und die Gedenktafel entwendet.

September 1955 Ehemaliges Mitglied des Bundesrechnungshofes wird wegen antisemitischer Beleidigung des Generalmusikdirektors zu einer Geldstrafe verurteilt.

Oktober 1955 Gedenkstein für die zerstörte Synagoge in Münster geschändet.
Münchner Tischler wegen der Verbreitung antisemitischer Schriften zu einer Geldstrafe verurteilt.

Dezember 1955	Frankfurter Kaufmann wegen antisemitischer Beleidigung zu einer Gefängnisstrafe verurteilt. Denkmal für ermordete Konzentrationslagerhäftlinge auf dem Wenzelberg bei Langenfeld geschändet.
April 1956	Jüdische Friedhöfe in Hamburg-Ohlsdorf und Preußisch-Oldendorf geschändet.
Oktober 1956	Jüdischer Friedhof in Köln-Mülheim geschändet.

(Vgl. Ganther, 1959, Benz, 1984, S. 255 ff.)

Die Auflistung antisemitischer Taten ließe sich beliebig lange fortsetzen. Sie halfen die Schmierwelle des Jahres 1960 mit vorzubereiten. Wurden für das Jahr 1959 von den Behörden 348 und 1961 389 Fälle antisemitischer und neonazistischer Taten registriert, so waren es 1960 allein 1206 Fälle. In dem von der Bundesregierung im Frühjahr 1960 eilig herausgegebenen Weißbuch berichtete der damalige Bundesinnenminister Schröder, daß bis zum 15. Februar 833 Vorfälle registriert und 321 Täter ermittelt werden konnten. Die besondere Qualität dieser Schmierwelle läßt sich an den schnellen administrativen und politisch durchsichtigen Reaktionen der Bundesregierung ablesen. Die massiven Proteste des Auslandes, die intensive Berichterstattung der Medien und die Tatsache, daß eine große Anzahl Jugendlicher zu den Tätern zählte (siehe dazu die Tabelle 4 und 5), zog Reaktionen auf verschiedenen Ebenen nach sich:

Tabelle 4
Neonazistische Verbrechen bis 1960

Jahre	Altersstruktur der Täter bis zum 28. 1. 1960	
	gesamt	%
unter 14	35	15
14–20	95	40,6
20–30	49	21
30–40	22	9,4
40–50	16	6,8
50–60	11	4,7
über 60	6	2,5
	234	100

(Quelle: Bundesregierung, 1960)

Tabelle 5
Neonazistische Verbrechen 1960 und 1961

Alter	Täter im Jahre 1960	%	Täter im Jahre 1961	%
Kinder bis zu 14 Jahren	79	7,3	17	5,6
Jugendliche und Halberwachsene	217	20	59	19,4
20–30jährige	304	28	76	25,1
30–40jährige	178	16,4	61	20,1
40–50jährige	153	14,1	43	14,2
50–60jährige	96	8,9	30	9,9
über 60jährige	56	5,2	17	5,6
insgesamt:	1083 (darunter 70 Frauen)		303 (darunter 30 Frauen)	

(Quelle: BMI, 1962)

Auf der *politischen Ebene* zunächst eine Fernseherklärung von Bundeskanzler Adenauer am 16. Januar 1960 und eine Erklärung des Bundestagsvizepräsidenten am 20. Januar 1960 sowie den demonstrativen Besuch Adenauers im ehemaligen Konzentrationslager Bergen-Belsen am 2. Februar 1960. Alle Erklärungen waren darauf abgestellt, die Sorge der Juden in Deutschland vor einem Wiedererstarken des Antisemitismus zu zerstreuen. »Halbstarke« (Carlo Schmid), »Flegel« (Adenauer) und an erster Stelle die Sowjetunion sowie die DDR seien für diese Ausschreitungen verantwortlich zu machen. Sein probates Mittel, dem Antisemitismus zu begegnen, verkündete Adenauer über das Fernsehen: »Meinen deutschen Mitbürgern insgesamt sage ich: Wenn ihr irgendwo einen Lümmel erwischt, vollzieht die Strafe auf der Stelle und gebt ihm eine Tracht Prügel. Das ist die Strafe, die er verdient.« (Bundesregierung, 1960, S. 63.) Zur gleichen Zeit saßen mit Hans Globke und Karl Oberländer zwei Männer als Staatssekretär und Minister in Amt und Würden, die tief in das nationalsozialistische Unrechtsregime verstrickt waren. Kommentierte der »Spiegel«: »Werft die Nazis aus der Regierung, pensioniert die Blutrichter und dann säubert die Rinnsteine!« (»Spiegel«, Nr. 3/1960.) Getreu dem Motto: »Was nicht sein darf, das nicht sein kann« versteifte sich die Bundesregierung auf eine Hintermännerthese, nach der die DDR und die Sowjetunion die Schmierwelle initiiert hätten. Schon die oberflächliche Lektüre des Weißbuches der Bundesregierung macht die Interpretationstendenz deutlich: 26 Zeilen werden den rechtsextremen (Einzel)tätern gewidmet, 262 Zeilen den angeblichen kommunistischen Hintermännern. Mit dieser Interpretation traf sich die Bundesregierung nicht nur mit der rechtsextremen DRP, die ebenfalls die »Internationale der Schmierfinken« (»Reichsruf«, 2/1960) verantwortlich machte, sondern führte auch gegenüber dem westlichen Ausland Argumente in die Debatte ein, die noch heute gerne von Politikern in der Rechtsextremismus-Diskussion verwendet werden:

- Die Klassifizierung rechtsextremer Täter als Einzeltäter und die Verweise auf eine angebliche Interessenidentität von Rechtsextremisten und Verleumdungsversuchen der Bundesrepublik als neofaschistisch durch kommunistische Staaten.
- Auf *bildungspolitischer Ebene* durch Anweisungen der Kultusminister, die jüngste Vergangenheit stärker im Geschichtsunterricht zu behandeln, die Veränderungen der Lehrpläne, die Reformierung der Lehrerstudiengänge und die Einrichtung neuer Lehrstühle für politische Wissenschaften, Didaktik der Politik und Geschichte. Damit wurde ein für die »Aufarbeitung der Vergangenheit« bis heute dominierendes Interpretationsmuster in Gang gesetzt, das in der gründlichen Aufklärung durch politische Bildung ein geeignetes Immunisierungsinstrument gegenüber rechtsextremen Einstellungen sieht. Erst in den späten siebziger Jahren wird dieser Bildungsoptimismus an Überzeugungskraft durch die Einsicht einbüßen, daß rechtsextreme Tendenzen unter Jugendlichen nicht vorwiegend eine Frage politischer Bildung sind.
- In der *Öffentlichkeit* durch zahreiche Protestdemonstrationen gegen den Antisemitismus in der Bundesrepublik. So versammelten sich beispielsweise am 8. Januar 1960 in West-Berlin 40 000 Jugendliche auf einer Kundgebung gegen Neonazismus und Antisemitismus. Als Hauptredner forderte der sozialdemokratische Innensenator Lipschitz damals »die Ratten« auf, »aus ihren Löchern zu kommen und ihr Nazi-Heldentum zu beweisen, damit die Jugend sich nicht nur mit Worten, sondern auch mit Fäusten, dem letzt-

lich richtigen Mittel, mit ihnen auseinandersetzen kann« (»Liberale Studenten-Zeitung«, 2/1960).
- Auf der *polizeilich/juristischen Ebene* durch eine Reihe von Veranstaltungs-, Publikations- und Organisationsverboten, die zentral auf die rechtsextreme Jugendszene konzentriert war.

5.2 Die Verbotspolitik gegenüber rechtsextremen Jugendgruppen

Im Mittelpunkt der Verbotspolitik stand der nicht nur an den Universitäten für Schlagzeilen sorgende *Bund Nationaler Studenten* (BNS). Dem am 17. Juni 1956 in Heidelberg gegründeten Bund gelang in relativ kurzer Zeit die bundesweite Ausdehnung und die Sammlung von ca. 400 aktivistischen Mitgliedern. Gemessen an den Mitgliederzahlen der übrigen politischen Studentenverbände, ca. 2000–2500 meist inaktive Studenten, war dies eine beachtliche Zahl. Mit für die damalige Zeit unkonventionellen politischen Aktionen und einer professionell gemachten Zeitschrift (»Student im Volk«, Auflage 1960: über 10 000) sorgte der BNS nicht nur für eine große Medienresonanz, sondern wurde zum Hauptangriffsziel der demokratischen Studentenschaft und ihrer Vertretungen. Martin Mußgnug, der heutige NPD-Vorsitzende Peter Stökkicht, ehemals NPD-Landtagsabgeordneter und Verteidiger in zahlreichen Prozessen gegen Rechtsextremisten sowie Peter Dehoust, heute Schriftleiter von »Nation Europa«, zählten zu den Mitgliedern der ersten Stunde jenes Bundes, in dessen am 2. November 1957 in Frankfurt verabschiedeten Programm es u. a. hieß:

> »Über allem steht das Ziel der Wiedervereinigung und Wiedererrichtung eines unabhängigen Deutschen Reiches . . . Der Bund Nationaler Studenten hält es für seine Pflicht, das deutsche Volkstum im Ausland in seinem schweren Kampf um Freiheit und Recht zu unterstützen. Er ist sich der großen Aufgabe bewußt, mit allen Kräften an der Rückgewinnung des deutschen Heimatbodens mitzuarbeiten . . .
> Die Einheit des deutschen Volkes muß nicht nur eine staatliche, sondern auch eine soziale sein. Klassenkampf und Zersplitterung in Interessengruppen stören den sozialen Frieden und schwächen Deutschland. Gegen Egoismus und Verantwortungslosigkeit stellen wir die Verpflichtung gegenüber der Gemeinschaft. Wir bekämpfen die bolschewistische Zersetzung in jeder Form. Wir fördern dagegen die geistige Auseinandersetzung

mit dem Marxismus und Leninismus. Den Materialismus in allen seinen Erscheinungsformen lehnen wir ab . . .
Die Überfremdung unserer Kultur durch wesensfremde Einflüsse muß aufhören. Wir lehnen eine Kunst ab, die Ausweglosigkeit und Bindungslosigkeit zum Grundsatz macht . . .
Wir verurteilen jegliche propagandistische Entstellung der deutschen Geschichte . . .«

Die praktisch-politische Arbeit des BNS unterschied sich merklich von der anderer rechtsextremer Jugendgruppen. Abgestimmt auf die Zielgruppe der Studenten und den sozialen Ort »Universität« standen politische Vortragsabende, öffentliche Diskussionsveranstaltungen, politische Schulung und das Verteilen von Flugblättern mit überwiegend zeitgeschichtlichen und aktuell politischen Themen im Vordergrund. Redner auf BNS-Veranstaltungen waren in der Regel NS-belastete rechtsextreme Aktivisten aus dem Umfeld der DRP und der Kulturgemeinschaften, denen es um die Neubelebung des Reichsmythos ebenso ging wie um die Relativierung der nationalsozialistischen Verbrechen. Entnazifizierung, Umerziehung, kommunistische Unterwanderung waren weitere Schlagworte, gegen die der BNS als selbsternannte Elite im Wartezustand zu kämpfen vorgab. Gerade die Studenten als zukünftige Elite des deutschen Volkes hätten als »geistiger Vortrupp in Lebensfragen ihrer Völker« zu handeln, der statt bei Rock'n'Roll »bei Pickel und Schaufel einige Wochen unter den Arbeitern der Faust zu verbringen hätte« (»Student im Volk«, 5/1959).

Sowohl die Universitätsverwaltungen als auch die demokratischen Studentenverbände reagierten auf das Auftreten des BNS an den Universitäten ablehnend. Konsequent wurden sämtliche Anträge des BNS auf Zulassung als akademische Studentengruppe von den Universitätsleitungen abgelehnt. So heißt es in dem entsprechenden Bescheid des Rektors der Universität Tübingen vom 13. November 1959, der Bund vertrete »extrem nationalistische Tendenzen, die dem im Grundgesetz zum Ausdruck gebrachten Willen, zur Völkerversöhnung zuwiderlaufen und jedes ehrliche Bemühen nach geschichtlicher Wahrheit vermissen lassen«. Mit Protestresolutionen, Artikeln, Flugblättern, gerichtlich und wie im Fall der Heidelberger Mensaschlägerei zwischen RCDS- und BNS-Studenten im Mai 1959 auch handfest wehrten sich die Studentenverbände gegen den zunehmenden Einfluß des rechtsextremen Bundes,

dem immerhin schon der Einzug in den Kieler Asta gelungen war.
Unter dem Eindruck der antisemitischen Schmierwelle wurde dann der BNS in den Jahren 1960/61 länderweise verboten. Unmittelbarer Anlaß war die Teilnahme der Berliner Gruppe an einer nicht genehmigten Sonnenwendfeier der Nationaljugend Deutschlands (NJD) am 2. Januar 1960. Nachdem ein Teilnehmer eine schwarz-weiß-rote Fahne, an deren oberen Ende ein kleines Hakenkreuz befestigt war, entrollte, wurde die Veranstaltung aufgelöst und wurden neun Jugendliche festgenommen. Der BNS-Bundesvorsitzende und der Vorsitzende der Berliner Gruppe wurden wenig später verhaftet, gegen einzelne Mitglieder des Bundes Relegationsverfahren

Tabelle 6
Verbotsverfügungen gegen den BNS

Land	Datum der Verbotsverfügung bzw. des rechtskräftigen Urteils	Ortsgruppen
Berlin	Senatsbeschluß v. 12. 1. 1960	Gruppe TH und Gruppe FU
Hessen	Erlaß des Ministers des Inneren v. 17. 3. 1960	Marburg, Gießen, Frankfurt
Rheinland-Pfalz	Bezirksregierung f. Rhein-Hessen v. 1. 4. 1960	Mainz
Hamburg	Senatsbeschluß v. 12. 4. 1960	Hamburg
Niedersachsen	Erlaß des Ministers des Inneren v. 2. 8. 1960	Clausthal-Zellerfeld, Göttingen, Braunschweig, Hildesheim
Nordrhein-Westfalen	Erlaß des Ministers des Inneren v. 21. 12. 1960	Aachen, Bonn, Köln, Münster
Bayern	Erlaß des Ministers des Inneren v. 24. 2. 1961	Erlangen, München, Würzburg
Baden-Württemberg	Erlaß des Ministers des Inneren v. 14. 2. 1961	Freiburg, Heidelberg, Tübingen, Karlsruhe, Stuttgart
Schleswig-Holstein	Erlaß des Ministers des Inneren v. 6. 3. 1961	Kiel, Lübeck

Dienstag, den 11. November 1958, 20 Uhr im „Westhof" (am Römerkreis)

Unbewältigte Vergangenheit

Helmuth Sündermann München

Ein Ausspracheabend mit

Wir laden hierzu auch die Bevölkerung ein

Bund nationaler Studenten (B.N.S.) Heidelberg

Druckerei Fritz Gebhard, Heidelberg-X.

Veranstaltungsplakat des Bundes Nationaler Studenten (BNS).

eingeleitet. Besonders die sozialdemokratisch regierten Länder folgten rasch dem Berliner Senatsbeschluß, den Bund zu verbieten (siehe Tabelle 6).
Ohne den durch die antisemitische Schmierwelle ausgelösten Handlungsdruck der politischen Instanzen ist das Verbot des BNS nicht verständlich. An seinem Beispiel ließ sich gegenüber der Öffentlichkeit besonders gut demonstrieren, daß Rechtsextremismus in einer klassischen Institution der bürgerlichen Gesellschaft, der Universität, auf den Widerstand der »wehrhaften Demokratie« stößt. So konnte denn selbst die »BILD-Zeitung« frohlocken: »Freie Universität: Alle Nazi-Studenten raus! Braunen Störenfrieden geht es an den Kragen . . .« und in einem Kommentar schreiben:

> »Sie sind nur eine Handvoll. Schüler, Studenten, Lehrlinge, Berufstätige. Ihr Gemeinsames: Sie haben den Bazillus des Neo-Nazismus geschluckt. Sie sind krank. Diese Krankheit grassiert zur Zeit überall. Auch in Berlin. Ihre Symptome: Leidenschaft und Unerfahrenheit, im Normalfall liebenswerte Eigenschaften der Jugend, sind unter der Krankheit entartet. Entartet zu Dummheit und Fanatismus. Der gefährlichsten, explosivsten Mischung menschlicher Eigenschaften. Sie führt unmittelbar in die Unmenschlichkeit. Wenn man diese Krankheit erkannt hat, muß man sie frühzeitig mit Stumpf und Stiel ausrotten. Das gelindeste Mittel ist die absolute Isolierung der Bazillenträger.« (»Bild« vom 7. Januar 1960.)

Bedarf es eines Beispiels für »hilflosen Antifaschismus«, der selbst noch faschistischer Sprachmuster sich bedient, das obige Zitat ist eines. Und es war und ist kein Einzelfall. Denn die Stigmatisierung Rechtsradikaler als Kranke oder pathologisch Veranlagte verharmlost letztlich das politische Phänomen Rechtsextremismus, nach dessen gesellschaftlichen Ursachen dann nicht mehr gefragt werden muß.
Zusammen mit dem BNS-Berlin wurde auch die *Nationaljugend Deutschlands* (NJD) verboten. Diese etwa 50 Jugendliche erfassende Gruppe unter dem 21jährigen Peter Bernau und dem 20jährigen Karl-Heinz Panteleit wurde am 1. März 1959 in Berlin gegründet. Der kämpferisch und verbalradikal auftretende Bund mit seiner paramilitärischen schwarzgrauen Kluft verstand sich als Elite der Jugend, die angetreten sei, die deutsche Jugend »für den Kampf um die Wiedererrichtung unseres Reiches« zu gewinnen. »Denn die seit 1945 systematisch betriebene ›Umerziehung‹ und Überschwemmung der Jugend mit einem alles ethisch Große und Wertvolle zerstörenden rasenden Materialismus haben ihr teuflisches Werk

getan. Die Jünger Heinrich Morgenthaus wissen ganz genau, daß man ein Volk erst dann völlig beherrscht, wenn man diesem Volk seine Jugend als Träger der Zukunft nimmt ... Wir treten in dieser Stunde an zum Kampf um das Bestehen unserer Nation, weil dieser Kampf in dem Augenblick für unser Dasein zur Bestimmung wurde, in dem wir in dieses heißgeliebte Land hineingeboren wurden!« (»Die Fanfare«, 1/1959.)
1961: Auflösung des Berliner Standortes des *BHJ* als verfassungsfeindliche Vereinigung, nachdem Mitglieder dieser Gruppe im Juni und Oktober 1961 politische Filmvorführungen »durch Tränengaskörper (störten), die aus Diebstählen stammten. Sie befaßten sich außerdem mit Plänen zur Herstellung von Spreng- und Blendkörpern, die sie im Rahmen größerer politischer Aktionen verwenden wollten.« (BMI, 1962, S. 15.)
1961: Bestätigung des Uniformverbotes gemäß § 3 Abs. 1 des Versammlungsgesetzes gegen den JBA, den BHJ und den Bund Vaterländischer Jugend (BVJ), weil ihre Haupttätigkeit in »der Pflege einer politischen Gesinnung mit nationalistischer Tendenz bestehe«.
1961: Beginn eines Prozesses gegen die Führer der Schillerjugend, die Brüder Hans-Ulf und Uwe Siebrands, wegen der »Rädelsführerschaft einer verfassungsfeindlichen Organisation«, der zur faktischen Auflösung der Jugendorganisation führte (vgl. »SvZ«, 14/1962).
Am 17. Juli 1962 wurde bundesweit mit Ausnahme von Hessen der *Bund Vaterländischer Jugend* (BVJ) verboten. Der BVJ wurde am 29. Mai 1960 unter Vorsitz Uwe Stolles aus ehemaligen JBA-Jugendlichen und kleineren Gruppen des Bundes Nationaler Jugend (BNJ) gegründet und soll zeitweise bis zu 900 Mitgliedern besessen haben. Der strikt nach Führerprinzip paramilitärisch ausgerichtete Bund, dessen Arbeit teilweise konspirative Züge trug, widmete einen großen Teil seiner Aktivität der Durchführung von Lagern und Fahrten. Hier wurden die Jugendlichen an militärischen Drill und Gehorsam gewöhnt und durch völkische wie stark antisemitische Schulungsangebote indoktriniert. Dem BVJ angegliedert war der Vaterländische Jugendverlag, in dem das Verbandsorgan »Deutscher Jungendienst« erschien, sowie der Freundeskreis der Vaterländischen Jugend, der die BVJ-Gliederungen mit

Schriften, Ausrüstungsgegenständen und finanziellen Mitteln versorgte. Bundesgeschäftsführer war der spätere Forstwirtschaftsmeister Heinz Lembke, der im Umfeld der terroristischen Deutschen Aktionsgruppen das im Herbst 1981 in der Lüneburger Heide entdeckte Waffenlager angelegt hat (vgl. »Spiegel«, 46/1981) und nach seiner Verhaftung durch Freitod verstarb. Am 27. Juli 1982 wurden im Raum Bielefeld nach den Durchsuchungen der Wohnungen und Fahrzeuge von 19 Männern, bei denen Waffen und Sprengsätze aus Bundeswehrbeständen gefunden wurden, zwei Personen vorübergehend festgenommen, die aus der gemeinsamen BVJ-Zeit engen Kontakt zu Lembke hatten (»Frankfurter Rundschau« vom 6. August 1982, S. 4).

Die rigide Verbotspolitik der Behörden, die 1962 durch weitere Uniformverbote gegen die Wiking-Jugend (Köln) und den BHJ (Nürnberg) fortgesetzt wurde, beschleunigte den Zerfallsprozeß der jugendlich-rechtsextremen Subkultur. Aus welchen Schichten kamen diese Jugendlichen? Welche Schulbildung besaßen sie? Was waren ihre Motive? Eine Studie des Verfassungsschutzes über 250 Mitglieder der Anfang der sechziger Jahre verbotenen Jugendgruppen gibt auf diese Fragen erste Auskünfte:

»Die Untersuchung läßt folgende Rückschlüsse auf die vorherrschenden Gründe für den Eintritt und Verbleib in rechtsextremen Jugendorganisationen zu:

a) In 29 Prozent der Fälle deuten politische Selbstzeugnisse und sonstige konkrete Anhaltspunkte auf eine bereits weitgehend fixierte verfassungsfeindliche Einstellung der Betroffenen hin. Zu dieser Gruppe von 72 führenden Funktionären und Aktivisten gehören: 8 Jugendführer im Alter von 35 und 45 Jahren, die der Hitlerjugend und dem Jungvolk entstammen und sich seither mehr oder weniger offen zum Nationalsozialismus bekennen...

9 Söhne aus noch heute nationalsozialistisch eingestellten Familien, denen die NS-Ideologie nach dem Krieg anhand der entsprechenden Literatur im Elternhaus nahegebracht worden ist. Sie sind jetzt zwischen 20 und 30 Jahre alt. Zwei von ihnen haben sich als Hakenkreuzschmierer betätigt.

21 Kinder aus Familien, die nach 1945 im Zusammenhang mit Entnazifizierungs- oder Internierungsmaßnahmen durch Wohnungs- oder Arbeitsplatzverlust, zeitweilige Verweigerung von Versorgungsbezügen aus politischen Gründen oder infolge von Strafverfolgungsmaßnahmen gegen die Väter wegen des Verdachts von Straftaten während der NS-Zeit in Schwierigkeiten gerieten. Diese Gruppe ressentimentgeladener, jetzt 18- bis 25jähriger Funktionäre unterliegt starken staatsoppositionellen und antisemitischen Impulsen.

20 Funktionäre im Alter von 18 bis 25 Jahren, deren Eltern sich gleichfalls aktiv in rechtsradikalen Organisationen betätigen. 8 Personen der gleichen Altersgruppe, die gegen den erklärten Willen ihrer Eltern durch Freunde zum Eintritt veranlaßt wurden und sich im Verlaufe ihrer Mitgliedschaft die radikale Überzeugung der Rädelsführer zu eigen machten. Dies führte zum Teil zu schweren Zerwürfnissen mit den Vätern und zum völligen Bruch mit dem Elternhaus.
6 Aktivisten mit sozial-oppositionellen Neigungen als Folge von Erziehungs- oder Charaktermängeln oder zerrütteter häuslicher Verhältnisse. In zwei (Fällen) waren die Väter wegen Trunksucht entmündigt. Diese Jugendlichen sind vielfach arbeitsscheu oder vorbestraft.
b) 71 Prozent der erfaßten Jugendlichen waren funktionslose Mitglieder mit je nach Alter, Herkunft, Intelligenz und Kritikfähigkeit unterschiedlicher Aufnahmebereitschaft für die verfassungsfeindlichen Vorstellungen der Verbandsführung. Von diesen 178 Mitgliedern legten 22 nach sichergestellten Dokumenten Wert darauf, daß ihre Zugehörigkeit zu rechtsradikalen Jugendorganisationen den Eltern, Arbeitgebern oder Lehr- und Ausbildungsstätten verborgen blieb. In den restlichen Fällen, in denen das Elternhaus die Mitgliedschaft billigte, halten sich politische, durch die rechtsradikale Orientierung der Eltern bedingte, und unpolitische Eintrittsgründe annähernd die Waage. Als vorwiegend unpolitische Anschlußmotive wurden Schulfreundschaften, Freude an Ferienfahrten und der Wunsch alleinstehender Mütter nach militärisch straffer Freizeitgestaltung für ihre heranwachsenden Söhne ermittelt.« (BMI, 1963, S. 5 f.)

Vergleicht man diese Befunde mit den heutigen Erkenntnissen (vgl. Kap. 10), so ergeben sich neben einigen Differenzen auch bemerkenswerte Momente an Übereinstimmung. Auffallend, heute wie damals, ist die hohe Zahl jener, die über Freunde und Bekannte aus nicht politischen Motiven sich rechtsextremen Jugendgruppen anschließen. Für sie erfüllen diese Gruppen die Funktion, ihre Freizeit zu gestalten, Arrangements für Abenteuer, Erlebnisse und Kameradschaft zu ermöglichen. Vor diesem Hintergrund kann das auch heute bestehende ideologische Gefälle zwischen einfachen Mitgliedern und Führern nicht überraschen. Erfahrungen sozialer Deklassierung bilden nach den vorliegenden Ergebnissen ein weiteres Motiv für rechtsextremes Engagement. Allerdings haben sich die situativen Kontexte verändert. Nicht Arbeitslosigkeit und Zukunftsängste, nicht Fremdenfeindlichkeit und Orientierungsdefizite wie heute bildeten die entscheidenden Antriebsmotive. Ausschlaggebend waren vielmehr bei den Führern die lebensgeschichtlich positiv besetzte HJ-Sozialisation, die unter dem Eindruck der »Umwertung aller Werte« nach 1945 und damit einhergehend der häufig aus politischen Gründen erlebten sozialen Deklassierung noch verstärkt wurde. Eine große Rolle spielt für rechtsextreme Jugendliche im Nachkriegsdeutschland das Elternhaus als verstärkendes Moment ihrer politischen Sozialisation. Das hat sich heute geändert.

Nicht mehr die Väter und Söhne, sondern die Großväter und Enkel bilden heute die Generationenbrücke rechtsaußen. Der zeitliche Abstand zum Nationalsozialismus hat darüber hinaus die Bedeutung der persönlichen Erfahrungen zurücktreten lassen zugunsten historischer Legendenbildung aus zweiter Hand. Dies bestätigt die These von der Generationsbedingtheit rechtsextremer Jugendarbeit in den fünfziger Jahren. Um Mißverständnissen vorzubeugen: Nicht die politisch-soziale Bewegung »Rechtsextremismus« ist eine generationsspezifische Frage, sondern die Hintergrundmotive ihrer Aktivisten, die Formen und Inhalte ihrer Jugendarbeit wandeln sich vor dem Hintergrund veränderter zeitgeschichtlicher Problemlagen. Auch wenn ihre Antworten stereotyp die gleichen bleiben, die biographischen Erfahrungen rechtsextremer Jugendlicher in der Bundesrepublik sind andere als jene der SA- und HJ-Mitglieder während »der Kampfzeit« der NSDAP. Unter dem personellen Auszehrungsprozeß der sechziger Jahre vollzieht sich auch ein Generationswandel innerhalb der rechtsextremen Jugendszene: Konsumkinder treten in die Fußstapfen der durch den Nationalsozialismus geprägten Gründergeneration, jedoch nicht nahtlos und nicht in dem Umfang wie in den fünfziger Jahren.

5.3 Zur Lage der nationalistischen Jugendbünde

Aus den Reihen der Führerschaft der verbotenen nationalistischen Jugendverbände entstand ein militanter Flügel mit zum Teil terroristischer Qualität. Sie waren mitbeteiligt an der Planung und Durchführung von Gewalttaten in Südtirol. War der »Volkstumskampf für Südtirol« allen rechtsextremen Jugendgruppen stets ein Anliegen gewesen, Anfang der sechziger Jahre gewann die Südtirol-Frage eine besondere Brisanz. Denn die ständige Verschleppung einer befriedigenden Lösung durch die italienischen Behörden führte 1959 zur Internationalisierung des Problems. Österreich brachte nämlich das

Thema Südtirol vor den Vereinigten Nationen zur Sprache. Der vom ehemaligen Vorsitzenden des österreichischen Ringes Freiheitlicher Studenten (RFS), Norbert Burger, gegründete Befreiungsausschuß Südtirol (BAS) begann mit seinen terroristischen Aktivitäten und deutsche Rechtsextremisten bombten mit. Allein 1963 wurden 14 von ihnen der Ausübung von Sprengstoffvergehen in Zusammenarbeit mit ausländischen Rechtsextremisten verdächtigt: zwei Studenten kamen beim Hantieren mit Sprengstoff ums Leben. »Bei den Beschuldigten handelt es sich in der Mehrzahl um Funktionäre und Aktivisten rechtsradikaler Jugendorganisationen, darunter des verbotenen ›Bundes Vaterländischer Jugend‹.« (BMI, 1964, S. 12.)

Von den zahlreichen nationalistischen Jugendgruppen spielten in den sechziger Jahren nur noch die WJ, der BHJ und der JBA eine nennenswerte Rolle. Zudem war die rechtsextreme Jugendszene unter dem Druck der staatlichen Verfolgungsmaßnahmen in einem Umgruppierungsprozeß begriffen, der weitgehend entlang der kontrovers diskutierten Frage nach dem Selbstverständnis der einzelnen Gruppen verlief. Sollte stärker das völkisch-bündische und damit »jugendbewegte« und kulturelle Moment in ihrer Jugendarbeit dominieren oder sollten sie stärker als politische Kampfverbände unter Leitung der meist der DRP angehörenden Führer arbeiten? Wegen dieser Kontroverse spaltete sich der Anfang 1958 von Hans Hübner (Nürnberg) gegründete BHJ. Mehrere Versuche zur Beilegung der Meinungsverschiedenheiten scheiterten 1961. Die übriggebliebenen Restgruppen ließen sich als BHJ e. V. am 25. September 1962 ins Vereinsregister von Nürnberg eintragen, um so den Bund vor Spaltungsversuchen nach innen zu schützen und nach außen die Verbotsschwelle zu erhöhen. Teile der WJ schlossen sich ebenso dem BVJ an wie der Landesverband Rhein-Ruhr des DJBK unter Alfons Höller, der nach dem BVJ-Verbot mit seinen Getreuen 1962 den Bund Deutscher Jugend (BDJ) gründete. Unbeschadet der oben skizzierten Kontroversen repräsentierten diese Jugendgruppen die *alte* rechtsextreme Jugendarbeit in doppelter Hinsicht: nämlich bezogen auf die Formen und Gestaltungsmittel (Lager, Fahrten, Heimabende, Leistungswettbewerbe, Naturromantik etc.) und die Altersstruktur. Beispielsweise erklärte Richard Etzel 1962 für den JBA:

> »Eine große Sorge war mir, daß der gesamte Bund durch das Ausscheiden guter Führungskräfte und des mangelnden Nachersatzes wegen überalterte, so daß die Mitgliedschaft sich auf zwei Drittel Erwachsene und ein Drittel Jugend verteilte. Die Situation hat sich in der Zwischenzeit gebessert. Heute umfaßt der Bund etwa 50 Prozent Jugendliche und etwas weniger Prozent Erwachsene ... Der Fahrt- und Lagerbetrieb, der 1961 etwas abgeflaut war, konnte 1962 erfreulich erweitert werden. Dabei zeigte es sich, daß in früheren Jahren wenig Geld, aber genügend Zeit für Fahrten usw. vorhanden war. Heute ist dies genau umgekehrt, ja, trotz verbesserter Urlaubsregelung wird es ständig schwieriger, Freizeit für eine größere Gemeinschaft zum gleichen Zeitpunkt zu erhalten.« (Zit. nach »SvZ«, 5–6/1963.)

Einen wesentlichen Beitrag zur Konsolidierung der stark dezimierten Jugendszene trugen die von Erwachsenen geleiteten Freundes- und Förderkreise bei. An erster Stelle wäre hier der am 2./3. März 1963 in Hannover gegründete Freundeskreis der nationalen Jugend (FK) zu nennen. Der nach österreichischem Vorbild entstandene FK sah seine Aufgabe in der materiellen und technischen Unterstützung der rechtsextremen Jugendbünde im Umfeld des KNJ. Als weitere wichtige Integrationsklammer fungierten die auf dem Anwesen des Dichters Hans Grimm (»Volk ohne Raum«) jährlich veranstalteten »Lippoldsberger Dichtertage«, ein Treffpunkt völkischer, nationalistischer und nationalsozialistischer Literaten und Schriftsteller. Hier fand am 8. und 9. Juli 1961 auch das erste europäische Jugendtreffen mit über 3000 Teilnehmern statt, u. a. mit Vertretern der KNJ-Bünde, des BVJ, des JBA, des Jungdeutschlandbundes, der Deutschen Jugend des Ostens und der Fahrenden Gesellen. Anwesend waren wie immer ideologische Stichwortgeber und Idole der rechtsextremen Jugendlichen: Erich Kern(mayr), Peter Kleist, Hans-Ulrich Rudel. Sie waren es auch, die auf den zentralen Pfingstlagern der Bünde als Ehrengäste, Referenten und zum Teil als Ehrenmitglieder anwesend waren, um die Jugendlichen in die politischen Traditionen des Rechtsextremismus einzuführen. Von der Strukur her waren die diversen Oster-, Pfingst-, Sommer- und Winterlager immer ähnlich aufgebaut. Ein Beispiel mag diesen Aufbau illustrieren:

> »Hauptsächlich süddeutsche Gruppen nationaler Jugendbünde trafen sich vom 2. bis 9. Januar 1966 in Wildschönau in Tirol zu einem gemeinsamen Winterlager. Neben Sport und Geselligkeit diente diese Zusammenkunft der staatsbürgerlichen Bildung. Heinrich Härtle (Göttingen), ständiger Mitarbeiter und zeitgeschichtlicher Experte der ›Deutschen Wochen-Zei-

tung‹, hielt anhand seines neuen Buches ›Freiheit für Deutschland‹ an zwei Abenden Vorträge über zeitgeschichtliche Probleme. Beide Referate führten zu ausführlichen kritischen Diskussionen der Lagerteilnehmer. Als Ehrengast wurde Oberst a. D. Hans-Ulrich Rudel begrüßt, der mit den Jungen und Mädeln über aktuelle Fragen der Innen- und Außenpolitik diskutierte und von seinen Kriegserlebnissen erzählte.« (»SvZ«, 2/1966.)

Für die Entwicklung der nationalistischen Jugendbünde erfolgen nach 1965 wichtige Weichenstellungen. Zum einen erwies sich die Unterstützung des Freundeskreises der nationalen Jugend, der seit 1967 eng mit dem Arbeitskreis Volkstreuer Verbände (AVV) – einer Satellitenorganisation des DKEG – zusammenarbeitete, als erfolgreich. Sichtbares Zeichen war neben der finanziellen und ideologischen Unterstützung die Herausgabe der Monatszeitschrift »Der Neue Aufbruch«. Im Gegensatz zur WJ und dem JBA gelang dem BHJ der überfällige Generationswechsel. 1967 waren unter den männlichen BHJ-Mitgliedern 15 Prozent jünger als 15 Jahre, 63 Prozent zwischen 15 und 25 Jahre alt und »nur« 22 Prozent älter als 25 Jahre (»SvZ«, 13–14/1967).

Erstmals nach 1961 veranstalteten BHJ und WJ nach vorausgegangenen Differenzen 1968 getrennte Pfingstlager. Zum endgültigen Bruch zwischen beiden Organisationen kam es jedoch erst Mitte der siebziger Jahre, als sich der BHJ zunehmend an dem Verbalradikalismus, dem paramilitärischen Stil und dem militanten Auftreten der WJ störte. Und letztlich entstanden mit der Gründung der Jungen Nationaldemokraten und der unter dem Eindruck der Studentenbewegung auch bei jüngeren Rechtsextremisten einsetzenden Theoriediskussion *neue* Formen rechtsextremer Jugendarbeit, die nicht mehr dem Selbstverständnis einer *Jugend*bewegung folgten, sondern sie um eine »politische Fraktion« ergänzten. Dabei kam es gerade den auf kleine Zeitschriften und Diskussionsforen beschränkten jungen Intellektuellen darauf an, den deutschen Nationalismus neu zu begründen, ohne in die politischen und idelogischen Fallen des NS-Traditionsbezuges zu laufen (vgl. Bartsch, 1975). Lothar Penz, einer der Initiatoren des 1964 gegründeten Arbeitskreises Junges Forum, schrieb zur damaligen Ausgangslage zehn Jahre später:

> »Das Fehlen einer neu gewonnenen geistigen Grundlage und der sich daraus ergebende Mangel einer politischen und gesellschaftlichen Konzeption hat die Nachkriegsnationalen in eine unfreiwillige Verteidigung gedrängt.

Denn in der politischen Auseinandersetzung verbanden ihre Gegner sie mit dem Ideengut des Dritten Reiches. Da die Nationalen aber nicht bereit sein konnten, alles zu verdammen, was zu den Triebkräften und Zielen jener Epoche zählte, wurden sie zu ›Verteidigern der Gewaltherrschaft‹ gestempelt. Damit ging ihnen jede politische Aktionsfähigkeit verloren.« (Penz, 1974, S. 4 f.)

Den »verhängnisvollen Mangel an einer geistigen Grundlage« (Penz) der deutschen Rechten aufzuheben, war das erklärte Ziel dieser Gruppierungen, die in Anlehnung an nationalrevolutionäre Tendenzen versuchten, das Konzept einer solidaristischen Gesellschaft als Dritter Weg zwischen Kapitalismus und Kommunismus zu begründen und in die Perspektive des »Befreiungsnationalismus« gegenüber den »Supermächten« einmünden zu lassen, um dem Dilemma des profillosen Erinnerungs- und Protestnationalismus zu entgehen.
Diese »Neue Rechte« war und ist keine in sich gefestigte Bewegung, sondern zerfällt in eine Vielzahl kleiner Arbeitsgemeinschaften und Publikationsorgane. In ihren Diskussionen spielt nicht mehr der an das deutsche Reich gebundene Nationalismus eine Rolle. Vielmehr ist ihr ethnopluralistisch begründeter Befreiungsnationalismus offen für regionalistische, dezentralistische und basisdemokratische Strömungen. Ausgangsüberlegung ihrer Ideologie ist die These, daß Völker, Stämme und Regionen sich geschichtlich und kulturell unterscheiden. Die Entwicklung der Industriegesellschaften führe aber zur systematischen Zerstörung der kulturellen und nationalen Identität der Völker. Der Kulturimperialismus der »Supermächte« schaffe eine weltweite »Wodka-Cola-Kultur«, die die Wurzeln der ursprünglichen Volkskulturen auslösche und damit die Identität von Völkern zerstöre. Die Kritik der jungen rechten Intellektuellen zielt deshalb auf alle »gleichmacherischen« Ideologien (Christentum, Liberalismus, Marxismus), ihr Nationalismus speist sich aus dem revolutionären Impuls, zur Rettung ihrer nationalen Identität stünden die Völker in einem Abwehrkampf gegen die imperialistischen Großmachtinteressen. Erwähnenswert sind diese Gruppen in unserem Zusammenhang deshalb, weil ihre Ideologie seit Ende der siebziger Jahre zunehmend an Einfluß auf die politische Programmatik innerhalb des Rechtsextremismus gewinnt.
Auf die Jugendgruppen der sechziger Jahre mußte diese neue

Form irritierend wirken. Theoriediskussion und nicht Fahrten mit Kluft, Klampfe und Fahne waren gefordert. Nicht die Absolvierung paramilitärischer Pflichtübungen in Jugendlagern, sondern die Diskussion in Basisgruppen um eine wissenschaftlich begründete Theorie des Nationalismus hieß ihre politische Orientierung.

Das vom ehemaligen BHJ-Führer Rüdiger Schütte 1967 formulierte Selbstverständnis der »heimattreuen Jugendbewegung« verdeutlicht die Distanz von alter rechtsextremer Jugendarbeit zur Theoriepolitik der Nationalrevolutionäre und Solidaristen wie zur parteigebundenen Arbeit der Jungen Nationaldemokraten:

> »1. Sie ist dem Begriff ›national‹ nie ausgewichen, hat ihm einen neuen Inhalt gegeben und die Bezeichnung *Nationale Jugend* von Anfang an für sich in Anspruch genommen.
> 2. Sie war stets politisch eingestellt, hat aber andererseits jede Bindung an eine Partei oder parteiähnliche Erwachsenenorganisation abgelehnt, sondern teilweise selbst Erwachsenenorganisationen zur Unterstützung der Jugendarbeit gebildet, die ebenfalls politisch fundiert, nicht aber parteimäßig organisiert waren.
> 3. Sie war stets von vergangenen Organisationen der Vorkriegszeit unabhängig, das heißt auch, sie hatte keinen Vorläufer, sondern entstand ausschließlich aus und mit der Jugend nach 1945!
> 4. Sie hat sich selber politische *Grundsätze* geschaffen, die nicht auf die Tagespolitik abgestimmt waren, sondern grundsätzliche Gültigkeit auch für die Zukunft haben.
> 5. Die reine Jugendarbeit (›nur‹ eine gute Tat jeden Tag!) war nie Selbstzweck, sondern Weg und Mittel.
> 6. Sie hat sich nie als Reservoir anderer Gruppen betrachtet, sondern als Beginn einer neuen politischen Bewegung, die ihre Kräfte aus der Jugendbewegung schöpft.
> 7. Sie hat keine Form oder Symbolik übernommen, sondern sich eine neue Form und ein neues Symbol geschaffen.
> 8. Sie hat ihr Aufgabengebiet nie im eigenen Volk allein gesehen, sondern ihre *Grundsätze* und *Ziele* von vornherein so abgestimmt, daß sie für jedes Volk Gültigkeit haben.
> 9. Es ist nie um einen *Bund* an sich gegangen, sondern in jeder Organisationsform wurde von Anfang an nur eine Arbeitsmöglichkeit gesehen, um *Idee* und *Ziel* an den Einzelnen weiterzugeben. Daher ist die *Nationale Jugend* heute selbst dort, wo sie durch Verbote u. ä. keine Organisation hat: Eine lebendige, junge Kraft!
> 10. Sie hat in ihrer kurzen Geschichte vorgelebt, daß die *Idee der Nationalen Jugend* nie durch eine Person, sondern durch die Gemeinschaft verkörpert wurde!« (Schütte, 1967, S. 7 f.)

Aus anderer Sicht machte der damals inhaftierte Neonazi-Führer Michael Kühnen in einem Interview mit dem »Deutschen Allgemeinen Sonntagsblatt« die Differenzen neonazistischer Jugendgruppen zu nationalrevolutionäre Zirkeln deutlich:

> »Diese Leute kenne ich. Die haben auch Anfang der siebziger Jahre zunächst mal einiges Interesse bei den Aktivisten gefunden. Nur hat sich dann gezeigt, daß sie in dem Versuch, die Linke nachzuahmen, leider auch etliche Unarten übernahmen. So vor allem die ausgedehnten Theoriediskussionen, die keinen Anfang und kein Ende fanden und jede praktische, politische Arbeit verhinderten. Ich halte auch heute noch einiges von diesen nationalrevolutionären oder solidaristischen Gruppen, die dann praktisch zu den Grünen übergegangen sind und jetzt versuchen, da eine Art Basisarbeit zu leisten, gebe ihnen aber keine Chancen auf eine Massenbasis. Worin ich das Interesse sehe, ist, daß es sich dabei meistens um Intellektuellenzirkel handelt und daß ich auf längere Sicht die Hoffnung habe, daß diese Gruppen wieder in den Schoß der Gesamtbewegung zurückkehren und daß wir dann von intellektuellen Leistungen, die durchaus in den letzten Jahren vollbracht worden sind, profitieren können. Denn es ist ja bekannt, daß die eigentliche NS-Bewegung heutzutage hauptsächlich aus Arbeiterjungen besteht. Die intellektuelle Arbeit ist noch nicht so ausgeprägt.« (»Deutsches Allgemeines Sonntagsblatt« vom 14. Februar 1982, S. 6.)

Gerade die Gruppen um den ehemaligen Bundeswehrleutnant Michael Kühnen haben in den siebziger Jahren den rechtsextremen Jugendprotest belebt und mit ihrem offenen Neonazismus eine neue Qualität gegeben.

6. Die siebziger und achtziger Jahre: Verjüngung – Radikalisierung – Militanz

Die Diskussion um den knapp verpaßten Einzug der NPD in den deutschen Bundestag 1969 (4,3 Prozent), die gescheiterte Rebellion der Aktion Widerstand gegen die Ostpolitik der sozial-liberalen Koalition im Herbst 1970, die Mitte des Jahrzehnts einsetzende NS-Nostalgiewelle mit ihrem Höhepunkt, dem Hitlerfilm Joachim Fests auf Großleinwand mit Stereoeffekt – alle diese Ereignisse trugen mit dazu bei, innerhalb des organisierten Rechtsextremismus einige Strukturveränderungen einzuleiten, die sich durch folgende Stichworte kennzeichnen lassen:
Der das ganze rechtsextreme Lager erfassende Generationswechsel führt zu einer *Verjüngung* der Aktivisten und Sympathisanten. Dabei steigt die Zahl der von Jugendlichen dominierten Organisationen. Gleichzeitig führt dieser Prozeß zu einer Polarisierung der Alterskohorten zwischen und innerhalb einzelner Gruppen. Was oben als das Bündnis zwischen Großvätern und Enkeln beschrieben wurde, kann hier näher bezeichnet werden. Der durch die anhaltende Krise der NPD bedingte personelle Auszehrungsprozeß (1979: 17 300 erfaßte Rechtsextremisten) konnte aufgefangen werden. 1983 betrug der harte Kern der rechtsextrem Organisierten schon wieder 20 300, nicht mitgerechnet die Angehörigen militanter ausländerfeindlicher Subkulturen und die hohe Dunkelziffer jugendlicher Sympathisanten. Vergleicht man etwa den Anteil der über 65jährigen und der unter 25jährigen NPD-Bundestagskandidaten mit dem der anderen Parteien, so wird die Alterspolarisierung deutlich: SPD 1,7; FDP 3,1; CDU 3,5; CSU 4,1; Grüne 5,9 und NPD 28,8 Prozent (vgl. Dudek/Jaschke, 1984 a, S. 314 ff.).
Vom personellen Niedergang der NPD (1969: 28 000, 1983: 6 000) profitierte primär die vom Herausgeber der »Deutschen

National-Zeitung« (DNZ), Dr. Gerhard Frey, 1972 gegründete Deutsche Volksunion (DVU) und mit ihr ihre Aktionsgemeinschaften Ehrenbund Rudel, Aktion Deutsche Einheit, Volksbewegung für Generalamnestie, Initiative für Ausländerbegrenzung, Aktion deutsches Radio und Fernsehen (vgl. Dudek/Jaschke, 1981 b). Mit über 11 000 Mitgliedern (nach Angaben Dr. Freys 14 500) ist die DVU die größte rechtsextreme Vereinigung. Allerdings sind ihre Mitglieder stark überaltert und beschränken ihre Aktivität auf die Lektüre von »DNZ« und »Deutschem Anzeiger« (DA), gelegentliche Besuche von DVU-Kundgebungen, die meist zeitgeschichtlichen Themen gewidmet sind, und auf den Kauf von Büchern, Schallplatten, Medaillen u. ä. aus dem reichhaltigen Angebot der »DNZ«.

Radikalisierung bezeichnet eine Prozeßdynamik, die sowohl auf der politisch-programmatischen Ebene sich entfaltet als auch im politischen Handeln und der Kreierung aggressiv wirkender symbolischer Präsentationsformen. Politisch-organisatorisch differenziert sich in den siebziger Jahren ein vorwiegend von Jugendlichen getragener Neonazismus aus, der positiv die verschwommene Programmatik der NSDAP übernimmt und die terroristische Qualität der NS-Herrschaft wechselseitig rechtfertigt (Unterdrückung und Ausschaltung politischer Gegner) oder leugnet (Judenvernichtung). Radikalisierung meint aber auch verändertes politisches Verhalten. Mehrtägige Zeltlager abseits der Großstädte in freier Natur, die Kultivierung jugendbewegter Traditionen ist nicht der Stil neonazistischer Kadergruppen. Sie arbeiten teils konspirativ, teils folgen sie der Propaganda der Tat. Sie suchen bewußt die Konfrontation mit dem politischen Gegner und den Staatsorganen und setzten – zumindest in der Anfangsphase – auf die Medienwirkung provokativer Aktionen. Schwarze Kluft und Knobelbecher, hakenkreuzähnliche Symbolik, Hitler-Gedenkfeiern und öffentliche Bekenntnisse zum Nationalsozialismus haben neonazistische Kleingruppen innerhalb kürzester Zeit zum schlagzeilenträchtigen Thema gemacht. Zu kritisieren daran ist nicht die Tatsache der Berichterstattung, sondern sind die häufig sensationsjournalistisch aufbereiteten Unterhaltungsstories, die nachweisbar der Verbreitung neonazistischer Propaganda Vorschub geleistet und durch die Jugendlichen Zugang zu diesen Gruppen gefunden haben. Genau dies aber liegt in der Absicht, wie Michael Kühnen deutlich gemacht hat. Politische Strategie seiner Aktionsfront Nationaler Sozialisten (ANS) war in der Anfangsphase 1977/78 auf *den* Punkt abgestimmt:

> »Es muß der Öffentlichkeit bewußt werden, daß es Nationalsozialisten in Deutschland gibt. Das konnte man nur durch provokative Aufmärsche, durch das provokative Zeigen des Hakenkreuzes und ähnliche Aktionen. Diese Phase ist zwar nicht ganz abgeschlossen, das wird es immer wieder geben, aber sie ist nicht mehr der Schwerpunkt der Arbeit. Denn heute ist es allgemein bekannt, daß es uns gibt. Wir brauchen uns nicht mehr bekanntzumachen.« (»Deutsches Allgemeines Sonntagsblatt« vom 14. Februar 1982, S. 7.)

Vor allem der politische Aktionismus der neonazistischen Kadergruppen und der paramilitärische Kult der verschiedenen, lokal operierenden Wehrsportgruppen zeichnen für das dritte Charakteristikum, die *Militanz*, verantwortlich. Gerade unter den rechtsextremen Jugendorganisationen gab es nach 1945 schon immer einen militanten Flügel. Doch in den siebziger Jahren steigt die Zahl der Gesetzesverletzungen durch Rechtsextreme sprunghaft an und erreicht 1982 einen Höchststand (siehe dazu Tabelle 7).

An der gestiegenen Gewalttätigkeit der bundesdeutschen Rechtsextremisten sind Jugendliche maßgeblich beteiligt. So sind von den seit 1977 rechtskräftig verurteilten 1406 Personen des rechten Lagers 72 Prozent unter 30 Jahre und unter den für 1983 von den Strafverfolgungsbehörden wegen Straftaten mit rechtsextremem Hintergrund ermittelten 1211 mutmaßlichen Tätern war die Hälfte zwischen 14 und 20 Jahre alt. 34 Prozent gehörten der Altersgruppe der 20- bis 30jährigen an. Unter den 297 seit 1978 erfaßten militanten Rechtsextremisten, die in Gewaltdelikte verstrickt waren oder im Besitz von Waffen angetroffen wurden, betrug der Anteil der unter 30jährigen 67 Prozent (BMI, 1984).

Es gibt jedoch auch gegenläufige Tendenzen. So versucht der BHJ als Vertreter der alten Jugendarbeit Anschluß an bündische Kreise zu finden und entzieht sich sukzessive dem Einfluß rechtsextremer Erwachsenenorganisationen und Einzelpersonen. Auf der anderen Seite entstand 1981 mit der Konservativen Jugend Deutschlands eine neue politische Gruppierung, die im Fahrwasser der politischen Tendenzwende als »Sammlungsbewegung zwischen rechtem Unionflügel und neonazistischen Gruppen« (»Spiegel« vom 31. Oktober 1983, S. 92) sich etabliert hat. Es ist die Jugendorganisation der Konservativen Aktion, gegründet vom ehemals tschechischen Schachgroßmeister Ludek Pachman und dem verstorbenen Likörfabri-

Tabelle 7
Ausschreitungen mit rechtsextremem Hintergrund (1969–1983)

	Summe	Gewalt	Andro-hung	Anwen-dung	Brandst Sprengst	Personen	Sachen	Sonstige
1969	162	46[1]		20[2]				
1970	184	53[1]		26[2]				
1971	428	123	72[4]	51	3	14	25	9
1972	263	93	53[4]	40	2	11	24	3
1973	217[3]	46	25[4]	21	2	6	12	1
1974	136	49	27	22	2	1	19	–
1975	206	41	20	21	2	1	18	–
1976	319	35	19	16	1	3	12	–
1977	616	75	35	40				
1978	992	90	38	52	–	13	32	7
1979	1483	234[5]	117	117[5]	4	26	85[5]	2
1980	1643	236	123	113	21	17	61	4
1981	1824	281	197[6]	104[6]	19	26	43	
1982	2492[6]	305	241[7]	64	20	17	23	8
1983	2169[8]		202	67	2	25	39	1

Anmerkungen

1 Quelle: Bundesverfassungsschutzbericht 1971.
2 Quelle: Bundesverfassungsschutzbericht 1974.
3 Der Bundesverfassungsschutzbericht 1974 korrigiert den Wert von 218 auf 217.
4 Von 1971–1973 wurden die Gewaltandrohungen wie folgt aufgeschlüsselt:

	1971	1972	1973
Mord oder Entführung	44	28	8
Sprengstoff- oder Brandanschlag	24	10	6
Sonstige Gewaltaktionen	4	15	11

5 Der Bundesverfassungsschutzbericht 1980 gibt als Vergleichszahlen 65 Sachbeschädigungen und entprechend 97 Gewaltanwendungen an; wenn die neueren Daten korrekt sind, muß auch die Summe Gewalt korrigiert werden.
6 Korrigierte Zahlen, dem für das Berichtsjahr 1983 erstellten Verfassungsschutzbericht entnommen. Aufgrund nachträglicher Meldungen werden solche Korrekturen häufig vorgenommen, was die Erstellung brauchbarer Zeitreihen-Statistiken erschwert.
7 Korrigierte Zahl 251.
8 In diese Zählung sind Terrorakte nicht aufgenommen. Zahl der Terrorakte 1982: 17, 1983: 11

Legende

Gewalt	= Summe aus Gewaltanwendungen und -androhungen
Brandst/Sprengst	= Brandstiftungen bzw. -anschläge und Sprengstoffanschläge
Personen	= Gewalt gegen Personen
Sachen	= Sachbeschädigungen
Sonstige	= Sonstige Gewaltaktionen

Die letzten vier Unterkategorien ergeben die Summe der Gewaltanwendungen.
(Zusammengestellt nach Angaben der Bundesverfassungsschutzberichte; vgl. auch Dudek/Jaschke 1984b, S. 359 ff.)

kanten Ludwig Eckes, in deren Kuratorium auch der ZDF-Journalist Gerhard Löwenthal sitzt. Und das ist fast schon ein politisches Programm für jene Aktion, die damit wirbt, daß unter ihren (angeblich) rund 40 000 Mitgliedern, Förderern und Aktivisten immerhin 16 000 Jugendliche zwischen 16 und 25 Jahren seien. Was ihren ausgeprägten Antikommunismus, ihre ausländerfeindlichen Ressentiments und ihren Haß gegen alles, was ihnen links erscheint, betrifft, so unterscheidet sie ideologisch nur ihre ebenso bedingungslose Verteidigung der NATO und der Außenpolitik der Reagan-Administration von den Vorstellungen manch anderer rechtsextremer Jugendgruppen. Was die Konservative Jugend von ihnen unterscheidet, ist ihre Nähe zum rechten Flügel der Unionsparteien und ihr bürgerliches Image. Da stimmt sogar die Kleiderordnung, dunkler Anzug mit Fliege, wenn es die Situation erfordert. Und so durfte eine Abordnung der Pachman-Jugend Bundespräsident Carstens bei seinem USA-Besuch begleiten und dem amerikanischen Vizepräsidenten Bush eine Mappe mit Berichten über die proamerikanischen Kampagnen der Konservativen Aktion in der Bundesrepublik überreichen.

Auf spektakuläre Aktionen sind denn auch ihre Kampagnen angelegt, um als unbequeme Hilfstruppen der Unionsparteien diesen auf die rechten Sprünge zu helfen. Mal wird zur Gründung von »Bürgervereinigungen« aufgerufen, um sich gegen Rechtsbrecher selbst zur Wehr zu setzen, mal zum Protest gegen das »rote Sklavengas« (gemeint ist das Erdgas-Röhren-Geschäft, P. D.) oder zu Demonstrationen vor besetzten Häuser animiert. Ein anderes Mal machen sie Front gegen den »Skandal der Abtreibung in der Bundesrepublik« mit dem unmißverständlichen Hinweis, »die deutsche Bevölkerung stirbt aus – die Zahl der Ausländer in unserem Lande dagegen wächst ständig«. Während ihrer »Pro-USA-Kampagne« verteilten sie im Herbst 1983 weiße Rosen an amerikanische Soldaten. Und sie bringen unter kräftiger Mithilfe von Unionspolitikern das Deutschlandlied mit allen drei Strophen unters Volk. Mit Parolen wie »Uns stinken die Linken« und »Wir lieben unser deutsches Vaterland« riefen sie auf ihrem »Großen Freiheitskongreß« am 17./19. Juni 1983 in Berlin zum Kampf »für die Freiheit und unser deutsches Vaterland« auf. Denn das erscheint den jungen kalten Kriegern bedroht. Mit den für rechtsextreme Ideologien typischen verschwörungstheoretischen Untertönen werden auch von der Konservativen Aktion Feindbilder und Sündenböcke präsentiert: »Chaoten, Kommunisten und ›Friedensfreunde‹«:

> »Sie reden vom Frieden – aber werfen mit Steinen und sind gewalttätig. Sie reden vom Frieden – aber sie meinen Kommunismus. Meinen Moskau. Sie diffamieren die Bundeswehr. Sie diffamieren die NATO, die amerikanische Sicherheitsgarantie und die US-Soldaten in Deutschland. Auch Deutschland selbst diffamieren sie, ziehen unser Vaterland in den Schmutz. Sie erwecken den Eindruck, als wenn deutsche Geschichte nicht mehr sei als 12 dunkle Jahre NS-Barbarei. Die Sudelkampagne der vereinigten Linken in Deutschland hat System. Ausgeklügelt im Kreml. Übernommen von den roten Hilfstruppen im Westen. Bundeswehr, NATO, Verteidigung, Schutz durch die USA, deutsches Selbstbewußtsein, Stolz auf's Vaterland. Genau das soll zerstört werden. Und ausschließlich deswegen lümmelt sich dieses rote Pack seit Tagen auf den Straßen herum, provoziert den ›heißen Herbst‹.« (Faltblatt »Heißer Herbst 83« der Konservativen Aktion.)

Zur Randszene der exponiert politischen Jugendgruppen zählen auch einige kleinere Studentenorganisationen, die als Reaktion auf die Studentenbewegung und die Hegemonie der linken Subkultur an den Universitäten entstanden sind, ohne jemals an die Dynamik und den Aktionismus des BNS anknüpfen zu können. Dem 1977 gegründeten Ring Freiheitlicher Studenten (RFS), der u. a. Veranstaltungen mit Vertretern der Konservativen Aktion organisiert, gelang es im Dezember 1978, mit zwei Sitzen in das Kölner Studentenparlament einzuziehen, der Anfang der siebziger Jahre gegründete Hochschulring Tübinger Studenten (HTS) verlor durch seine Radikalisierung unter dem langjährigen Vorsitzenden Axel Heinzmann seine Wählerbasis unter den Korporationsstudenten. Seit 1976 arbeiteten seine Restkader verstärkt mit der Wehrsportgruppe Hoffmann zusammen. Nach einem Bericht des »Stern« (vom 1. März 1984) sollen sowohl der Täter des Bombenanschlages auf das Münchner Oktoberfest 1980, Gundolf Köhler, als auch der WSG-Aktivist Uwe Behrendt Anhänger des HST gewesen sein. Behrendt, der sich nach dem Verbot der WSG-Hoffmann mit 14 anderen in den Libanon absetzte und dort seit 1981 als spurlos verschwunden galt, soll Selbstmord begangen haben (»Frankfurter Allgemeine Zeitung« vom 12. Januar 1983).

Der im Dezember 1966 gegründete Nationaldemokratische Hochschulbund (NHB), der 1968 17 Ortsgruppen mit ca. 250

Mitgliedern zählte, führt heute nur noch ein Schattendasein und verzichtet fast vollständig auf Außenpräsentation, d. h. er verzichtet auf öffentliche politische Aktionen und beteiligte sich mit Ausnahme von München und Saarbrücken (1982) auch nicht an Hochschulwahlen. Schwerpunkt des noch ca. 50 Mitglieder zählenden Bundes bleibt die interne Schulung. Als ideologischer Faktor versucht er nicht nur programmatische Impulse für die NPD/JN zu geben, der er sich »in kritischer Solidarität« verbunden fühlt. Auf seiner 20. Bundesversammlung am 17. Dezember 1983 in Wuppertal definierte er auch künftige Adressaten und Ansprechpartner des NHB, nämlich jene »Kräfte in den Korporationen, die betontes, politisches Engagement im Sinne der Rechten erkennen lassen, so wird die Burschenschaftliche Gemeinschaft (BG) eigens erwähnt, und Kräfte, die sich quasi rechts neben den Anhängern der Unionsparteien formiert haben, ohne parteipolitisch festgelegt zu sein. Eine solche breitere Frontbildung war bisher an wechselseitigen Berührungsängsten gescheitert, weil der Begriff ›rechtsradikal‹ noch immer eine gewisse Schreckfunktion hat.« (»nps« vom 29. Dezember 1983.) Deutlich beeinflußt von den Diskussionen innerhalb der Neuen Rechten um eine Neubegründung des Nationalismus mit befreiungsnationalistischen Verweisstrukturen, versucht er die politische Programmatik auch der NPD aus dem NS-Traditionsbezug zu entflechten.

> Der NHB »hat erkannt, daß ein Antikommunismus ohne Alternative in die Sackgasse führt, und daß eine pathetische nationale Phraseologie uns zu Recht nur lächerlich machen würde. Die Seminare des NHB verfolgen deshalb das Ziel, den eigenen Weg von vulgär-ideologischem Gerümpel zu befreien und gleichzeitig deutlich zu machen, was der geläuterte moderne Nationalismus zu leisten imstande ist ... Gewisse Bewegungen der Vergangenheit, die sich einen nationalistischen Anstrich gaben, in Wirklichkeit aber chauvinistische, imperialistische und rassistische Politik betrieben, können uns nicht als geheime Vorbilder dienen.« (Sauermann, o. J., S. 78 ff.)

Seit 1983 erscheint in neuer Form der NHB-Report, der sich stärker als in der Vergangenheit auch tagespolitischen Fragen zuwendet.
Wir werden im folgenden Porträts jener rechtsextremen Gruppen vorstellen, die den Jugendprotest rechtsaußen in den letzten 10 bis 15 Jahren entscheidend geprägt haben. Unbeschadet der Differenzierung zwischen alter, jugendbewegte

Elemente integrierender und neuer, stärker politisch und aktionistisch orientierter Arbeit ist die Entwicklung des rechtsextremen Jugendprotestes durch Entflechtungsprozesse (BHJ) einerseits und enge personelle wie politische Beziehungen (WJ/NS-Gruppen) andererseits gekennzeichnet. Trotz gegenseitiger Abgrenzungsbeschlüsse gab und gibt es personelle Fluktuationen zwischen einzelnen Gruppen. Allen voran die neonazistischen Organisationen haben sich trotz formeller Verbote soweit konsolidiert, daß sie Jugendliche direkt rekrutieren können. Ihnen ist es innerhalb weniger Jahre gelungen, sich der finanziellen Unterstützung älterer überzeugter Nationalsozialisten zu versichern und ein enges Verbindungsnetz zu NS-Gruppen im westlichen Ausland zu knüpfen. Trotz der Verharmlosungsbemühungen der Sicherheitsbehörden des Bundes und mancher Länder hält der Aufwärtstrend des rechtsextremen Jugendprotestes an. Hans-Michael Fiedler, einer ihrer Aktivisten, sieht die Wurzeln der »Tendenzwende« im irrationalen Bereich.

>»Gemüt, Seele, Unterbewußtes begehrten auf. Zu lange hatte die Verabsolutierung der ›Ratio‹, der Verstandesleistung, gedauert – und mißachtet, daß Ratio nur *ein* Teil der menschlichen Natur ist, der Mensch nicht nur von der Intelligenz her verstanden und beurteilt werden kann. Sehnsucht nach MYTHOS, nach dem Geglaubten und Erlebten, nach sinnvoller Ganzheit in einer Zeit ständig weitergetriebener Atomisierung der ›Gesellschaft‹, die Frage nach dem Sinn des Lebens und den Ursprüngen menschlicher Gemeinschaft standen bald – wenn auch verschwommen und unklar – der jungen Generation voran.« (»MUT«, 6/1978.)

Diese Zuschreibung trifft auf die einzelnen Organisationen in unterschiedlicher Weise zu, und im Hinblick auf die Motive Jugendlicher, sich rechtsaußen zu engagieren, ist sie kaum erhellend. Dennoch enthält sie Fingerzeige auf die politische Entfremdung der »Konsumkinder« und darauf, welche Orientierungsleistungen rechtsextreme Jugendgruppen in je spezifischer Weise ihren Mitgliedern gegenüber erbringen. Die Reaktivierung erlebnispädagogischer Arrangements, die in dem Zitat implizit angesprochen wird, hat sich am stärksten in der Arbeit des BHJ durchgesetzt.

6.1 Der Bund Heimattreuer Jugend (BHJ) e. V.

»Schluß mit der deutschen Selbstbesudelung! Gewissenlose Elemente betreiben heute noch in raffinierter Weise einen ›geistigen Morgenthauplan‹, der uns als willenlose Herde eines Tages dem Bolschewismus ausliefern soll. Erteilt diesen Hetzern die richtige Antwort! Unterstützt uns in unserem Kampf! Für eine gerechte Beurteilung unserer Vergangenheit! Für den rechten Standpunkt der deutschen Jugend in der Gegenwart!«

Das Zitat stammt aus einem Flugblatt, in dem der BHJ Anfang der sechziger Jahre gegen den Kinofilm »Lebensborn« protestierte. Wortwahl und Diktion lassen an Eindeutigkeit nichts zu wünschen übrig. Es ist die typische Sprache der Rechtsradikalen, in der sich ihr moralischer Rigorismus und ihr verschwörungstheoretisches Denken ausdrücken. Der verbalradikal auffordernde Charakter entsprach dem damaligen Selbstverständnis der KNJ-Gruppen als »politische Kampfbünde«. Heute sind solche Töne beim BHJ verpönt. Auf Werbeprospekten liest man statt dessen:

»Liebe Freunde und ›Noch-nicht-Freunde‹! Ein neues Jahr – ein neuer Fahrtenplan – neue Erlebnisse: Was, Ihr wart noch nie dabei, wenn wir unterwegs sind? Dann müßt ihr diesen Plan genau ›durchschmökern‹! Hier findet ihr alle größeren Unternehmungen, die wir 1982 vorhaben. Darüber hinaus sind natürlich unsere Gruppen auf Wochenendfahrten, Seminaren und auf Treffen im Heim vielerorts zu finden. Auch darüber erfahrt ihr mit anhängender Postkarte mehr! Hier geht es erst einmal um die wichtigsten ›Meilensteine‹ des Jahres: In- und Auslandsfahrten, große Zeltlager, Lehrgänge ... Unsere Jugendarbeit wird getragen von dem Wunsch nach einer gesunden Umwelt, gutnachbarlicher Mit-Welt, unversehrter Heimat, nach fröhlichen Kindern, Familien – tiefster Wunsch bleibt das vereinte Deutschland. Kommt und seht selbst! Jeder zwischen 7 und 20 Jahren kann bei uns mitmachen – Auch unsere Jüngsten werden stets liebevoll betreut!« (Fahrtenplan des BHJ, 1982.)

Was ist einzuwenden gegen Gemeinschafts- und Naturerlebnisse, gegen Zeltlager und Wanderfahrten? Welche Eltern würden ihren Kindern die Mitarbeit in einem Bund verbieten, der damit wirbt, daß Alkohol und Nikotin auf seinen Lagern keinen Platz haben und daß auf ordentliches Auftreten Wert gelegt wird? Mit Tanzabenden, Singen, Sport, Fahrten und Wanderungen als seinem Programm spricht der BHJ auch gezielt Eltern an und verspricht Kindern eine »Gemeinschaft, in der man sich heimisch fühlt und in der man von der Lebensfreude aller mitgerissen wird« (Einladung zum Winterlager in Alpirsbach 1977/78). Mit dem Image einer »frohen Gemeinschaft« und eines Bundes, der unabhängig von Erwachsenenverbänden sich dem Ziel jugendlicher Selbsterziehung verpflichtet fühlt, gelang es dem BHJ in den siebziger Jahren, neue Mitglieder zu werben. Auch wenn seit etwa zwei Jahren der Aufwärtstrend stagniert, ist er mit ca. 400 Jugendlichen zwischen 7 und 25 Jahren der größte rechtsextreme Jugendbund in der Bundesrepublik. Als Vertreter der alten Jugendarbeit unterscheidet sich der BHJ von bündischen Gruppen und Pfadfindern durch den weltanschaulich-politischen Anspruch seiner Arbeit. Was er im einzelnen unter der Vermittlung »grundsätzlicher Inhalte und Werte« versteht, konnten die Journalisten Andreas Zumach und Karl Klaus Rabe 1978 auf dem sog. »Treffpunkt der Generationen« erleben.

> »Einige hundert Kinder und Jugendliche, teilsweise begleitet von ihren Eltern, hatten sich versammelt. Auf dem Programm standen Vorträge von ›alten Kämpfern‹ der rechtsextremen Szene. Vertreten waren u. a.: Flugkapitän Hans Baur, ›13 Jahre Chefpilot bei Hitler, bis zuletzt im Führerbunker‹, Wilfried von Oven, einst Adjutant von Goebbels, Mitarbeiter der ›National-Zeitung‹, Alfred E. Manke, Mitbegründer der ›Aktion Widerstand‹; Reinhard Pozorny, Mitarbeiter verschiedener rechtsextremer Zeitschriften, und Gerd Knabe vom rechtsextremen Kabarett ›Zeitberichter‹. Diese Herren erzählten Geschichten über die ›gute alte Zeit‹, wie es angeblich ›wirklich war‹. Umrahmt wurde das Ganze durch Lieder, Fahnenschwingen, Reifen- und Bändergymnastik.« (Rabe, 1980, S. 33.)

Initiator des Treffpunktes der Generationen war der damalige BHJ-Führer Gernot Mörig, unter dessen Führung der Bund seine Stil- und Imageänderung vollzog, die langjährige Zusammenarbeit mit der Wiking-Jugend aufkündigte und der dem BHJ eine politisch-programmatische Begründung seiner Jugendarbeit lieferte (vgl. Dudek/Jaschke, 1984 a, S. 451 ff.).

Entscheidender Auslöser für die »Reformperiode« unter G. Mörig war und ist nach dessen Abgang 1979/80 die Frage nach der Gewichtung von »bündischer und weltanschaulichpolitischer Tätigkeit«. Diese Frage schloß für die Anfang der siebziger Jahre neue BHJ-Generation die Kritik am paramilitärischen Stil der Wiking-Jugend ein. Nach Angaben Mörigs (Gespräch vom 7. Juni 1982) sei er nach einem gemeinsamen Lager 1973 geschockt gewesen von dem Auftreten der WJ-Mitglieder. Die in dieser Gruppe praktizierte »Erziehung zum Haß« (Mörig), ausgestattet mit der Mentalität eines »politischen Landsknechtshaufens«, hätte seinen Vorstellungen von heimattreuer Jugendarbeit widersprochen. Der Bruch mit der WJ wurde 1978 vom BHJ-Bundestag sogar formell beschlossen. Zu den Hintergründen der Differenzen zählte auch die unterschiedliche Zugehörigkeit beider Jugendgruppen zu rechtsextremen Erwachsenenverbände. Während der BHJ dem Arbeitskreis Volkstreuer Verbände (AVV) unter Alfred Manke mit seinem 1974 gegründeten Deutschen Arbeitszentrum (DAZ) in Bassum angehörte, schloß sich die Wiking-Jugend dem Freiheitlichen Rat (FR) an. Der 1972 entstandene Freiheitliche Rat vereinigt jene rechtsextremen Organisationen, die sich der Politik der »Deutschen National-Zeitung« und der Sammlungsbewegung ihres Herausgebers, der DVU, verpflichtet wissen.

Aus der Sicht der Insider kommentierten die »nationalpolitischen studien« (6/1976):

»Liegen so die Differenzen nicht zuletzt darin, daß BHJ- und WJ-Führung verschiedenen Gruppierungen der Nationalen Rechten zugehören, kommt hinzu, daß die von der WJ-Führung seit Jahren forcierte ›Nordland-Ideologie‹ bei fast allen Exponenten vor allem des jüngeren Nationalismus nur ›mit gemischten Gefühlen‹ aufgenommen wird. Die Differenzen, die zur Abhaltung getrennter Pfingstlager führten, wurden von einer heftigen Pressepolemik der WJ-Führung gegen den BHJ und seine Förderer begleitet. Ausgehend vom ›Nordland‹-Prinzip, das im Sinne europäischer Gemeinsamkeit interpretiert wird, hieß es in einem WJ-offiziösen Beitrag im DEUTSCHEN ANZEIGER u. a.: ›. . . wird sich wiederum die Tatsache beweisen, daß die Wiking-Jugend richtungweisend denkt und handelt. Sie distanziert sich damit auch von der kleinkariert bündisch-nationalen Denkweise des Bundes Heimattreuer Jugend, der sich in diesem Jahr von dem allgemeinen Treffen abgespalten hat und in der tiefsten Nordheide sein separatistisches Lager allein durchführt.‹ Der AVV und die Förderer des BHJ haben bei der Vorbereitung des Pfingstlagers die Polemik der WJ-Führer ignoriert. Es verlautet, die AVV-Zentrale wolle nach diesen Vorfällen den Trennungsstrich zur WJ-Führung konsequent und deutlich ziehen.«

Die Abgrenzung gegenüber der WJ stieß auch innerhalb des BHJ auf Widerstände. Wie aber versteht dieser Bund, der in den letzten Jahren schrittweise auf Distanz zu exponierten rechtsextremen Erwachsenenorganisationen ging, seine eigene Rolle? Welche Ziele verfolgt er in seiner Jugendarbeit? Was heißt »neuer Stil«? Erste Auskünfte können uns Texte von führenden BHJ-Jugendlichen geben. Friederike von Wangenheim definiert das Engagement des Bundes als »vorpolitisch« (»Nation Europa«, 9/1982). Der BHJ versuche

keine vorgefaßten Meinungen zu vermitteln, sondern durch eine breit angelegte Grundlagenarbeit »mündige und kompetente Persönlichkeiten zu erziehen«. Verantwortung für die Gemeinschaft, für die Um- und Mitwelt seien zentrale Ziele der Arbeit des Bundes, dessen Erfolg darauf beruhe, daß im BHJ Jugendliche von Jugendlichen geführt werden. Die Aneignung der Realität durch das Erlebnis charakterisiere die Arbeit im BHJ. »Wer in der Jugend auf Zeltlagern und Fahrten die Natur kennen- und liebengelernt hat, wird schwerlich als Erwachsener gedankenlos und beziehungslos diese Natur zerstören. Ein grundsätzliches Verhältnis ist geschaffen.«
Damit sind einige zentrale Begriffe angesprochen, die das pädagogische und politische Selbstverständnis des BHJ prägen. Sie münden in dem Zielwert der »Persönlichkeit in der Gemeinschaft« (G. Mörig). Was darunter zu verstehen ist, bleibt allerdings in den BHJ-Publikationen eher blaß formuliert. Zu einem ersten Zugang verhelfen uns die Grundsätze des Bundes (siehe Seite 117).
Um Begriffe wie Gemeinschaft, Volk, Kameradschaft, Vaterland, Idealismus ventilieren die politischen Grundüberzeugungen des BHJ. Wie sie einmal begründet und zum anderen in die praktische Arbeit umgesetzt werden, soll im folgenden erläutert werden.
Prinzipiell geht der BHJ davon aus, daß die politischen Grundüberzeugungen innerhalb des rechten Lagers zwischen den Generationen weitgehend konsensfähig sind. Einen programmatisch begründeten Generationenkonflikt kennt der BHJ wie andere rechtsextreme Jugendgruppen nicht. Was ihn von diesen allerdings unterscheidet, ist die Tatsache, daß er das Prinzip »Jugend führt Jugend« ernst nimmt und sich bei ihm – unter der Ära Mörig – die Überzeugung durchgesetzt hat, ein Bund bedürfe generationsbezogener Stile und Arbeitsweisen, um die Traditionen der politischen Stammkultur des rechten Lagers weiterzugeben. Entsprechend kritisierte Mörig die Situation des BHJ in der ersten Hälfte der siebziger Jahre:

> »Bei der damaligen Lagebeurteilung stellte sich eine Krankheit besonders gefährlich und gravierend heraus: Die für einen Jugendbund fast tödliche Diagnose, daß die jungen Menschen, wenn sie 14–16 Jahre alt werden und auf ernste Fragen auch Antworten haben wollten, diese eben von den meist schon überalterten Führern einfach nicht bekamen... Bedrückend ist, daß meist jene mit lauten Worten Kritik üben, die entweder früher als

UNSERE GRUNDSÄTZE

Wir bekennen	uns als junge Deutsche, die ihre Heimat lieben, verantwortungsbewußt zu unserem Volk und Vaterland.
Wir glauben	daß jedes Volk eine natürliche Lebenseinheit darstellt. So, wie wir an die Zukunft unseres Volkes glauben, achten wir die Ideale anderer Völker.
Wir sind bereit	an der Verwirklichung einer gesamteuropäischen Gemeinschaft mitzuarbeiten, deren Grundlage die völlige Gleichberechtigung aller ihrer Völker ist.
Wir sagen uns los	von einem Zeitgeist, der einseitig im materiellen Besitz und im Augenblickgenuß sein höchstes Ziel erblickt und dabei Opfermut und Idealismus als Dummheit verachtet.
Wir wissen	daß unser Weg Opfer und Entbehrungen fordert, unserem Leben aber Kraft und Aufgabe gibt.
Wir wollen	diesen Weg mit jedem gehen, der mit ehrlichem Willen den gleichen Zielen zustrebt.
Wir stehen	auf dem Boden der freiheitlich-demokratischen Grundordnung und wenden uns gegen jegliche Verletzung des Grundgesetzes.
Wir gehen	den Weg der Jugendbewegung im Einsatz für die Gemeinschaft unseres Volkes und als Vorbereitung auf die Aufgaben, die wir als Frauen und Männer werden zu bewältigen haben.
Wir leisten	unsere Jugendarbeit überkonfessionell und überparteilich. Unsere Arbeit gilt der Jugendpflege und der Bildung verantwortungsbewußter, dem Vaterland treuer Staatsbürger.

Wir achten die Vergangenheit!
Wir bewältigen die Gegenwart!
Wir kämpfen für die Zukunft!
(BHJ-Prospekt: Winterlager Rüdesheim 1976/77.)

Jugendführer mehr oder weniger versagt haben, oder aber als Eltern mit ihren Kindern absolut nicht zurechtkommen, uns aber am laufenden Band Vorschriften machen wollen.« (Mörig, 1977, S. 18.)

Für das rechte Lager waren dies ungewöhnlich kritische Töne. Denn hier wurde erstmals offen das Recht auf einen größeren Autonomiespielraum der alten Jugendarbeit eingeklagt. Sieht man sich auf der anderen Seite die Begründungen der »heimattreuen Jugendarbeit« an, so sind im ideologischen Bereich die Differenzen zur älteren Generation kaum vorhanden. In ihrer Begriffshierarchie steht das »Volk« als organische Einheit an oberster Stelle. Ihm nachgeordnet sind rassische Gemeinschaften, die Familie und das Individuum. Die Eingebundenheit der einzelnen in größere Einheiten ist und bleibt das Zentralthema des BHJ. Subjektive Emanzipation und die Durchsetzung von Interessen gesellschaftlicher Gruppen erscheinen in diesem Weltbild als Ausdruck egoistischen Verhaltens, das auf Kosten der Gemeinschaft gehe. Diese Form rechtsextremer Politisierung zeichnet sich aus durch einen *Entpersönlichungseffekt.* Durch Kollektivbegriffe wie Gemeinschaft, Nation etc. werden politische Probleme in biologistisch-organologische Begriffe und Sichtweisen umformuliert. Der rechtsextreme Primat der Politik erweist sich damit letztendlich als ein Primat der Biologie und Anthropologie.

Dem BHJ geht es politisch um die Veränderung des Verhältnisses von Individuum und »Gemeinschaft« und um einen Wandel des menschlichen Verhaltens. Begründet wird dessen Notwendigkeit mit pseudowissenschaftlichen Verweisen auf die Ergebnisse der modernen Verhaltensforschung, speziell aufgeführt werden die Arbeiten von Konrad Lorenz. Ausgangs- und Endpunkt in der BHJ-Ideologie bildet das Volk als sozialer Organismus. »Es kommt aus der Ewigkeit, und es geht in die Ewigkeit«, weiß mit religiöser Metaphorik G. Mörig zu berichten. Und als »bewußt-aktive Neubildungen in der kulturgeschichtlichen Entwicklung des Menschen« fungieren Völker als eigentlich handelnde Subjekte.

»Politische Willensbildung und Handlungsfähigkeit setzen biologische Einheitlichkeit, harmonisierte Gemütsverfassung, Einheitsbewußtsein, einheitliche Sprache, gemeinsames Kulturstreben und endlich auch geschichtliches Schicksal voraus.« (Mörig, 1976, S. 4.)

Von dieser Position aus kann das Fundament jeder bürgerlichen Demokratie, nämlich das politische Gleichheitspostulat, als widernatürlich zurückgewiesen werden. Entsprechend wird auch beim BHJ faktisch das Recht auf Ungleichheit gefordert, wobei die Betonung der Gleichwertigkeit der Völker das Stigma der »Andersartigkeit« nur notdürftig kaschiert.

> »Alles, was ein Volk hervorbringt, kann einzig und allein daran gemessen werden, was das Geschaffene eben für dieses Volk bedeutet. Sicher kann man heute wissenschaftlich feststellen, daß dieses oder jenes Volk einen höheren Intelligenzdurchschnitt aufweist, in keinem Fall kann aber daraus eine Wertigkeit geschlossen werden. Entscheidend ist erst, wie dieses Volk im Sinne der Arterhaltung seine Intelligenz einsetzt. Es kann mithin weder ein Herren- noch ein auserwähltes Volk geben. Aus dieser Erkenntnis sollte jeder folgerichtig denkende Mensch eine totale Rassenmischung grundsätzlich ablehnen. Denn nur, wer den unendlichen Reichtum eines Volkes sieht, wer die Vielgestaltigkeit der Natur achtet und sie mit ihrem ganzen Einfallsreichtum erhalten will, erkennt, daß eine bewußte und gesteuerte Rassenmischung hin zur sogenannten One-world-Gesellschaft gegen die Natur und somit als lebenswidrig abzulehnen ist.« (Mörig, 1976, S. 5.)

Hinter dieser scheinbar rationalen Argumentation, der den nazistischen Rassismus zur Ausdeutung von Feindgruppen zurückweist, verbirgt sich in zeitgemäßerer Rhetorik der affektive Kern rechtsextremer Einstellung: die Angst vor der Bedrohung durch »Fremdgruppen«. Suggeriert wird eine geplante Zerstörung des deutschen Volkes. Durch wen und wie bleibt im Nebulösen. Die Abgrenzung von anderen Völkern legitimiert ein Wir-Gefühl, die Zugehörigkeit des einzelnen zu einem größeren Ganzen durch Ausgrenzung von Fremdgruppen. Der emotionale Untergrund der Fremdenfeindlichkeit, die auch in der Politik des BHJ nicht fehlt, wird mit vorliegender Begründung wegrationalisiert.

Worum es dem BHJ vor allem geht, so Mörig, ist »Volkserhaltung als Ziel«.

> Denn Völker werden »immer miteinander um die eigenen Existenzfragen ringen müssen; ein natürlicher Prozeß, der bei den sog. Revierkämpfen immer nur den Stärksten und Fähigsten eine Überlebenschance bietet. Gesunde Völker mit möglichst starker Willensbildung werden somit den größtmöglichen Schutz für ihre Angehörigen bieten. Um sich selbst existieren zu können, *gilt es, dieses, mein Volk, in seinem Kampf zu unterstützen, gilt es, für die Erhaltung meines Volkes zu kämpfen!*« (Mörig, 1977, S. 21.)

Diesem Ziel, der Sicherung der »Substanz des deutschen Volkes in einem geeinten Reich« (Mörig), gelte die Arbeit des

BHJ. Von seinen Mitgliedern wird daher eine besondere Dienstauffassung bzw. innere Disziplin verlangt. Danach bedarf es nicht nur einer besonderen ideologischen Begründung der Ziele und Methoden der Jugendarbeit des Bundes, sondern auch spezifischer Ordnungsstrukturen. Für den Typus des Jugendführers werden »jene Kämpfernaturen (gefordert), die ihre Person und Kraft in den Dienst der Verwirklichung einer Aufgabe stellen . . . Es sind jene Kämpfer, die nicht in irgendwelchen künstlichen Untergliederungen, sei es geographischer oder sonstiger Art, denken und handeln, sondern jene, die klar erkennen, daß nur die Macht einer einheitlichen Idee in der Lage ist, aus einer kleinen Gruppe eine Bewegung werden zu lassen.« (Mörig, 1977, S. 20.) Alle BHJ-Mitglieder müssen ferner die hierarchischen Ordnungsstrukturen des Bundes anerkennen und sind an die Weisungen der übergeordneten Führer gebunden. Wird im Verhältnis des einzelnen zur Organisation der Primat der Gemeinschaft eingeklagt, so wird das Verhältnis der Mitglieder untereinander durch den Begriff »Kameradschaft« charakterisiert. Sie gilt dem BHJ als Grundlage jeder Gemeinschaft. Gleichzeitig weist der Begriff den Jugendlichen ihren Status innerhalb des Bundes zu. Wo persönliche Interessen und kritische Distanz zu den Angeboten der Jugendarbeit unerwünscht sind, wo Cliquenbildung nur den Gemeinschaftsmythos stört, dort schlägt die Berufung auf Kameradschaft um in die Disziplinierung der Mitglieder.

Die praktischen Gestaltungsmittel der Jugendarbeit des BHJ dienen in erster Linie der pädagogischen Umsetzung politischer Grundüberzeugungen in identitätsstiftende Erlebnisse. Bewußt werden Abenteuerlust, Naturromantik, Sehnsucht nach Geborgenheit und persönlicher Anerkennung für diesen Zweck instrumentalisiert. Erziehung durch das Erlebnis, Echtheit, Ursprünglichkeit, Sinnerfüllung verspricht der BHJ damit Jugendlichen, deren Situation in seiner Optik durch Vereinsamung, Wertezerfall, Orientierungslosigkeit, innere Leere, übertriebene Rationalität und Egoismus gekennzeichnet sei.

> »Nicht nur, daß wir gerne am Lagerfeuer sitzen und in die züngelnden Flammen schauen, oder daß wir gerne auf große Fahrt gehen. Auch von der rein wissenschaftlichen Seite aus gesehen ist es notwendig, daß junge Menschen nicht ausschließlich in der nüchternen und sachlichen Umwelt

aufwachsen, die uns heute zur Genüge umgibt. Wir wissen heute, daß das gelebte Erlebnis der Romantik für eine gesunde harmonische Entwicklung eines jungen Menschen von unschätzbarem Wert ist. Diese Erlebnisse müssen jedoch von einem besonderen Stil geprägt sein, denn unsere in Worten erklärte Weltanschauung müssen wir auch in der Form überzeugend vertreten.« (Mörig, 1977, S. 19 f.)

Charakterisiert ist dieser »Stil« in der praktischen Arbeit durch den Versuch, auf Lagern, Fahrten, an Heimabenden Situationen zu schaffen, die identitätsstiftende Erlebnisse zulassen und die beteiligten Jugendlichen vorwiegend emotional auf die politische Weltanschauung des Bundes einschwören. Mit seiner ethnopluralistischen Begründung des Nationalismus schlug der BHJ als eine der ersten Jugendgruppen die Brücke zu ökologischen Positionen und knüpft damit an einen, von der Neuen Rechten am konsequentesten verfolgten Diskussionsstrang an, nationale Identität und ökologisches Denken zu integrieren (vgl. Dudek, 1984 a).

Über die Wirkungen der erlebnispädagogischen Arrangements können am ehesten Selbstdarstellungen von jugendlichen BHJ-Mitgliedern Auskunft geben. Zwei dieser Zeugnisse seien zur Illustration kurz zitiert.

> »Ganz tief beeindruckt haben mich zwei Feiern, das eine war die Versprechensfeier vor dem Niederwalddenkmal, ich muß Dir später einmal erzählen, wie dort bei Fackelschein, Fahnenschwingen, Fanfarenruf und einer festlichen Ansprache Kameraden ihr verpflichtendes Versprechen abgelegt haben. Es war eisig kalt, aber ich war so gefangen von dem, was sich auf den Stufen zum Denkmal abspielte, daß ich kaum die 14 Grad minus spürte. Die andere Feier fand in der Neujahrsnacht statt, wo wir uns alle um ein großes Feuer versammelt hatten. Solche Worte, wie die der Fackelträger und des Feuerredners habe ich noch nie zuvor gehört. Es lag darin ein ungeheurer Ernst, aber auch ein großer Glaube und eine Lebensfreude. Da spürte ich, daß wir eine Aufgabe zu erfüllen haben und dieses auch schaffen werden. Du siehst aus meinen Sätzen, daß ich mich schon ganz dazugehörig fühle. Ja, was Gemeinschaft und Kameradschaft wirklich sind, habe ich dort zum ersten Mal so richtig bewußt erlebt, und das obwohl wir dort etwa 180 Jugendliche ganz unterschiedlichen Alters waren.« (Zit. nach »JPD«, Nr. 1/2 1977.)

Mit ähnlichem Duktus schildert ein anderes BHJ-Mädchen seine Eindrücke von einer Morgenfeier auf dem Hohenfels. Auch in seinen Zeilen verbinden sich Gemeinschaftsgefühle mit Naturerlebnissen, ist die Situation symbolisch aufgeladen, enthält etwas Feierliches, das erst durch die Rückversetzung in den Alltag entweiht wird.

»Hier oben begreife ich erst ganz den Sinn unserer Morgenfeier: Alles Kleinliche, Kummer und Sorgen vergessen, an irgend etwas Großes, an eines der vielfältigen Themen unserer Morgenfeier denken und dem Tag ein ›fröhliches Herz schenken‹. Nun geht die Sonne auf. Andächtig sehen wir durch den Ebereschenhochwald zu, wie sie langsam höher steigt. Der Hohenfels, der höchste Berg des Süntels, ist ein heidnisches Heiligtum. Ich glaube, jeder, der innerlich nicht krank ist, und hier oben einen Sonnenaufgang miterlebt hat, kann das voll verstehen. Ganz winzig und verloren steht einer am Rande des Abgrundes. Wie klein ist doch der Mensch. Wir bleiben noch eine Weile, bis wir in immer noch feierlicher Stimmung hinabsteigen. Wie eine Entweihung kommen uns die Betonstufen, Parkbänke, Papierkörbe und Hinweisschilder für die Touristen vor.« (Zit. nach Mörig, 1981, S. 144.)

Dem Image einer idealistischen Gemeinschaft, die selbstlos in der Tradition der Jugendbewegung für Deutschland kämpft, trägt der Bund auch mit einer eigenen Schallplatte Rechnung. Zu Text und Melodie von Gerd Knabe werden »leuchtende Felder, rauschende Wälder« besungen, aber auch:

»Unsere Stunde, die wird kommen.
Liegt auch die Nacht noch über dem Land
und hält die Zukunft verborgen;
einmal da wird das Dunkel gebannt,
einmal da grüßt uns der Morgen.
Unsre Stunde, die wird kommen
und Deutschland ersteht wieder neu.
Heimat, wir haben deinen Ruf vernommen.
Heimat, wir bleiben dir treu.
Hockt auch so mancher am Wegesrand,
der da verlumpt und verdorben.
Laßt sie vergammeln in Schimpf und Schand.
Wir sind vom Schicksal geworben.
Unsere Stunde . . .
Reichen zum Schwur wir uns die Hand,
daß wir nicht hadern noch wanken.
Einig im Stolz auf das Vaterland
gelten ihm alle Gedanken.«

Organisatorisch untergliedert sich der BHJ in einzelne Leitstellen (Süd, West, Nord), eine Art Landesverbände, deren Führer mit beratender Stimme Mitglied in der Bundesführung sind. Geleitet wird die Organisation durch den 1. und 2. Bundesführer. Nachdem sich G. Mörig im Februar 1980 aus der aktiven Jugendarbeit zurückgezogen hat, wurde auf dem BHJ-Bundestag Ende September des gleichen Jahres Uwe Jäschke zum Nachfolger gewählt. Mörig wurde Vorsitzender des Ehrenrates. Nach internen Auseinandersetzungen, bei denen

Jäschke vorgeworfen wurde, er vernachlässige die politische Erziehung, trat dieser im September 1981 von seinem Amt zurück. Ein Jahr später wurde dann auf dem Bundestag in Frammersbach Heinz-Gert Höffkes, bislang Führer der Leitstelle Nord, zum neuen BHJ-Führer gewählt. Noch unter seiner Verantwortung wurde die seit 1978 erscheinende Vierteljahreszeitschrift »Der Trommler« umbenannt in »Na Klar!« Die in modernem Layout gehaltene und graphisch professionell gemachte Zeitung heißt im Untertitel »Jugendzeitschrift für Umwelt, Mitwelt, Heimat« und konzentriert sich neben den traditionellen Themen zur »nationalen Identität«, zur Ökologiefrage (»Waldsterben«, Nr. 22/23/1983, »Vollwertkost gegen Zivilisationskrankheiten«, Nr.24/1983) auf Fahrtenberichte einzelner BHJ-Gruppen. Die reich bebilderte Zeitschrift dosiert politische Beiträge sehr spärlich; eher indirekt werden einschlägige Themen angesprochen. Insgesamt vermittelt »Na Klar!« den Eindruck einer fortschreitenden *Entpolitisierung* des BHJ, die unter Berücksichtigung des politischen Umfeldes des Bundes zu neuen Spannungen geführt hat. Manche Ausgaben von »Na Klar!« lassen sich thematisch kaum von Alternativzeitschriften unterscheiden, wären nicht eindeutige Symbole abgebildet und Begriffe verwendet: die Odalsrune, Leitstellen, Führer, Geländespiele etc. Zwischen unpolitischen Fahrtenberichten von Bergsteigererlebnissen, Radtouren in die DDR und Polen, Abenteuern in Ungarn liest man dann eher beiläufig:

> »Ein klarer Wintermorgen sieht 20 Kameraden unserer Leitstelle am Grabe von Hans-Ulrich Rudel. Wir gedenken unseres großen Vorbildes in Pflichtbewußtsein, Tapferkeit und Durchhaltewillen, legen einen Kranz nieder und singen für ihn das Deutschlandlied!« (»Na Klar!«, Nr. 25 vom 31. März 1984.)

Gleichzeitig fungiert die Zeitschrift als Medium, neue Jugendliche zu gewinnen. Mit ihrer Aktion »Ran an die Schüler« versucht sie, Kinder und Jugendliche für die Arbeit des Bundes zu interessieren.

> »Dank Ihrer Unterstützung und des Einsatzes der jungen Kameraden ist eine sehr erfolgreiche Aktion ins Rollen gekommen. Nun bieten wir Ihnen die Gelegenheit, selbst *aktiv* bei ›Ran an die Schüler‹ mitzumachen: Entdecken Sie Jugendliche, denen ein NA-KLAR-Abo geschenkt werden kann. Sie leisten damit einen wesentlichen Beitrag! Auch im ›Orwellschen Jahr‹ heißt es weiter, Jugendlichen Auge und Ohr zu öffnen!« (Ebenda.)

W interlager

Wie beginnt traditionell unser Bundeswinterlager?: Die Jüngeren toben durch die Jugendherberge, um sich die Räume zu erobern, die älteren Kameraden klönen über die wichtigsten Ereignisse der letzten 7 Monate — immerhin hat man sich teilweise seit dem "Pfingsttreffen nationaler Jugend" nicht mehr gesehen.

Damals, zu Pfingsten, hatte Michael Will kommissarisch die Leitung des Bundes übernommen, nun zu Beginn des Bundeswinterlagers steht er zum ersten Mal als gewählter 1. Bundesführer zusammen mit Heike Kern als neugewählter Bundesführerin der Mädchen vor einer Lagermannschaft, die sich aus allen drei Leitstellen des Bundes , Österreich und Berlin zusammensetzt. Dieses Lager stellt für die neue — drei Monate alte — Bundesführung ihre erste große Bewährungsprobe dar; und Michael Wills einleitenden Worte kennzeichnen deutlich diesen Neuanfang.

Vor allem findet nahezu die Hälfte des gesamten Lagerprogramms in der Natur, den schönen Fichtenwäldern um Burbach herum (die allerdings auch bereits durch den "sauren Regen" stark bedroht sind, wie die Neigungsgruppe "Waldsterben" leider sehr anschaulich direkt hinter der Jugendherberge feststellen kann!) statt. Gleich am zweiten Lagertag "fegt" die gesamte Lagermannschaft ein etwa 1 Hektar großes Waldstück, wobei jede Gruppe ihr eigenes Feuer zur Beseitigung unterhält und sich bemüht, auch ja das größte brennen zu haben. Im Frühjahr kann nun die Forstverwaltung mit der Neubepflanzung des Waldstücks beginnen.

Während die Älteren in den Arbeitsgemeinschaften Schülerzeitungen erarbeiten oder mit mehreren Spinnrädern Wollfäden herzustellen versuchen, in einer pelle Tänze für die Jahwechselfeier üben oder über die Weltanschauun unterhalten, die unsere beherrschen, Volleyball s len, Fotos schießen gleich entwickeln, der pfen der 'Klampfe' erlern oder . . . lernen Jüngeren jene Städte Mitteldeutschland kenn die entlang der Grenze gen, die unser Land viele Teile reißt und de Namen symbolisch an je einzelnen Zimmertür in serer Herberge stehen.

Aber auch Wanderun stehen auf dem Program Teils mit Fackeln und La nen, teils mit vollem Gepä mit Kompaß, Karte und schließender Übernachti an einem eiskalten, aber helmnisvoll tiefen und stallklaren See für die ä ren Jungen. Obgleich ein in dieser Nacht kein A zumachen ("dabei hat Verkäuferin gesagt, Schlafsack sei wasserdicht kehren sie am nächsten M gen erfüllt und fröhlich Herberge zurück. Zwei St den später hören einige v ihnen in der Neigungsgrup 99"Verhaltensforschung vom "Wärmetod des (fühls", jener lähmenc Krankheit, von der so vi unserer Altersgenossen reits befallen ist. (Würden auch nur eine solche Nac in der Natur miterleben, bewirkt mehr als jemals k und Psychologenbesuche bewirken vermögen!)

In anderen Gruppen w den Morsegeräte gebast und Knotenbretter angele die Praktiken der Umerz

Aus: »Na Klar!«, Zeitschrift des Bundes Haimattreuer Jugend (BHJ), Nr. 25 vom 31. März 1984.

ng nach dem verlorenen eg beleuchtet, sowie Aufen und Sinn der Bundeshr mehr oder weniger k diskutiert, Orientieagsläufe durchgeführt und kstänze erlernt. Alle Prommpunkte aber, der gete Ablauf des Lagers d gekennzeichnet durch vorragende Kameradaft und große Harmonie, selbst den zahlreichen en Kameraden und meradinnen das sichere ühl vermittelm, Teil einer ßen, aber deshalb nicht onymen Gemeinschaft zu !

So vergehen die Tage zu schnell und nachdem letzten Stundes des Jahl 1983 mit Volkstanz, Sketn und Spielen in jugendlir Ausgelassenheit verlebt rden sind, steht dieselbe nschaft, in der noch ei Stunde zuvor kein ernstes sicht zu erblicken war, weigsam in einem großen eis um den Feuerstoß, ein ch mit seinem Licht und nen lodernden Flammen n neuen Jahr die Macht d den Lebenswillen dieser gen Gemeinschaft in den menklaren Himmel kün soll. Nicht einer spricht Wort, als die Feier durch Trompetenspiel eingeleiund mit einem Sprech-

spiel der Zeiten "Gestern", "Heute" und "Morgen" mit dem nihilistischen Menschen unserer "Gesellschaft" fortgeführt wird. Auch als Michael in seiner Rede Rückschau auf das vergehende und Ausschau auf das kommende Jahr mit seinen Möglichkeiten und Aufgaben für uns hält, steigt noch die Spannung in jedem von uns und sie beginnt erst der Fröhlichkeit und Ausgelassenheit zu weichen, nachdem genau um Mitternacht das Deutschlandlied gesungen ist, und die Flammen mit aller Kraft aus dem Holzstoß hervorschießen. Nun erst bildet sich aus dem Kreis eine Traube, in der jeder das beste für das neue Jahr wünscht, und es ist kennzeichnend für dieses Lager, daß diese Traube zusammenbleibt, singt erzählt oder in die Flammen schaut. Erst als der Stoß so weit in sich zusammengesackt ist, daß das Feuerspringen gewagt werden kann, lockert sich die Mannschaft etwas voneinander. Aber erst als nach über einer Stunde die Flammen der Glut nicht mehr entkommen können, machen sich alle auf den Rückweg zur Jugendherberge.

Doch dort geht es nun munter weiter, und als die letzten ihr Bett aufsuchen, ist das Jahr bereits acht Stunden alt. Den nicht ausbleibenden 'Kater' aufgrund mangelnden Schlafes wird mit einer gemeinsamen Turnstunde (oder auch "Aerobic"

genannt) im Freien begegnet, der sich bei den Jungen eine ordentliche Keilerei anschließt. Aber auch Ernstes bringt dieser Tag: ein Film über den Freiheitskampf der Südtiroler stimmt alle mehr als nachdenklich ...

Die Stimmung auf dem "Bunten Abend" ist denn auch nicht mehr ganz so ausgelassen — zu offensichtlich droht er jedem das Ende dieser schönen Tage an. Aber dennoch: als Michael am nächsten Morgen noch einmal das Wesentliche, den Kern dieser erlebnisreichen Tage — das Zustandekommen einer wirklichen Gemeinschaft aus einer großen Anzahl einzelner Mädchen und Jungen in dieser kurzen Zeit in seiner Abschlußrede beim Namen nennt, überwiegt doch Hoffnung auf ein kommendes Wiedersehen über die Wehmut nach Vergangenem.

Als die Fahne eingeholt ist, die sechs Tage über der Herberge geweht hatte, fallen von einigen die Worte, die bleiben werden: "Dies war das schönste Winterlager, was ich je mitgemacht habe!"

Henning

Im Unterschied zu dieser graphisch wie inhaltlich bemerkenswerten Zeitschrift sind die Schülerzeitungen »Lisbeth« und »Der Schecker« (Auflage: 5000) eher amateurhaft und wenig ansprechend aufgemacht. In beiden Blättern dominieren neben den Inseraten lokaler Geschäfte Anzeigen des dem BHJ nahestehenden Arndt-Verlages. Sowohl in »Lisbeth. Freiheitliche Schülerzeitung für Kiel und Umgebung« als auch in »Der Schecker. Jugendmagazin« (Wesel) werden vorwiegend Bücher aus dem Arndt-Verlag rezensiert oder auszugsweise nachgedruckt. Nationale Frage, Ausländer und Ökologie sind häufig wiederkehrende Themenschwerpunkte beider Zeitungen. Verantwortlich für beide zeichnet ein Schüler aus Wesel. Verteilt werden sie kostenlos vor den ortsansässigen Schulen, was z. B. in Wesel zu publizistischen und politischen Gegenreaktionen empörter Schüler geführt hat.

Zu den Angeboten des ebenfalls in Kiel ansässigen Arndt-Verlages zählt neben Gernot Mörigs »Deutschlands junge Zukunft« auch das Buch des ehemaligen NPD-Funktionärs Günter Deckert »Ausländerstopp – Handbuch gegen Überfremdung«. Und für Baldur Springmanns »Partner Erde« konnte der Arndt-Verlag sogar im »Spiegel« werben.

Pfingsten 1983 wurde als Nachfolger Höffkes der Kieler Student Michael Will zum neuen Bundesführer gewählt. Will ist Autor des ebenfall im Arndt-Verlag erschienenen Buches »Ich wollte auswandern«. Hintergrund der häufigen Führungswechsel der letzten Jahre dürfte auch der neu aufgebrochene Konflikt zwischen der »bündischen« und der »politischen« Fraktion sein. Darauf deutet auch die Abspaltung einer BHJ-Gruppe im Gebiet der Leitstelle West 1983/84 hin, die sich als Gemeinschaft Volkstreuer Jugend (GVJ) neu konstituiert hat.

> »Die GVJ und ihre Sympathisierenden argumentieren dahingehend, der BHJ sei im Begriffe, ›sich zu entpolitisieren‹, er sei quasi ›nicht mehr national genug‹. Der BHJ und seine Sympathisierenden argumentieren, sachliche Unterschiede seien nicht erkennbar, sondern nur solche, die Äußerlichkeiten des Auftretens und der Diktion betreffen.« (»nps« vom 29. Dezember 1983.)

Eher personenbezogen interpretiert der schleswig-holsteinische Verfassungsschutzbericht, der die Zahl der BHJ-Mitglieder mit rd. 100 wesentlich zu niedrig ansetzt, die Spaltung. Danach sei die GVJ-Gruppe mit der »Kieler Führung« unzu-

frieden gewesen, »weil sie in dem Mitinhaber des eng mit dem BHJ verflochtenen Arndt-Verlages Kiel und Sprecher des ›Freundeskreises des BHJ‹ und ehemaligen Bundesführer Gernot MÖRIG die beherrschende Figur des BHJ sieht« (Verfassungsschutz Schleswig-Holstein, 1984, S. 22).
Schon im April 1983 trat die bisherige Sprecherin des »Freundeskreises des BHJ« resigniert aus der Organisation aus. In einem Rundbrief an die »Freunde der heimattreuen Jugendarbeit« schrieb sie:

> »Es fiel mir seit einiger Zeit zunehmend schwerer, Ihre sich anhäufenden, kritischen Fragen zur Grundhaltung und Lebensweise des BHJ e. V. so zu beantworten, daß meine Arbeit sowohl meiner eigenen Überzeugung als auch den Wünschen der maßgeblichen Personen im BHJ e. V. entsprach. Außerdem mußte ich seit einiger Zeit feststellen, daß aus meiner Sicht in in dem von mir zu verantwortenden Bereich im BHJ e. V. eine offene und geradlinige Arbeit ohne Winkelzüge und Taktiereien nicht mehr möglich war.« (Zit. nach Verfassungsschutzbericht Baden-Württemberg, 1984, S. 114 f.)

Hinter diesen verschlüsselten Worten verbirgt sich nicht nur eine Kritik an den internen Querelen nach dem Abgang Gernot Mörigs; sie dokumentieren auch die tiefgreifende Zerstrittenheit über die Gewichtung von politischer Ausrichtung und »bündischer« Arbeit beim BHJ.
Gegenüber der Öffentlichkeit versucht der Bund seit Jahren, dem stigmatisierenden Etikett »rechtsextrem« offensiv durch gerichtliche Schritte zu begegnen. Eine entsprechende Verfügung hat allerdings das Verwaltungsgericht in Schleswig mit Beschluß vom 10. November 1982 als unbegründet zurückgewiesen und betont, der Innenminister sei zur Charakterisierung des BHJ als rechtsextremistisch nicht nur berechtigt, sondern auch verpflichtet. Auch die nachfolgende Beschwerde des BHJ gegen diese Verfügung entschied das Oberverwaltungsgericht in Lüneburg abschlägig.

6.2 Die Wiking-Jugend (WJ) – Durchlauferhitzer für neonazistische Karrieren

Was den BHJ heute mit der Wiking-Jugend eint, ist das gemeinsame Bundeszeichen: die Odals-Rune. Ansonsten gibt es ideologisch und praktisch kaum noch Gemeinsamkeiten zwischen beiden Gruppen. Die WJ ist die älteste rechtsextreme

Jugendorganisation und zugleich eine Art »Familienunternehmen«. Ihre Stammgruppe reicht in das Jahr 1950 in die »Reichsjugend« der SRP zurück. Deren Jugendreferent Walter Matthaei (vgl. Kap. 4) war der erste Bundesführer. Kurz nach dem Parteiverbot fusionierte er seine Gruppe im Dezember 1952 mit der »Deutschen Unitarier Jugend« und dem »Vaterländischen Jugendbund« zur Wiking-Jugend. In einem Brief an den Heidelberger Werkschriften Verlag vom 22. März 1954 (AdJb) gibt Matthaei als Gründungsdatum den 1. Mai 1950 an. Unter seinen Nachfolgern, dem ehemaligen SRP-Funktionär Raoul Nahrath und seinem Sohn Wolfgang, wird die Gründung auf den 2. Dezember 1952 datiert. Ideologisch zehrt die WJ weitgehend von den aus den fünfziger Jahren stammenden Deutungsmustern, die heute teils unverändert, teils mit neuen Inhalten tradiert werden.

Geht man von den öffentlichen Erklärungen der WJ selbst aus, so handelt es sich um eine »volkstreue Jugendbewegung«, die auf dem Boden des Grundgesetzes steht. In einer programmatischen Schrift aus dem Jahre 1954 (Wiking-Jugend: Idee und Gestalt), die wohl nicht zufällig Assoziationen zu dem Buch des Reichsjugendführers Baldur von Schirach (Die Hitler-Jugend: Idee und Gestalt) hervorrufen soll, definiert die WJ sich als »nationalbündische Jugendbewegung«:

> »Die WIKING-JUGEND ist eine Gemeinschaft jugendbewegter Menschen, die in einer Zeit politischer Bedrohung von außen und des geistig-seelischen Verfalls von innen nach verbliebenen und neuen Werten sucht. Sie will die Anteilnahme der jungen Generation am politischen Geschehen wecken und verleiht ihrer Grundhaltung in einem ›Politischen Bekenntnis‹ eindeutigen Ausdruck. Als unabhängige Jugendbewegung befleißigt sie sich hierbei parteipolitischer Neutralität und religiöser Toleranz. Die WIKING-JUGEND erblickt ihre eine wesentliche Aufgabe darin, die junge Generation am gemeinsamen Wohl und Schicksal der Nation zu interessieren. Die andere, nicht minder wesentliche, ist die erzieherische Aufgabe. Die WIKING-JUGEND möchte mit dem Elternhaus und der Schule an der Erziehung und Bildung des Jugendlichen teilhaben.« (Zit. nach Dudek/Jaschke, 1984 b, S. 240.)

Das hier angesprochene politische Bekenntnis ist das Bekenntnis zu einer rassistisch ausgelegten Europaideologie, die in den Freiwilligen der Waffen-SS ihr historisches Vorbild sieht und in dem von der WJ kultivierten Begriff »Nordland« ihren Ausdruck findet. »NORDLAND: das ist der geschlossene Lebensraum der Völker germanischer Herkunft in Nord-

Die Wiking-Jugend

die beständigste und prägnante nationale Jugendbewegung Westdeutschlands ruft

volksbewußte junge Deutsche,

Mädel und Jungen zur Mitarbeit auf! Unter dem Zeichen der Odalrune ringen junge Deutsche um geschichtliche Wahrheit, mit revolutionierendem Geist, der jungen Menschen zu eigen ist.

Kameradschaft, Tapferkeit und Treue ist Voraussetzung für den, der in unseren Reihen stehen will.

WIR KÄMPFEN gegen den verkrampften, stupiden Modernismus der heutigen Pseudokultur und deren Vertreter, die mit ihren pervers-krausen Gedanken die Seele unseres Volkes - die Familie - zerstören wollen!

WIR SUCHEN das Verbindende zwischen den Völkern, das nur auf dem Verständnis für die völkische Eigenart eines jeden Volkes beruhen kann. Dieses Verständnis kann nur aufbringen, wer sich der völkischen Eigenart seines Volkes bewußt ist.

WIR SIND SCHÄRFSTE GEGNER der Korruption, die das Vertrauen zu unseren Beamten erschüttert und unser republikanisches Staatsgefüge in einen schlechten Ruf bringt!

WIR FORDERN STRENGSTE BESTRAFUNG derjenigen, die in Presse, Film und Rundfunk "LÜGEN, TRÜGEN, AFTERREDEN oder BÖSEN LEUMUND machen!"

STELL' DICH IN UNSERE REIHEN - EIN PLATZ IST LEER - DER DEINE!

Zuschriften an:

Werbeblatt der Wiking-Jugend, 1961.

und Mitteleuropa ... NORDLAND: es wird seit Jahren gelebt in echter kameradschaftlicher Verbundenheit in der volkstreuen Jugend unserer germanischen Völker.« (»Wikinger«, 1/1978.) Dieser germanophile Rassismus hat zwei Konsequenzen: Auf der praktischen Ebene arbeitet die WJ eng mit ausländischen rassistischen Jugendgruppen zusammen. Zum anderen verbietet dieser Ansatz jegliche Distanzierung vom Dritten Reich und ist offen für die Kooperation mit neonazistischen Gruppen. Die Wiking-Jugend ist eine Durchlauferhitzerorganisation für neonazistische Karrieren geworden und zwar sowohl ideologisch wie personell (s. u.).
Enge Zusammenarbeit pflegt die WJ mit folgenden ausländischen Gruppen
- Viking-Jeugd (Niederlande)
- Wiking-Jeunesse (Frankreich)
- Juventud Vikinga (Spanien)
- Viking-Youth, British Movement-Thule (England)
- Viking-Jeunesse (Schweiz)
- Viking-Ungdom (Norwegen)

Als sich am Silvesterabend 1983 in der Rhöngemeinde Fulda etwa 110 Mitglieder zu ihrer traditionellen Kundgebung an der DDR-Grenze einfanden, da feierten sie nicht nur ihr 30jähriges Bestehen, sondern vermutlich auch den 50. Jahrestag der Machtergreifung. Denn aus einem macht(e) die WJ kein Hehl: Die Jugendsituation im Dritten Reich dient ihr als Vorbild. Ihr mit 55 Jahren inzwischen gealterter Bundesführer Wolfgang Nahrath, der demnächst wohl durch seinen Sohn abgelöst werden dürfte, schrieb schon 1964 der NS-Formationserziehung eine positive Leitfunktion für die »volkstreue nordländische Jugendbewegung« zu.

> »Im großen und ganzen wuchs eine saubere und anständige Jugend heran, deren Lebensinhalt der Glaube an das Reich und an die Ewigkeitswerte war ... Die Erziehung im Elternhaus übernahmen die Mütter, denn die Väter standen im Felde. Für die schulischen Belange wurde der bereits pensionierte Lehrer eingesetzt, und in der Jugendbewegung wurden die nicht voll ausgebildeten und größtenteils noch unerfahrenen und jüngeren Führerkräfte eingesetzt. Die Kriegslasten wurden immer härter und die Selbständigkeit der Jugend wurde durch das Verantwortungtragen weit über das zuträgliche Maß hin ausgedehnt ... Diese Kriegsjugend lebte in einem Pflichtenkreis, von dem sich die heutigen Gleichaltrigen keinen auch nur annähernden Begriff machen können! Härte und Genügsamkeit, spartanische Einfachheit und eine Einsatzbereitschaft, wie sie von keiner

Jugend der Welt je geleistet wurde, zeichnet gerade diese besonders aus.« (Nahrath, 1964, S. 7 f.)

Mit dem positiven Bezug auf die nationalsozialistische Jugendpolitik sind politisch wie »pädagogisch« zentrale Zielwerte eingeführt: Erziehung zur Härte, Übernahme des alten nazistischen Rassismus, Identifikation mit dem Dritten Reich. Als Konsequenz daraus ergibt sich eine in den letzten Jahren verstärkt zu beobachtende verbale und praktische Radikalisierung von WJ-Mitgliedern. Für sie bedeutete das Jahr 1945 die Umwertung aller »Ewigkeitswerte«, die verstärkt durch die Umerziehung alle ihre positiv besetzten Vorstellungen entwertet habe: Ehre, Treue, Kameradschaft, Soldatentum, Pflichterfüllung, Eid. In einer Welt von Feinden fühlen sie sich als »Notgemeinschaft«, eine elitäre allerdings, soll doch aus ihren Reihen, aus den »Pimpfen und Jungmädeln«, wie sie sich nennen, das rassereine Nordland neu erstehen. Man mag über so krude politische Religion verwundert den Kopf schütteln, der WJ und ihren Führern ist es Ernst. Die Zielsituation der Gruppe ist die Bewährung im Kriege. Die Nationalsozialisten nannten das den »sozialen Einsatz für die Volksgemeinschaft«. Für die volkstreue Wiking-Jugend gilt:

> »Ihr Ideal ist der tapfere Soldat, der seine Heimat in einem unerbittlichen Ringen 6 Jahre lang verteidigt hat. Ihr Ideal ist die anständige deutsche Frau, die sich in den Jahren der Hungerkur nach 1945 nicht an die Siegermächte für Schokolade und Zigaretten verkaufte. Ihr Ideal sind die Dichter, Denker, Musiker, Maler, Bildhauer und Wissenschaftler, die dem deutschen Ansehen Weltgeltung verschafften ... So steht die volkstreue Jugend seit über 15 Jahren in einer unerbittlichen Auseinandersetzung mit den Mächten, die das Ziel haben, die Kraft unseres Volkes endgültig zu zersetzen.« (Nahrath, 1964, S. 13 f.)

In der praktischen Jugendarbeit setzt die WJ ihre Herrenrassen-Ideologie in Lagern, auf Fahrten, Heimabenden und durch ihre Zeitschriften (»Wikinger« vierteljährlich und als Vorfeldorgan die Schülerzeitung »Gäck«) um. Politische Indoktrination und paramilitärische Ausbildung prägen die Lagererziehung der Wiking-Jugend. Auf dem Programm der Ausbildungslager für WJ-Führer und -Führerinnen steht u. a.: fahrtentechnische Ausbildung, Deutsche Geschichte, Namenskunde, Runenkunde, Brauchtumspflege, Musik, Sport und Gepäckmärsche. Was die jugendlichen »Führer(innen)« in solchen Lagern lernen, faßt die Mitgliederzeitschrift »Wikinger« so zusammen: »Eine gute Kameradschaft und eine

Festigung für den alltäglichen Kampf gegen linke Lehrer und zersetzende Umwelt. Mit dem Willen, sich auch weiterhin für ein freies und vereintes Deutschland einzusetzen, fuhren alle wieder heim in die verschiedenen Gaue.« (1/1978)
Im Unterschied zum BHJ veranstaltet die WJ regelmäßig im Rahmen ihrer Lagererziehung Wehrkämpfe. Sie umfassen Schießübungen, Hindernisläufe, 25 Kilometer Gepäckmärsche und Keulenzielwürfe. Der im Untergrund lebende und zur Zeit polizeilich gesuchte Rechtsterrorist Odfried Hepp bekam in solchen Lagern der Wiking-Jugend seine paramilitärische Grundausbildung (vgl. »Wikinger«, 3/1978). Unverkennbar trägt das Ausbildungsprogramm die Züge der Lagererziehung der HJ. Bis in die Sprache hinein dokumentiert sich in den Selbstdarstellungen der WJ ihr rechtsextrem-militaristisches Ressentiment. Unter der Überschrift »Versäumnisse der Schule wettgemacht« veröffentlichte der »Deutsche Anzeiger«, die Zeitschrift des DVU folgenden Eigenbericht (vom 9. März 1979):

> »Trotz 15 Grad unter Null konnte der Lagerleiter Klaus eine stattliche Anzahl Wikinger aus dem Großraum der Lüneburger Heide und den Nachbarhorsten zum 1. Gauwochenendlager begrüßen. Nach dem Abendessen hielt der Lagerleiter einen Dia-Vortrag über verschiedene Lager des vergangenen Fahrtenjahres. Im Anschluß daran fand ein Nachtmarsch statt, getrennt nach Altersgruppen. Die Jungen, ab 13 Jahre aufwärts, mit Gepäck und die Pimpfe ohne. Nach zwei Stunden durch die kalte Vollmondnacht kehrten die Gruppen ›gezeichnet‹ von der eisigen Kälte und dem scharfen Ostwind ins Lager zurück . . . Der große Tagesraum wurde wegen der hohen Minusgrade auf dem Heuboden zur Nachtlagerstätte umgewandelt und schon bald kehrte die Nachtruhe ein. Nur die Nachtwachen machten ihre Runden und heizten gleichzeitig den großen Kachelofen im Tagesraum, damit es die schlafenden Kameraden warm hatten.
> Wie ein Schock ging der Pfiff des FvD durch die ›müden Knochen‹, als er am anderen Morgen weckte und alles zum Frühsport heraustreten mußte. Unangenehm, aber trotzdem erfrischend. Nach dem ausgiebigen Frühstück mit frischer Milch vom Nachbarhof fand wie in jedem Lager die Deutschlandkunde statt. Schließlich muß man von Deutschland in unseren Lagern das dazulernen, was in den Schulen unterbleibt. Die Pimpfe befaßten sich mit der Karte des deutschen Reiches und prägten sich die nach dem 1. und 2. Weltkrieg abgetrennten Reichsteile ein. Die größeren Kameraden erhielten eine Skizze mit den Umrissen des Reiches und hatten den Auftrag, die Provinzen und die jeweiligen Hauptstädte einzutragen und die völkerrechtswidrig abgetrennten Reichsgebiete genau zu beschreiben.
> Nach der Deutschlandkunde ging es zum großen Geländespiel, und für die

Fanfarenspieler und Trommler begannen die Übungsstunden . . .
Der restliche Lagertag wurde mit Unterrichten über Runen und ihre
Bedeutung sowie Aufbau-Gliederung des Bundes und des Gaues fortgeführt . . . Mit dem Schlußappell und dem Einholen der Lagerfahne wurde
das erste Gauwochenendlager beendet, und die Kameraden fuhren in ihre
Standorte zurück.«

Wie der Journalist Dirk Gerhard aus eigener Anschauung zu berichten weiß, sind die Selbstdarstellungen der WJ, die sie seit Jahren im »Deutschen Anzeiger« der DVU plazierte, verharmlosend. Er nahm – als Sympathisant getarnt – mit einem Kollegen 1976 am Pfingstlager der WJ in Anschau/Eifel teil: Gerhard schreibt:

»Wir sahen uns im Lager um und fanden unseren ersten Eindruck bestätigt: Wir sahen Kinder, die in Betonröhren oder Bodenmulden hockten und sich gegenseitig mit Stöcken bewarfen, die Handgranaten darstellten, die versuchten, den ›gegnerischen‹ Graben zu stürmen. Und eine Sechsjährige bekundete auf die Frage, was sie spiele, freimütig: ›Wir üben für den Krieg.‹ Wir erlebten, wie eine Gruppe kleinerer Mädchen, die angefangen hatte, ein Liedchen zu trällern, von ihrer Mädelführerin angeherrscht wurde: ›Wer hat euch befohlen zu singen? Lied aus!‹ Und eingeschüchtert schwiegen die Kleinen. Wir erlebten, daß Kinder geschlagen und getreten wurden, wenn sie nicht auf der Stelle parierten. Wir erlebten ständigen Drill und militärischen Zwang schon für die Kleinsten.
. . . So ist es dann nicht verwunderlich, wenn die ›Pimpfe‹ unter Stacheldraht robbten, sich wie Einzelkämpfer an Seilen von einem Baum zum anderen hangelten und auch beim örtlichen Schützenverein Schießen übten, und zwar Jungen wie Mädchen . . .
Aus Nürnberg/Erlangen war auch der einschlägig bekannte Karl-Heinz Hoffmann mit einigen Gefolgsleuten aus seiner ›Wehrsportgruppe‹ angereist. Diese Gruppe marschierte in Kampfanzügen oder manchmal auch in schwarzen, SS-ähnlichen Uniformen mit Totenkopfemblemen durch das Lager und auch durch das Dorf. Die jugendlichen Wikinger sahen ehrfürchtig zu ihnen auf und tuschelten hinter vorgehaltener Hand ihre Bewunderung. Hoffmann selbst stolzierte wie ein Pfau umher und ließ seinen nachgemachten Tirpitzbart stramm beben. Etwa gegen 20.30 Uhr wurde ein Lagerfeuer entzündet, an dem vor allem die jüngeren Teilnehmer sich versammelten. Am Lagerfeuer fielen dann mit fortschreitender Zeit die Hemmungen, die tagsüber uns gegenüber noch da waren. Man hakte sich unter, sang das Lied vom Fallschirmspringer auf Kreta, der noch im Tode an seine Liebste in der Heimat dachte – die dazugehörige Melodie war das ›Lied vom kleinen Trompeter‹. Im Zusammenhang mit diesem Lied bekannten sich die jungen Wikinger zu ihrem Führer Adolf Hitler, der ihnen jetzt im Himmel zuschaute, sie schworen sich gegenseitig Treue und wollten für die Ziele des Führers kämpfen und sterben. Je weiter der Abend fortschritt, desto deutlicher wurde, worum es dieser sauberen Jugend ging; bald tönte es: ›Laßt die Fahrtenmesser blitzen und die Sozischweine flitzen‹, oder ›Blut muß fließen knüppeldick/wir schei-

ßen auf die Freiheit der Sowjetpolitik.‹ Einige variierten: ›Wir scheißen auf die Freiheit in der Bundesrepublik.‹« (D. Gerhard in: Peters, 1979, S. 92 ff.)

Als wichtigster Werbeträger für diese Art rechtsextremer Jugendarbeit erwies sich in den letzten Jahren die der WJ nahestehende Schülerzeitung »Gäck«. Das seit 1978 in Köln unregelmäßig erscheinende Blatt wird in über 20 Städten mit einer Auflage von über 10 000 Exemplaren gezielt an Schüler verteilt. Von den anderen rechtsextremen Schülerzeitungen – etwa der »JN« – unterscheidet sich »Gäck« erheblich. Bewußt wird auf eine ernsthafte politische Argumentation zugunsten satirischer Stilmittel verzichtet. Die Ästhetisierung faschistischer Politik präsentiert das Blatt seinen Lesern in »zeitgemäßen«, d. h. dem Medienverständnis Jugendlicher vertrauter Formen. Menschenverachtender Zynismus, offener Rassismus und schlichter Nonsens sind die wichtigsten Stilmittel des Magazins »mit der gewissen Toleranz«. Zahlreiche Karikaturen und Comics werden unter Verwendung werberhetorischer Stilmittel (»Ich lese Gäck, weil, Gäck ist so romantisch. – Die 14. von allen – «) in der Zeitung eingesetzt, um die traditionellen Stereotype rechtsextremer Ideologie entweder in ironisch verfremdeter Form oder in suggestiv eindeutig aufgeladenen Bildern ihren Lesern nahezubringen (vgl. Dudek/Jaschke, 1981 a, S. 84 ff.). »Linke Lehrer« und Ausländer zählen zu den bevorzugten Feindbildern der »Gäck«-Redakteure, die schon einmal »Kein Herz für Kanaken« fordern oder aufrufen »zum Angriff gegen neue Bastionen der humorlosen Linken, ob sie nun Gesamtschule oder Gymnasium heißen – niemand kann der GÄCK widerstehen: Denn GÄCK ist der Spaß, die Kraft und die Herrlichkeit in alle Ewigkeit. Amen.« (2/1982) Was unter faschistischem »Humor« zu verstehen ist, dafür bietet das Blatt etwa auf der regelmäßigen »Seite für den Fremdarbeiter« ein für den Habitus der Wiking-Jugend typisches Beispiel:

> »Auf vielfachen Wunsch unserer Integrationsfans bringen wir auch heute wieder die beliebte ›Seite für den Fremdarbeiter‹. Sie soll uns nachdenklich stimmen über die traurige Situation unserer ›neudeutschen‹ Mitbürger; soll Denkanstöße geben für ein schöneres, innigeres Miteinander! Integration darf keine Phrase bleiben! Lest Genossen!!!!
> DIE TOP TEN – DIE TOP TEN
> 1) Griechisches Schwein (Üdü Würgyns)
>   . . .

Titelbild der Schülerzeitung »Gäck«, die der Wiking-Jugend nahesteht, Heft 2/1982.

4) Über 7 Perserbrücken mußt du gehn (Seven Ajathollas)
5) Land of Gold (Die Rafferbande)
6) Ich steig aus und nehm jetzt Zwiebeln! (Kü Mel Türk)
7) Ihr Kinderlein kommet (Istanbuler Nachtigallen)
   ...« (2/3/1981)

Auf der gleichen Seite abgebildet ist eine die Faust erhebende Micky-Maus-Figur; in der ihr zugeordneten Sprechblase steht der Ruf: »Ausländer raus!«
Mit ihrem Verbalradikalismus und ihrem aggressiven Stil, der durch die Mittel der Satire und Verfremdung nicht kaschiert, sondern verstärkt wird, verfolgt »Gäck« mehrere Ziele: die Propagierung eines offenen Rassismus, die Verherrlichung des Nationalsozialismus und die Anwerbung neuer Jugendlicher für die Wiking-Jugend.
Dem Radikalismus des Wortes entspricht in Teilen der WJ die unverkennbare Tendenz zu offenem Neonazismus und Gewaltorientierung. So erinnert nicht nur die Parole des WJ-Bundesfahrtenplans 1983 »Ein Wort, ein Reich, ein Glaube: Deutschland« an die entsprechende NS-Parole. Auch personell sind die Grenzen zu den neonazistischen Kadergruppen durchlässig, und zunehmend bedienen sich Mitglieder der WJ deren Aktionsformen. 1983 wurden mehrere Fälle bekannt, in denen WJ-Mitglieder Probesprengungen mit selbstgefertigten Bomben durchführten und Schießübungen veranstalteten. Bei den anschließenden Hausdurchsuchungen wurden von der Polizei regelmäßig weitere Waffen- und NS-Propagandamaterialien gefunden. Offensichtlich ging die WJ in den letzten zwei Jahren dazu über, den Keulenzielwurf bei ihren Geländeübungen durch die Verwendung von scharfen Waffen und den Einsatz selbsthergestellter Rohrbomben zu ersetzen. Von symbolischer Bedeutung ist auch die Tatsache, daß sie im Oktober 1983 eine Veranstaltung auf dem »Reichshof« des zu 13 Jahren Freiheitsstrafe verurteilten Rechtsterroristen Manfred Roeder abhielten.

»Neonazistische Neigungen der WJ kamen 1983 auch auf andere Weise zum Ausdruck. Als z. B. die Volkshochschule Köln am 10. Oktober im Rahmen eines Kurses über den NS-Film den Film ›Triumph des Willens‹ von Leni Riefenstahl über den Reichsparteitag 1934 vorführte, der mit dem ›Horst-Wessel-Lied‹ endet, sang eine Gruppe von WJ-Mitgliedern, die einheitlich mit schwarzem Hemd bekleidet war, den Text begeistert mit. Danach kam es in demselben Kurs am 12. und 19. Dezember zu tumultartigen Konfrontationen der WJ mit politischen Gegnern, so daß die Veranstaltung abgebrochen werden mußte. Auf die Sprechchöre ›Neonazis raus!‹ antworteten anwesende WJ-Mitglieder und -Anhänger mit der NS-Parole ›Rotfront verrecke!‹« (»Innere Sicherheit« vom 27. Februar 1984, S. 10 f.)

Es paßt in das Bild der Wiking-Jugend, daß sie rechtskräftig verurteilte neonazistische Straftäter noch immer als »unseren Kameraden« bezeichnet (»Wikinger«, 1/1983). Die ungebrochene Zuneigung gilt dabei im besonderen den beiden ehemaligen WJ-Führern Uwe Rohwer und Manfred Börm. Beide wurden 1979 im sogenannten »Bückeburg-Prozeß« gegen die ANS vom Oberlandesgericht Celle wegen Beteiligung an einer terroristischen bzw. kriminellen Vereinigung zu 9 bzw. 7 Jahren Freiheitsstrafe verurteilt. Neben vier weiteren Angeklagten der neonazistischen ANS wurden dem schleswig-holsteinischen WJ-Gauführer Rohwer und seinem Stellvertreter Börm u. a. schwerer gemeinschaftlicher Raub, gefährliche Körperverletzung, räuberische Erpressung, Verstöße gegen das Waffengesetz und andere Delikte vorgeworfen.

Durch die »Schule« der etwa 350 Mitglieder starken Wiking-Jugend gingen u. a. auch die Mitglieder der Libanon-Gruppe der WSG-Hoffmann Odfried Hepp, Kay-Uwe Bergmann (Jg. 1959) und Steffen Joachim Dupper (Jg. 1958). Sie setzten sich nach dem Verbot der Hoffmann-Gruppe (Januar 1980) im Frühsommer 1981 in den Libanon ab. Von dort kam Bergmann nie mehr zurück. Dort wurde er nach mehrmaligem Übertreten des »Rauchverbotes« von den eigenen Leuten vermutlich ermordet. Mit von der Partie im Militärcamp der »Al Fatah« südlich von Beirut waren Arnd-Heinz Marx (vgl. Kap. 8) und der WJ-Aktivist Odfried Hepp, für dessen Ergreifung zur Zeit 50 000 DM Belohnung ausgesetzt sind. Hepp wird beschuldigt, nach seiner Rückkehr in die Bundesrepublik zusammen mit anderen rechten Terroristen an mehreren Banküberfällen und Sprengstoffanschlägen auf Angehörige amerikanischer Truppen beteiligt gewesen zu sein (vgl. Kap. 7).

An seiner politischen Biographie läßt sich die »Durchlauferhitzerfunktion« von Gruppen wie der WJ anschaulich belegen. Dabei spielt es keine Rolle, daß sich die WJ-Führung in den meisten Fällen von straffällig gewordenen Mitgliedern – so auch im Fall Hepp – distanziert. Angesichts der kommunikativ dichten Beziehungen und personellen Überschneidungen von

lokalen Gruppen und Einzelmitgliedern der WJ und regional operierenden Wehrsportgruppen sind diese Distanzierungen als taktisches Manöver gegenüber möglichen Folgekonsequenzen (Verbot) zu werten.
Der am 18. April 1958 als eines von fünf Kindern geborene Odfried Hepp absolvierte sein Abitur am Gymnasium von Achern. Nach seinem Wehrdienst schrieb er sich im WS 1977/78 an der Universität Karlsruhe als Student am FB Bauingenieurwesen ein. Mit Eintritt in die Adoleszenzphase entwickelte Hepp eine ausgesprochene Vorliebe für NS-Devotionalien und begeisterte sich für die Person Adolf Hitlers. Er verfaßte Gedichte mit NS-verherrlichenden Inhalten und vervielfältigte im August 1977 seine Schrift »Werwolf«. Schon Mitte der siebziger Jahre schloß er sich mit Freunden den Jungen Nationaldemokraten an und bildete eine eigene Gruppe, mit der er in seiner Wohnung Schulungsabende veranstaltete. Nach einem kurzen Abstecher beim BHJ schließt Hepp sich am 7. September 1977 der Wiking-Jugend an. Am 1. März 1977 wurde der WJ-Horst »Ortenau« gegründet, zu dessen Führer Hepp am 17. März 1979 ernannt wurde. Schon drei Monate später wird er Gauführer des Gaues Schwaben, d. h. übersetzt: des Bereiches Baden-Württemberg. Allein im Raum Karlsruhe-Achern hatte die WJ 1979 etwa 50 Mitglieder.
Schon seit 1978 bildete Hepp unter dem Deckmantel der Mitgliedschaft in der WJ mit anderen Mitgliedern dieser Organisation eine Wehrsportgruppe nach dem Vorbild der WSG Hoffmann. Der sich als »Wehrsportgruppe Schlageter« bezeichnende »Trupp Ortenau« hatte Stützpunkte in Achern, Appenweiler, Renchen, Offenburg und Karlsruhe. Die meisten der Mitglieder waren zugleich in der Wiking-Jugend organisiert. Die Intention der Gruppe: Anschluß an die WSG-Hoffmann und an die ANS Michael Kühnens zu finden. Mitglieder der Gruppe wurden verpflichtet, »Hitlers Gedankengut, das als N. S. in uns weiterlebt, ewige Treue zu leisten. Den N. S. mit allen mir zur Verfügung stehenden Mitteln im Kampf gegen das Weltjudentum zu unterstützen . . .« Die Aktivitäten der Gruppe um Hepp u. a. mit denen der WJ überschneiden sich in diesem Zeitraum. Aufschlußreich für die nach außen hin nur notdürftig kaschierten nationalsozialistischen Zielsetzungen der WJ sind in diesem Zusammenhang

auch die internen Sprachregelungen: So wurden von Hepp Briefe mit dem Kürzel »88« (i. e. »Heil Hitler«; H als 8. Buchstabe im Alphabet) unterzeichnet. Ein anderes Mal war einer Einladung der WJ-Bundesführung vom 19. März 1979 zum Arbeits-Osterlager in Monschau/Eifel eine »Einladung zum 21. Ostermond (April) im J. d. F. 90« beigefügt. In einem Brief von Hepp an das WJ-Mitglied Liberto G. Riedel vom 19. März 1978 heißt es unmißverständlich: »Wir müssen zu einer unverbrüchlichen Gemeinschaft zusammenwachsen, wie unsere Väter von der Waffen-SS, dann werden wir den Sieg erringen. – Der Kampf um Deutschland geht weiter – Bis bald! Heil! Euer Kamerad Odfried.«

Die in der Wiking-Jugend praktizierte »Erziehung zum Haß« (Gernot Mörig) fördert unzweifelhaft Radikalisierungstendenzen innerhalb des rechtsextrem gesinnten jugendlichen Protestpotentials. Odfried Hepp ist dafür nur *ein* Beispiel. Zwar ist die Wiking-Jugend in ihrem Selbstverständnis als »nationalbündische Jugendbewegung« eine Vertreterin der alten Jugendarbeit. Ihre ideologische Nähe zum NS-Netzwerk und die personellen Überlappungen zwischen WJ und neonazistischen Kadergruppen legen aber den Schluß nahe, daß die von dem 55jährigen Wolfgang Nahrath geführte Gruppe zum harten Kern des militanten Flügels des rechtsextremen Protestpotentials zu zählen ist.

Damit steht die Frage nach einem Verbot der Wiking-Jugend zur Diskussion, zumal die WJ auch Kinder ab 7 Jahren anwirbt. Zum Jahreswechsel 1983/84 wurde anläßlich des traditionellen WJ-Winterlagers in der Nähe von Fulda die Verbotsfrage wieder öffentlich diskutiert. Während ein örtliches »Aktionskomitee gegen das Treffen der Wiking-Jugend« vom zuständigen Landrat ein Verbot forderte, verwies dieser die Kompetenz dazu an den hessischen Innenminister. Von dort aus kam der Verweis auf die Zuständigkeit des Bundesinnenministers, da es sich bei der WJ um eine bundesweit organisierte Gruppe handele. Dieses Hickhack um Zuständigkeiten hat Tradition. Organisationsverbote helfen in der Regel wenig. Doch gerade bei der Wiking-Jugend wäre ein solches Verbot mit Blick auf die dort organisierten Kinder zumindest überdenkenswert.

6.3 Die Jungen Nationaldemokraten (JN)

> »Es gibt natürlich eine gewisse Anzahl von Ewiggestrigen, die also noch nicht begriffen haben, daß wir Nationaldemokraten eine neue Kampfgemeinschaft darstellen, die das Alte vergißt und die Zukunft bewältigt und nicht in der Vergangenheit rumforscht. Wir sagen, wer die Vergangenheit bewältigt, vergewaltigt die Zukunft. Wir wollen also die Zukunft bewältigen.« (Rüdiger, JN-Mitglied 17 J., zit. nach Rabe, 1980, S. 56.)

»Ein Herz für Deutschland«, »Ihr sorgt Euch um besetzte Häuser . . . uns bewegt unser besetztes Land!«, »Jugend für Deutschland«, »Lieber ungezogen als umerzogen« – mit diesen und ähnlichen Parolen werben die Jungen Nationaldemokraten Jugendliche. Schüler und Lehrlinge sind die beiden entscheidenden Zielgruppen der Jugendorganisation. Zukunftsorientiert, aufgeschlossen, kameradschaftlich und auf dem Boden des Grundgesetzes stehend, so das Image, das die JN sich zugelegt hat, verstehen sie sich als Vorkämpfer einer neuen Politik: »Eine Gemeinschaft junger Menschen, geeint im politischen Kampf für Gerechtigkeit, Freiheit, nationale Solidarität. Eine Gemeinschaft, in der jeder dem anderen nach dem Grundsatz ›Einer für alle, alle für einen!‹ zur Seite steht. Wir entwickeln heute die politischen Konzepte, die morgen verwirklicht werden.« »Massenbewegung sind wir keine, denn wir brauchen nur die guten Leute. Vielleicht gehörst Du auch dazu. Schreib uns mal.« (Flugblatt der JN, o. J., vermutl. 1983.) Innerhalb der seit Jahren vom politischen Niedergang gekennzeichneten NPD hat sich die JN inzwischen zu einem wichtigen Bestandteil und zur treibenden Kraft programmatischer Erneuerungen etabliert. Der Dank von Martin Mußgnug, seit 1971 Bundesvorsitzender der NPD, an die JN auf dem 17. Bundesparteitag am 1./2. Oktober 1983 in Fallingbostel ist aus der Sicht der Parteiführung verständlich:

> »An dieser Stelle begrüße ich alle jugendlichen Neumitglieder der NPD und der Jungen Nationaldemokraten und besonders alle, die im vergangenen Jahr zu uns gekommen sind und heute erstmalig an einem Parteitag der Nationaldemokraten teilnehmen. Es ist erfreulich, daß diese Jugend in zunehmendem Maße das Gesicht unserer Parteitage bestimmt. Euch, meine jungen Kameradinnen und Kameraden rufe ich zu: Euch muß es vor allem gelingen, in Eurer Generation die geistige Realität Deutschlands wiederherzustellen. Gelingt Euch dies, dann ist die Wiederherstellung des ganzen, freien und souveränen Deutschlands nur noch eine Frage der Zeit. Wir Nationaldemokraten brauchen Euch in unserer Gemeinschaft, denn es ist vor allem Euer Deutschland von morgen, für das wir Nationaldemo-

kraten heute gemeinsam kämpfen! Wir brauchen Euch und wir fordern Euren Einsatz und Eure Begeisterung und Eure Pflichterfüllung: Vorwärts für Deutschland, Junge Nationaldemokraten!« (Mußgnug, 1983, S. 11.)

Solches Lob für die heute die 15- bis 25jährigen erfassende NPD-Jugendorganisation seitens der Parteiführung war nicht immer selbstverständlich. Denn als der Bundesvorstand im November 1965 beschloß, bei den Kreisverbänden Jugendgruppen ins Leben zu rufen, geschah dies auf Druck von unten und gegen massive Bedenken in der Parteispitze. Aber erst im Dezember 1967 kam es zur Gründungskonferenz, die die Phase des organisatorischen Aufbaus einleitete. Nachdem die NPD auf ihrem Parteitag 1971 in Holzminden die JN in ihrer Parteisatzung als Jugendorganisation aufnahm, konnte 1972 erstmals ein JN-Bundesvorstand gewählt werden. Dennoch blieb das Mißtrauen der Parteiführung gegenüber einer Radikalisierung der Partei durch enttäuschte jüngere Mitglieder. Die persönliche Erklärung Adolf von Thaddens für seinen Rücktritt als Parteivorsitzender 1971 (Dudek/Jaschke, 1984 b, S. 149 ff.) ist hier ebenso als Beleg zu nennen wie die spätere Warnung des ehemaligen stellvertretenden Bundesvorsitzenden Dr. Buck: »Es kann jedoch nicht Aufgabe der JN sein, den zahlreichen Utopien, auf die sich ein großer Teil der politisierenden Jugend abonniert fühlt, weitere hinzuzufügen und sich dem unreflektierten Drang nach Systemveränderung anzuschließen.« (»NHB-Report«, 10. Ausgabe, München o. J., S. 9.)

Erst die personelle und programmatische Krise der NPD in den siebziger Jahren eröffnete der JN die Möglichkeit, sich aus der ihr zugedachten Rolle, als Instrument der Parteiführung jüngere Mitglieder und Wähler zu rekrutieren, ein Stück weit zu befreien. Zwar haben auch heute autonome Profilierungsversuche gegen die Parteiführung keine Chance, dennoch ist das Gewicht der JN innerhalb der NPD gestiegen und ihre Positionen haben Eingang gefunden in die neuere NPD-Programmatik. Unter Führung des damaligen JN-Bundesvorsitzenden Alfons Hueber und seines Stellvertreters Winfried Krauß verabschiedete die JN auf ihrem 2. Bundeskongreß am 19. November 1972 ein neues Statut, das ihre Stellung innerhalb der Partei festigte. So konnten sie nun ihre Vorsitzenden auf den einzelnen Ebenen selbst wählen. Das Eintrittsalter wurde auf 15 Jahre gesenkt. Erwünscht war Jugendlichkeit nach dem Slogan »Jugend muß von Jugend geführt werden«. Aber gegenüber den Vertretern der alten Jugendarbeit grenzte man sich deutlich ab. »Die JN versteht sich in erster Linie als politische Jugendorganisation europäischer Nationalisten. So arbeiten die Jungen Nationaldemokraten beispielsweise nicht nach dem Muster der ›Deutschen Jugend des Ostens (DJO)‹, die es in den über 20 Jahren ihres Bestehens wegen fast ausschließlicher Konzentration auf Sportwettkämpfe, musischen Wettstreit und Volkstanz – so unterhaltsam und werbend diese Betätigungssparten auch sein mögen – versäumt hat, ihr eigentliches Verbandsziel, die Einheit Deutschlands, ins Bewußtsein einer politisch arbeitenden jungen Minderheit zu bringen und es fest zu verankern. Und es versagte gewiß nicht nur die DJO!« (Kallina, 1973, S. 31 f.)

Zahlenmäßig weist sich die gestiegene Bedeutung durch die Tatsache aus, daß die JN vom allgemeinen Abwärtstrend der NPD erst mit starker zeitlicher Verzögerung erfaßt wurde. Sank im Zeitraum zwischen 1970 und 1976 die Mitgliederzahl der NPD von 21 000 auf 9 700, so gewann die JN (1970: 1 100) sogar noch 700 Mitglieder hinzu (1976: 1 800). Hohe personelle Fluktuationen, die durch entsprechende Neueintritte nicht mehr ausgeglichen werden konnten und speziell eine Absetzbewegung zu neonazistischen Gruppen führten ab 1980/81 zu einem rapiden Mitgliederverlust. 1983 zählte die JN noch 500 und die NPD 6 000 (1982: 5 900) Mitglieder (BMI, 1984). Bemerkenswert ist der prozentuale Anteil der JN an der NPD-Mitgliederzahl (siehe Tabelle 8). Er kann als Indiz für den Bedeutungsgewinn innerhalb der Partei gewertet werden.

Tabelle 8
Anteil der Jungen Nationaldemokraten an der NPD-Mitgliederzahl (%)

1970	5,2	1978	17,6
1972	6,9	1979	17,5
1973	11,6	1980	13,9
1975	12,0	1981	11,3
1976	18,5	1982	8,4
1977	16,6	1983	8,3

(Quelle: Dudek/Jaschke, 1984a, S. 312)

Programmatisch haben sich in den letzten Jahren bei den Jungen Nationaldemokraten drei Themenschwerpunkte herausgebildet, die ihre Partei- und Öffentlichkeitsarbeit dominieren: die Diskussion um eine Neubegründung der »nationalen Identität« vor dem Hintergrund wachsender Kriegsgefahr; die Betonung der Ökologie- und Kernkraftwerkfrage als zentrale Zukunftsbedrohung des deutschen Volkes; und schließlich die Kampagnen für Ausländerstopp und Ausländerrückführung. Es versteht sich von selbst, daß alle Programmdiskussionen und Aktivitäten darauf gerichtet sind, die NPD in der Öffentlichkeit als einzige Alternative im westdeutschen Parteiensystem darzustellen.

Die politischen Vorstellungen der Jungen Nationaldemokraten sind faktisch identisch mit jenen der NPD. Der »JN-Rebell«, Informationsblatt der JN im Kreisverband Frankfurt, fordert im Untertitel »Empören! Aufbegehren!« und spielt dabei sicher nicht auf die innerparteiliche Rolle der JN an. Wie die anderen lokalen Zeitschriften transportiert auch der »Rebell« die offizielle NPD-Programmatik in stilistisch und verbal einfache Ausdrucksformen. Bündig zusammengefaßt wird das JN-Selbstverständnis im Frankfurter »Rebell« (1/1984) so dargestellt:

> »Wir sind aber wie unser Name sagt ›Nationale Demokraten‹, das bedeutet, daß wir unsere Heimat und unser Volk lieben, uns keinen Besatzungsmächten unterwerfen und das Wohl des Volkes persönlichen Vorteilen voranstellen. In faschistischer Tradition stehen wir aber mit Sicherheit nicht, da wir uns von allen neonazistischen Gruppen scharf distanzieren. Wir sind eine Vereinigung junger Deutscher, die nicht die Vergangenheit bewältigen, sondern die Zukunft gestalten will und die Wiedervereinigung Deutschlands in seinen völkerrechtlich gültigen Grenzen anstrebt. Die JN setzt sich für Umwelt- und Lebensschutz ein, ist gegen die Überflutung der Bundesrepublik mit Millionen von ausländischen Menschen, wendet sich gegen Ausbeutung der Arbeiter und die Veramerikanisierung der deutschen Jugend.«

Solche Töne sollen den »neuen nationaldemokratischen Weg« (Mußgnug) dokumentieren, den die NPD/JN seit ihrem Germersheimer Parteitag 1982 gehen wollen. Spätestens hier hat sich die von der JN vehement vertretene Strategie des »Dritten Weges zwischen Kapitalismus und Kommunismus« durchgesetzt. Schon 1977 hatten sie in ihrem Schulungsblatt »Report« (Heft 7) ihre 24 Thesen zum Nationalismus vorgestellt, in dem ihm wissenschaftliche Legitimationsfunktionen für die Begründung eines Dritten Weges zugewiesen werden. Bemerkenswert an diesen Thesen sind ihre befreiungsnationalistischen und sozialrevolutionären Ausrichtungen. Die Profitinteressen der multinationalen Konzerne werden dabei ebenso kritisiert wie der Mißbrauch des Grundgesetzes durch die »Herrschenden«. Nach Auffassung der Jungen Nationaldemokraten ist der Gegensatz zwischen Kapitalismus und Kommunismus ein Scheingegensatz, der »die Völker davon abhalten (soll), ihre wirklichen Interessen zu vertreten«. Der gemeinsame Kampf der Völker gelte den »liberalistische(n) und marxistische(n) Imperialisten«. Auf eine Formel gebracht heißt es in den Thesen: »Nationalismus ist antiimperialistischer Kampf.«

In diese Konzeption sind unübersehbar die befreiungsnationalistischen Vorstellungen der Neuen Rechten eingeflossen. Mit der Forderung »Unabhängigkeit – die beste Friedenssicherung« haben sich NPD/JN endgültig von der prowestlichen, besitzbürgerlichen und etatistisch ausgerichteten Konzeption der von Thadden-Ära gelöst. Wollte die NPD der sechziger Jahre die deutsche Einheit über eine Politik der Stärke gemeinsam mit den Westmächten durchsetzen und vertrat sie eine Europakonzeption im Sinne des gaullistischen »Europa der Vaterländer«, so heißt die neue Zauberformel: »Konföderation Deutschland. Damit greifen NPD/JN eine alte Vorstellung der DRP aus den fünfziger Jahren auf, die in der jüngst wiederbelebten Diskussion um die deutsche Frage von nationalen Identitätsarbeitern – links wie rechts – neu popularisiert wurde. Die Konföderation erscheint den Nationaldemokraten deshalb die einzige Alternative, weil nach ihrer Überzeugung die Kriegsgefahr in der Aufrechterhaltung der deutschen Teilung liegt. Unter Berufung auf die Tradition des Hambacher Festes 1832 heißt Konföderation Deutschland:

> »— Aufnahme von Verhandlungen zwischen der Bundesregierung und der Regierung der DDR mit dem Ziel, eine paritätisch besetzte Kommission zwischen den Vertretern der Volkskammer und des Bundestages zu bilden.
> — Aufgabe der Kommission ist es, einen Konföderationsvertrag auszuarbeiten und die Modalitäten zur Bildung einer Deutschen Nationalversammlung zu regeln, die als oberstes Organ gedacht ist und ihren Sitz im Reichstag in Berlin haben soll.«
> »Die zunächst wichtigste Aufgabe der Deutschen Nationalversammlung ist es, den gleichzeitigen und etappenweisen Abzug aller Besatzungstrup-

Ökologisch?!

Schau Junge, die Natur ist sehr vielfältig. Sieh die Blumen und Bäume...

... und erst die Insekten! Das da fliegt, das da springt, jede Art hat ihr eigenes Territorium im Lebenskampf.

und all die Vogelarten und Säugetiere der Natur, die sich in ihrer Vielfalt geben.

Das Gleichgewicht der Natur heißt, jedes Lebenswesen hat seine typischen Eigenschaften. Das ist gut so und soll auch so bleiben

Klar Papa, jetzt verstehe ich auch warum es soviele verschiedene Rassen und Völker gibt

ES GIBT KEINE RASSEN

Anmerkung zu Seite 10:

PARADOX, nicht wahr?

Unsere Rot-Grünen Umweltschützer setzen sich für die Erhaltung der Vielfalt der Natur ein, doch ihr nächstes Umfeld - den Menschen - wollen sie zerstören, indem sie die verschiedenen Völker miteinander vermischen.

Wir treten daher dafür ein, daß jedes Volk seine eigene Kultur, Lebensart und Lebensweise frei in eigener Selbstbestimmung entfalten kann. Nur so kann das natürliche Gleichgewicht erhalten werden.

Standpunkt:

Was auch daraus werde, ich zu meinem Volke

— FRIEDRICH SCHILLER

Wir sind der Meinung, daß unsere Umwelt nicht zugrunde gehen darf, nur daß wenige Großverdiener ihren Profit damit machen.
Und wir sind der Meinung, daß unsere Umwelt nicht kaputt gemacht werden darf, weil die Bevölkerung, die Natur nicht achtet und selbige verkommen läßt. (Wegwerfgesellschaft)

JN-Leitlinien:

1. Sonnenenergie und Kohleverstromung statt Atomkraftwerke.
2. Die Erforschung von Alternativenergien muß vorrangig betrieben werden.
3. Internationale Absprachen zum Umweltschutz müssen getätigt werden.
4. Harte Strafen für Umweltverschmutzer und Giftmüllverbrecher.
5. Einführung des Pflichtfaches „Ökologie" an allen Schulen.
6. Mitwirkung des Deutschen Jugenddienstes im Umweltschutz.
7. Rückführung gebrauchter Güter in den natürlichen Kreislauf (recycling).
8. Förderung des biologischen Landbaues.
9. Schaffung umweltfreundlicher Verkehrsmittel. Vorrang dem Gemeinschaftsverkehr. Massenverkehrsgüter auf die Schiene.
10. Schutz der Innenwelt der Menschen vor geistig-seelischer Schädigung.

JN - Ihr Partner für Lebens- und Umweltschutz!

Aus: »JN-Rebell«, Informationsblatt der Jungen Nationaldemokraten, Kreisverband Frankfurt, Heft 1/1984.

pen aus der Bundesrepublik Deutschland und aus der Deutschen Demokratischen Republik sowie die schrittweise Reduzierung aller in Deutschland stationierten Atomwaffen auszuhandeln . . . Endziel aller politischen Bemühungen ist ein Deutschland, das sich weder als Feind des Westens, noch als Feind des Ostens, sondern als beider Freund und als selbständiges, unabhängiges Bindeglied zwischen Ost und West begreift: Endziel ist das blockfreie, unabhängige und vereinte Deutschland, das in einem europäischen Sicherheitssystem seine staatliche Einheit wiedergefunden hat.« (Mußgnug, 1982, S. 38.)

So utopisch und überzogen dieses Konzept klingt, es wird in ähnlicher Weise und mit identischen Zielvorstellungen in Teilen der Friedensbewegung diskutiert. Daß JN/NPD sich in diesen Diskurs kaum einbringen können, liegt primär an dem öffentlich durchgesetzten Stigma der Partei als »neofaschistisch«. Vom Parteistandpunkt aus war es nur konsequent, wenn die Nationaldemokraten im Europawahlkampf 1984 mit der Parole »Gegen: EG-Ausbeutung. Für: DEUTSCHE UNABHÄNGIGKEIT« antraten. Ihr Wahlprogramm für die Europawahl 1984 koppelte die Forderung nach Revision der EG-Verträge mit jenen nach gesamtdeutscher Unabhängigkeit und dem »STOPP der Ausländerüberflutung und schrittweise(n) Rückführung« sowie der Änderung des Asylrechts. Ausländerpolitik und nationale Fragen bestimmen die Europakonzeption von JN/NPD, die letztlich in die Forderung nach der ersatzlosen Streichung der Freizügigkeitsklausel der EG-Verträge mündet.

Auch bezüglich der Friedensbewegung ist die Position der JN klar. Im Herbst 1983 forderten sie, keine Atomraketen in Ost und West aufzustellen und kritisierten scharf Überlegungen, mit Blick auf einen »heißen Herbst« das Demonstrationsrecht und das Recht auf Versammlungsfreiheit einzuschränken. In einem entsprechenden JN-Kommentar (»Deutsche Stimme«, September 1983) heißt es:

> »Hier soll nur der Mut zu politischem Engagement bei Jugendlichen aufgeweicht werden. Um gegen gewalttätige Störer und Chaoten bei Demonstrationen wirkungsvoll vorgehen zu können, genügen auch die heute geltenden Gesetze vollauf . . . Wir Jungen Nationaldemokraten werden auch weiterhin – im Einklang mit dem derzeit geltenden Recht – immer da für Deutschlands Einheit demonstrieren und kämpfen, wo und wann es uns recht ist. Ohne Zimmermann und Chaoten!«

Es waren die Jungen Nationaldemokraten, die in der zweiten Hälfte der siebziger Jahre als erste die ökologische Wende innerhalb der NPD vorbereiteten. Vor dem Hintergrund der Auseinandersetzungen um den Bau von Kernkraftwerken (Brokdorf, Kalkar u. a.) entwickelten JN/NPD ihre ökologische Position, deren Kern die Verklammerung von *Umwelt- und Lebensschutz* bildet. Das ideologische Grundmuster dieses Ökologieverständnisses besteht im Primat einer Biopolitik, die die »gesunden Lebensvoraussetzungen« eines Volkes der Ökologiefrage zuschlägt. In der von den Jungen Nationaldemokraten in einem Flugblatt verbreiteten Entschließung des NPD-Vorstandes vom 30. Januar 1977 heißt es:

»Zur gesunden Entwicklung und Erhaltung einer ganzheitlichen Persönlichkeit braucht der Mensch eine unzerstörte Umwelt und eine unverdorbene Innenwelt. Umwelt und Innenwelt des Menschen in Westdeutschland werden zunehmendem Maße durch falsche und ungesunde Wirtschafts- und Strukturpolitik, gefährliche Technologien, menschenfeindliche Ideologien und verfeinerte geistig-seelische Einwirkungsmöglichkeiten bedroht.«

In den konkreten politischen *Forderungen* zur Umweltpolitik und zur Kernkraftfrage stehen die JN den GRÜNEN sehr nahe. Was beide fundamental trennt, sind die Begründungen der Forderungen und ihre ideologischen Grundorientierungen. Nicht zutreffend freilich ist die These, rechtsextreme Gruppen benutzten die Ökologie-Thematik lediglich dazu, die Ökologiebewegung rechts zu unterwandern. Vielmehr ist das Umweltengagement der JN und anderer rechtsextremer Gruppierungen nur die logische Konsequenz aus ihrer organisch-biologischen Betrachtungsweise von Natur, Individuum und Gesellschaft. Der biologistische Überhang rechtsextremer Ideologie führt zwangsläufig zu einer Sichtweise, die gesellschaftlichen und sozialen Wandel sowie Folgeschäden kapitalistischer Vergesellschaftung nur als »Zersetzung« oder »Zerfall« eines ursprünglich harmonischen und völkisch akzentuierten Verhältnisses von Mensch-Volk-Umwelt wahrnimmt.

Aus dieser Perspektive bildet dann der Begriff »Überfremdung« die ideologische Brücke zur fremdenfeindlichen Politik von JN/NPD. Denn Lebensschutz bedeutet für sie in erster Linie die Erhaltung der »nationalen Identität und Kultur« der Völker. Mit den Forderungen nach »Ausländer-Stopp« und »Ausländerrückführung« als probates Mittel der Beseitigung der Arbeitslosigkeit und der Erhaltung des deutschen Volkes unterscheiden sich die JN nicht von der Mutterpartei. Maßgebliches Motiv für die fremdenfeindlichen Haltungen ist ihre ethnozentristische Einstellung, die mit antiimperialistischer Rhetorik durchsetzt die Minderheit der Fremden zu Trägern einer diffusen Bedrohung macht. Speziell die Jungen Nationaldemokraten kaschieren ihre Fremdenfeindlichkeit unter dem Deckmantel des nationalistischen Befreiungskampfes, dessen Ziel es sei, die Völker zu erhalten:

> »Die Kreml- und Wallstreetbonzen wollen die Völker als Träger des Nationalismus vernichten, damit multinationale Konzerne und internationale Marxisten ungestört den Erdball beherrschen können. Uns Jungen Nationaldemokraten ist es nicht egal, daß das deutsche Volk als geschichtliche, kulturelle und auch biologische Gemeinschaft verschwindet, und ein unbegrenzt manipulierbarer Einheitsbrei der Völker entsteht. Unsere Hochachtung vor den Kulturen anderer Völker verbietet es uns ebenfalls, eine Politik mitzumachen, die die nationale Identität und Kultur der ›Gastarbeiter‹ und ihrer Kinder durch sogenannte ›Integration‹ vernichtet.
> Im Einklang mit unseren Kameraden aus ganz Europa wollen wir Jungen Nationaldemokraten durchsetzen:
> 1. Rückführung der nichteuropäischen Menschen in ihre Heimat.
> 2. Europäische Entwicklungspolitik, die nicht die Menschen zu den Maschinen verfrachtet, sondern die Maschinen zu den Menschen bringt.
> 3. Wo Angehörige eines fremden Volkes einen Arbeitsplatz auf Zeit innehaben, ist dafür Sorge zu tragen, daß sie ihre nationalen und kulturellen Eigenarten bewahren können.
>
> Wer den Schmelztiegel der Völker in Europa fordert, macht sich zum Handlanger der Kreml- und Wallstreetbonzen.« (»Report«, Nr. 12/1978.)

Neben zahlreichen lokalen, regionalen und bundesweiten Mitgliederzeitschriften (jüngstes Produkt ist die seit März 1983 zweimonatlich erscheinende JN-Zeitschrift »Mauerspringer«) konzentrierten sich die Jungen Nationaldemokraten als erste rechtsextreme Jugendorganisation auf die Edition lokaler *Schülerzeitungen*, die kostenlos oder gegen geringes Entgelt vor Schulen verteilt werden. Damit bedienen sie sich eines Mediums, das die Schülerbewegung Ende der sechziger, Anfang der siebziger Jahre als Politisierungsinstrument entdeckt hatte. Entsprechend war und ist es das erklärte Ziel der inzwischen stark expandierten rechtsextremen Jugendpresse (vgl. Dudek/Jaschke, 1981 a), das Monopol der linken Schülerzeitungen zu brechen. Die Blätter der JN erscheinen unregelmäßig mit Auflagen zwischen 2000 und 5000 Exemplaren und greifen neben den allgemeinpolitischen Themen des NPD-

Programms auf Gestaltungsmittel und Unterhaltungsangebote zurück, die zum Kernbestand jeder Schülerzeitung gehören: Rätselecken, Kleinanzeigen, Platten- und Filmbesprechungen usw. Allerdings läßt sich in jüngster Zeit feststellen, daß die meisten JN-Schülerzeitungen von dem in ihrem Schülerprogramm (1972) formulierten Prinzip kooperativer Mitarbeit in schulischen Gremien abkommen und auf Konfrontationskurs gehen. Aus rechter Sicht beschreibt H. P. Rust zutreffend:

> »Der linke Junglehrer ist der Buhmann überhaupt. Er ist autoritär, doktrinär, er will manipulieren, er lügt über die deutsche Geschichte, er hetzt gegen unsere Väter und Großväter. Schonungslos wird zum totalen ›Antikurs‹ aufgerufen, gleichsam nach dem Motto: ›Schlagt die Lehrer, wo ihr sie treffen könnt‹.« (»Nation Europa«, 9/1982.)

Angefangen hatte alles 1971, als die JN begann, die rechtskonservative Schülerzeitung »Im Brennpunkt« (Emmendingen) zu unterstützen, und als sie sie zum gemeinsamen Organ für Süddeutschland ausbauen wollte. Spätestens ab 1978 setzte dann eine regelrechte JN-Schülerzeitungsoffensive ein, die entgegen Meldungen aus dem Bundesinnenministerium keineswegs abgeebbt ist. Im Gegenteil. Neue rechte Schülerzeitungen sind in den letzten Jahren entstanden und sie kooperieren redaktionell wie inhaltlich eng mit den Jungen Nationaldemokraten. Sie nennen sich »Alternative« (Düsseldorf), »Anstoß« (Bremen), »Der Stachel« (Karlsruhe), »Fanal« (Bremervörde), »Fanfare« (Meyen), »Frontal« (Würzburg), »Megaphon« (Schaumburg) oder »Pfeil« (Münster), die 1984 im 9. Jahrgang erschien und eine der ältesten JN-Schülerzeitungen ist.

Die »Attraktivität« der JN während der zweiten Hälfte der siebziger Jahre ist jedoch nicht allein auf ihre Schülerarbeit und die publizistischen Anstrengungen vor den Schultoren zurückzuführen. Die freigesetzte rechtsextreme Renaissance unter Teilen der Jugend verschaffte der NPD-Jugendorganisation aus ganz anderen Gründen kurzfristigen Zulauf. Als größte und unmittelbar politisch agierende Jugendorganisation des rechten Lagers war sie *die* Anlauf- und Durchgangsstation für jene Jugendlichen, die – nach meist kurzfristiger JN-Mitgliedschaft – ihre fundamentaloppositionellen Zielsetzungen in neonazistischen Kadergruppen fanden. Ähnlich wie die Wiking-Jugend kam der JN die Funktion einer Durchlauferhitzerorganisation für rechtsextreme Karrieren zu. Dies bescherte der NPD als Partei wie den Führungsspitzen der Jungen Nationaldemokraten ein Neonazismus-Problem, das, weil strukturell bedingt, auch durch formelle Abgrenzungsbeschlüsse gegenüber NS-Gruppen noch immer nicht gelöst ist. Von neonazistischen Gruppen haben sich JN und NPD mehrfach distanziert und entsprechende Unvereinbarkeitsbeschlüsse verfaßt. So stellte das Parteipräsidium der NPD letztmals am 2. Juli 1983 fest:

> »Eine Zusammenarbeit mit der ›Aktionsfront Nationaler Sozialisten/Nationale Aktivisten‹ (ANS/NA) ist mit der Mitgliedschaft in der ›Nationaldemokratischen Partei Deutschlands‹ (NPD) oder einer ihrer Untergliederungen unvereinbar.
> Das Parteipräsidium stellt ausdrücklich fest, daß eine derartige Tätigkeit oder Unterstützung parteischädigend ist.«

In ähnlicher Weise erneuerten die Jungen Nationaldemokraten ihren entsprechenden Abgrenzungsbeschluß auf dem 12. Bundeskongreß am 29./30. Oktober 1983 und entsprechend äußerte sich der ehemalige JN-Vorsitzende Winfried Krauß am 17. März 1984 auf dem Landesparteitag der hessischen NPD. Es wäre vereinfacht, diese Abgrenzungsbemühungen seitens JN/NPD lediglich als taktisches Manöver abzutun. Denn längst haben die Nationaldemokraten die hemmende Hermetik ihres NS-Stigmas erkannt. Ihr Problem besteht nämlich nicht darin, ihren NS-Traditionsbezug geschickt zu kaschieren, sondern das öffentliche Stigma einer neofaschistischen Partei zu unterlaufen. Auf diesem Wege zu einer demokratisch akzeptierten Partei, die weder ideologische noch personelle Bezüge zum Nationalsozialismus aufweist, sind jene aktivistischen, an dem Vorbild der NSDAP orientierten Jugendlichen eher hinderlich. Dennoch gibt es mannigfaltige – ideologisch wie strukturell bedingte – »Schnittmengen« zwischen Jungen Nationaldemokraten und neonazistischen Kadergruppen. Im politischen Alltag sind es personelle Querverbindungen und die Beteiligung von JN-Mitgliedern an militanten Aktionen (z. B. gegen Ausländer), die diese »Schnittmengen« füllen. Einige Beispiele aus jüngster Zeit:
- Mitglieder der JN waren es, die die Jugendorganisation der inzwischen verbotenen VSBD, die Junge Front, in München mitbegründeten.

- In West-Berlin waren es 1979 die Landesvorsitzende der JN und ihr Ehemann, die enge Kontakte zur illegalen NSDAP/AO unterhielten (vgl. Rabe, 1980, S. 83 ff.).
- Im Juli 1983 wurde der JN-Kreisverband München und der Bezirksverband Oberbayern vom bayerischen Landesvorsitzenden wegen neonazistischer Aktivitäten aufgelöst. JN-Mitglieder nahmen nämlich an Kameradschaftsabenden der ANS/NA teil und der Referent für Öffentlichkeitsarbeit im JN-Bundesvorstand (!) erwies sich als Führer der ANS/NA-Kameradschaft (16) München.
- Schon 1977 gab es in Schleswig-Holstein und Hamburg zahlreiche Übertritte von JN-Mitgliedern zur ANS Michael Kühnens. Die sich seit 1975 abzeichnende Tendenz wurde von innerparteilichen Kritikern als »ultrarechte Aktionisten« und »NS-Symbolriege« charakterisiert (vgl. »nps«, 12/1977).
- Mehrere NS-Aktivisten im Frankfurter Raum fanden ihren Weg zur ANS über die Jungen Nationaldemokraten und die VSBD.

Befragt man neonazistische Jugendliche danach, warum sie die JN nur als Durchgangsstation benutzten, erhält man durchgängig Antworten wie diese:

> »Die NPD ist für mich eine demokratische Partei. Sie ist total lasch geworden in den letzten Jahren. Sie hat überhaupt keine Ziele. Sie vegetiert vor sich hin. Ja, sie ist krank, verfault. In so einer Partei kann ich als nationaler Sozialist nicht Mitglied sein.« (P. Müller, ANS/NA, zit. nach Filmer/Schwan, 1983, S. 171.)

Durchlässig sind die Scheidewände zwischen JN und neonazistischen Kadern auch im Hinblick auf die Gewaltakzeptanz. Was bei letzteren jedoch politisches Grundprinzip ist, tritt bei den Jungen Nationaldemokraten eher als Problem einzelner Mitglieder auf. So wurde 1983 eine Gruppe von JN-Mitgliedern angeklagt, im Juli 1980 die Kreisvolkshochschule in Rinteln überfallen und eine dort gezeigte Ausstellung verwüstet zu haben. (»Frankfurter Rundschau« vom 11. März 1983). In Frankfurt wurden drei Junge Nationaldemokraten vor der Jugendstrafkammer des Landgerichtes beschuldigt, im Juli 1983 nach »Sieg-Heil«-Rufen einen Türken verprügelt und ausgeraubt zu haben (»Frankfurter Rundschau« vom 21. März 1984). Prompt reagierte der JN-Kreisverband in der üblichen Weise. Einer der Angeklagten sei gar kein Mitglied gewesen, er gelte vielmehr als Provokateur und habe Hausverbot erhalten. Im übrigen, so die Presseerklärung, habe man den Beteiligten verdeutlicht, daß die »Nationaldemokraten jegliche Aggression gegen Ausländer ablehnen und keine Ausländerfeindlichkeit verursachen, sondern gegen die Verursacher der Ausländerüberflutung, und das sind die etablierten Parteien, Vorwürfe erheben«. Lassen wir es bei diesen Beispielen bewenden, die noch ergänzt werden könnten durch die Auflistung von Situationen, bei denen es anläßlich von JN/NPD-Parteitagen und Versammlungen zur direkten Konfrontation mit politischen Gegnern kommt. Feststellen läßt sich in diesem Zusammenhang, daß die Formen der Auseinandersetzung mit JN/NPD seit den Straßenschlachten am 17. Juni 1978 in Frankfurt an Schärfe zugenommen haben. Nicht selten stehen dabei einem Häuflein Junger Nationaldemokraten Hunderte von Demonstranten gegenüber.

Die sinkenden Mitgliederzahlen der JN in den letzten Jahren deuten darauf hin, daß sie ihre Funktion als Durchlauferhitzer für neonazistische Karrieren erfüllt haben. Zwar finden Abwanderungsbewegungen zu den NS-Gruppen noch immer statt, doch gelingt es der Organisation nicht mehr – wie in den siebziger Jahren –, diese durch Neuzugänge zu kompensieren. Ein Grund dafür liegt in dem Umstand, daß NS-Organisationen, informelle Cliquen, Wehrsportgruppen inzwischen Jugendliche selbst rekrutieren können. Ein weiterer Grund dürfte in den internen Konflikten in der JN-Bundesführung liegen. Diese führten 1983 dazu, daß der JN-Vorsitzende Rainer Vogel vom NPD-Parteipräsidium zum Rücktritt gezwungen und aus der Partei ausgeschlossen wurde. Zum neuen Bundesvorsitzenden wurde der 33jährige Hermann Lehmann gewählt, dessen Aufgaben innerparteilich vermutlich darin bestehen werden, die JN wieder stärker auf die politischen Vorgaben der Mutterpartei zu verpflichten.

Insgesamt gesehen läßt sich festhalten, daß das Verhältnis der Jungen Nationaldemokraten zu neonazistischen Organisationen widersprüchlich ist. Offiziellen Unvereinbarkeitsbeschlüssen und Parteiausschlüssen stehen personell und ideologisch fließende Übergänge zu NS-Gruppen gegenüber. Bestätigt wird diese Deutung durch den Austritt des rheinland-pfälzischen JN-Landesvorsitzenden und des stellvertretenden NPD-Landesvorsitzenden im Juli 1983 aus der Partei.

»Sie begründeten ihren Austritt in einer gemeinsamen Presseerklärung mit zunehmend ausländerfeindlichen, nationalsozialistischen, insbesondere rassistischen und demokratiefeindlichen Tendenzen unter den NPD-Mitgliedern. Trotz der Abgrenzungs- und Unvereinbarkeitsbeschlüsse der Partei bestünden nach wie vor deutliche und unverkennbare Sympathien für neonazistische Gruppen. Sie seien beide zu der Überzeugung gekommen, daß die Politik der NPD und ihrer Nebenorganisationen dem Wesen der Völkerfreundschaft und der Völkerverständigung sowie der Toleranz zuwiderlaufe.« (BMI, 1984, S. 25.)

Die politischen Zukunftsaussichten der Jungen Nationaldemokraten dürften aus ihrer Sicht wenig rosig sein. Das gleiche gilt für die NPD. Daran ändert auch nichts die Tatsache, daß sie aufgrund der geringen Wahlbeteiligung bei der Europa-Wahl im Juni 1984 mit 0,8 Prozent ihr seit Jahren bestes Ergebnis erzielte. Lediglich in einer Hinsicht dürfte sich der intensive Wahlkampf für die Nationaldemokraten gelohnt haben: Sie erhalten ca. 1,8 Millionen DM Wahlkampfkostenerstattung und können damit ihre maroden Finanzen sanieren.

6.4 Die neonazistischen Gruppen: »Politische Soldaten« der Gewaltphilosophie

»Wir wissen nun, daß wir uns auf einen langen Kampf gefaßt machen müssen. Jeder wird wohl Opfer bringen müssen, große Opfer. Jeder muß bereit sein, seine Freiheit zu opfern, vielleicht sogar sein Leben einzusetzen. Das ist ja schon vorgekommen ...
Wollt ihr den uns bevorstehenden Kampf so konsequent und rigoros, selbst unter der Aufgabe eurer persönlichen Freiheit, eures Besitzes und wenn es sein muß, unter Einsatz eures Lebens führen?«
Versammlung: »Ja, ja.«
»Wollt ihr den Kampf so konsequent und rigoros bis zum letzten Sieg führen und wenn es sein muß, bis zum letzten Atemzug?«
Versammlung: »Ja, ja.«
»Dann – deutsche Jugend – steh auf und Sturm brich los.«

Die Zeilen stammen nicht aus einer Veranstaltung der NSDAP während ihrer »Kampfzeit«. Der Redner war nicht Adolf Hitler oder Joseph Goebbels, die Versammlung bestand nicht aus »alten Kämpfern der SA«. Was ein Fernsehteam des WDR hier im Januar 1983 (Filmer/Schwan, 1983, S. 40 f.) dokumentierte, war eine der ersten Veranstaltungen der am 15. Januar 1983 gegründeten ANS/NA. Der Redner: Arnd-Heinz Marx, Jahrgang 1957, die Zuhörer – mit Ausnahme

einiger älterer Unbelehrbarer – Jugendliche zwischen 16 und 30 Jahren. Sie verstehen sich als »politische Soldaten« des Nationalsozialismus. Ihre historischen Vorbilder sind Adolf Hitler und der SA-Führer Ernst Röhm.
Die Gründung der ANS/NA unter dem erst im November 1982 aus der Haft entlassenen Michael Kühnen, ihre personelle und organisatorische Entwicklung im Jahre 1983, ihre überwältigende Medienresonanz dokumentieren den bisherigen Höhepunkt in der Geschichte des offenen Neonazismus in der Bundesrepublik. Zwar gab es im jugendlich-rechtsextremen Protestpotential immer neonazistische Tendenzen, mehr oder weniger klare Bekenntnisse zur Jugenderziehung im Dritten Reich oder verkappte Rechtfertigungen des NS-Regimes. Doch sind die vorwiegend von Jugendlichen getragenen neonazistischen Kampfbünde von anderer Qualität. Sie beziehen sich offen und ohne Abstriche auf die nationalsozialistische Bewegung, übernehmen deren Programm, ihren moralischen Rigorismus und kopieren ihre Agitationsformen. Als politische Kleingruppen mit männerbündischem Charakter, getragen vom Selbstverständnis elitärer Kader, sammeln sie den sozialen und politischen Bodensatz des rechten Lagers: politisch Enttäuschte, beruflich und persönlich Gescheiterte, sozial Isolierte und Gewaltorientierte.
Entwicklungsgeschichtlich gesehen läßt sich die Existenz neonazistischer Kampfgruppen nicht unmittelbar aus gesellschaftlichen Krisensituationen (Jugendarbeitslosigkeit etc.) erklären. Sie sind in erster Linie ein Produkt der Krise des rechten Lagers Ende der sechziger und Anfang der siebziger Jahre. Das Scheitern der NPD an der 5-Prozent-Hürde bei der Bundestagswahl 1969 mit nur 4,3 Prozent Stimmanteilen löste nach den hochgesteckten Erwartungen und einschlägigen Prognosen (zum Teil bis zu 15 Prozent) eine innerparteiliche Krise aus. Das vor allem von jüngeren Mitgliedern getragene Oppositionspotential drängte auf eine programmatisch und im Auftreten radikalere »Gangart« der NPD. Im Mittelpunkt der Kritik stand die an den Bürgerblockparteien orientierte Politik des NPD-Vorstandes unter Adolf von Thadden. Überspitzt formuliert hieß die Parole: Fundamentalopposition statt angepaßte Opposition.
Das Jahr 1970 löste mit der »Aktion Widerstand« (Dudek/Jaschke, 1984 a, S. 291 ff.) und ihrem Scheitern als popu-

listische Protestbewegung rechtsaußen gegen die Ostverträge der sozial-liberalen Koalition – begleitet von weiteren Wahlniederlagen der NPD – einen Radikalisierungsschub und personelle Absetzbewegungen von der NPD aus. Daraus zogen radikale und neonazistische Fraktionen die Konsequenzen und schufen eigene Organisationen. Im Juni 1971 gründete der aus der NPD ausgeschlossene Friedhelm Busse die »Partei der Arbeit«, die Stammorganisation der späteren »Volkssozialistischen Bewegung Deutschlands« (VSBD). Im November 1971 gründete Thies Christophersen die neonazistische »Bauern- und Bürgerinitiative« und im Dezember des gleichen Jahres entstand Manfred Roeders »Deutsche Bürgerinitiative«. Wenig später begann die illegal operierende NSDAP/AO ihre Agitationstätigkeit. Sie übernahm die Aufgabe, »in ganz Deutschland einen propagandistischen Untergrundkampf für die Aufhebung des NS-Verbotes zu führen. 1974 unternahm Lauck (der NSDAP/AO-Gründer, P. D.) eine vielbeachtete Vortragsreise durch die Bundesrepublik. Höhepunkt war eine Kundgebung im Haus des Sports in Hamburg, an der mehr als hundert organisierte norddeutsche Nationalsozialisten teilnahmen und die von der BBI organisiert worden war. Es kam zu einem gewaltigen Aufsehen und der ›freieste Staat der deutschen Geschichte‹ schlug wieder einmal zu: Gerd Lauck, Parteiführer der NSDAP/AO, wurde ausgewiesen und erhielt Einreiseverbot.« (Kühnen, 1979, S. 66.)

Gemäß dem Motto: »Jedem selbsternannten Führer seine eigene Gruppe« entstanden andere neonazistische Splittergruppen wie z. B der »Kampfbund Deutscher Soldaten« des notorischen Organisationsgründers Erwin Schönborn oder die »Deutsch-Völkische Gemeinschaft«, die über Mitglieder im Raum Bamberg und Karlsruhe verfügt. Ihre Stammgruppe war der im Juli 1971 in Bamberg gegründete »Deutsch-Völkische Kreis«, der sich bis zum 31. März 1973 dem Deutschen Block angeschlossen hatte (Stöss, 1983, S. 831). Alle diese Gruppen bauten in der ersten Hälfte der siebziger Jahre ein kommunikativ dichtes Netzwerk auf. Enge persönliche und politische Verbindungen koordinierten die Agitationstätigkeit der regional operierenden Kader, ohne daß eine von ihnen ihren Hegemonieanspruch durchsetzen konnte. Vor allem aber gewannen sie allmählich Einfluß auf sich politisch radikalisierende Jugendliche. Im Zentrum ihrer Tätigkeit stand die

Forderung nach der Aufhebung des Verbotes der NSDAP und die Leugnung jeglicher Verbrechen während des Dritten Reiches.
Symptomatisch hierfür ist die Tatsache, daß das Pamphlet von Thies Christophersen, »Die Auschwitz-Lüge«, eine Auflage von über 100 000 Exemplaren erreichte und in mehrere Sprachen übersetzt wurde. Im Vorfeld dieser Riege der »Weißwäscher von Auschwitz« (Lothar Baier) siedelte sich eine Reihe lokal operierender Wehrsportgruppen an, die rasch die Funktion einer paramilitärischen Fraktion des NS-Netzwerkes einnahmen. Hier wurden und werden Jugendliche über den Umweg paramilitärischer Ausbildung auf die Rolle des »politischen Soldaten« vorbereitet. Die größte und einflußreichste Wehrsportgruppe (WSG) war die des Nürnberger Graphikers Karl-Heinz Hoffmann (Jahrgang 1937). Mit über 600 Anhängern entwickelte sich die *WSG-Hoffmann* zur größten neonazistischen Organisation.
Die 1973 gegründete WSG verstand sich selbst als ein »nach militärischen Gesichtspunkten organisierter, straff geführter Freiwilligenverband« (Kommando Nr. 1), der einer »dem regulären Militär entsprechenden hierarchischen Führerstruktur« unterlag (ebenda). Hoffmann selbst, von seinen »Kämpfern« Chef genannt, war der unumschränkte politische und militärische Führer. Gemäß ihrer militärisch und führerzentrierten Gliederung schuf Hoffmann zahlreiche »Dienstgrade« für seine Anhängerschaft, die zu fast 70 Prozent aus unter 30jährigen bestand: Leutnant, Sturmunterführer, Hauptunterführer, Vizeunterführer, Stabsunterführer, Unterführer, Obergefreiter und Unterführeranwärter, Obergefreiter, Gefreiter, WSG-Mann und WSG-Bewerber. Eine Reihe von Rangabzeichen und militärischen Symbolen dokumentierte nicht nur den kämpferisch-militanten Habitus der Gruppe nach außen, sondern verhalf auch ihren Mitgliedern, sozialpsychologisch gesehen, zur Selbstaufwertung und der Suggestion, einem elitären Kampfverband anzugehören. In der Tat verfügte die WSG über ein ganzes Arsenal von Waffen, angefangen von einem Schützenpanzer mit einer 2 cm Maschinenkanone bis hin zu Patronengürteln, Messern, Stahlhelmen und Kampfanzügen. So läßt sich auch die Attraktivität der WSG für politisch wie sozial desintegrierte Jugendliche in erster Linie nur sozialpsychologisch erklären.

»Hier konnten sie das in der Schule und im Beruf vermißte Erfolgserlebnis nachholen, hier hatten sie ›Kameraden‹, an die sie sich anlehnen konnten, die ihnen ein Ersatz-Zuhause anboten. Gleichzeitig konnten sie Kraft und Stärke demonstrieren, die ihnen in Privatleben und Beruf versagt geblieben waren. Das Korsett für das aufgesetzte Selbstbewußtsein ist die grau-grüne, SS-ähnliche Uniform der Hoffmann-Truppe gewesen, mit einem blitzenden Totenkopf am Mützenschirm.« (R. Müller in: Benz, 1984, S. 243 f.)

Aber es blieb nicht nur bei der symbolischen Demonstration der Macht, etwa wenn WSG-Männer mit nacktem Oberkörper und Springerstiefeln durch Dörfer der fränkischen Schweiz marschierten oder sich in martialischer Uniform von Pressefotografen bei Wehrübungen ablichten ließen. 1974 versuchten WSG-Leute in Fürth, eine DKP-Veranstaltung zu sprengen. Am 4. Dezember 1976 gingen Hoffmann und einige seiner Anhänger mit Knüppeln, Stahlruten und Totschlägern in Tübingen gegen demonstrierende Studenten vor. Bei Veranstaltungen der BBI waren WSG-Mitglieder als Ordner ebenso zugegen wie am 5. März 1977 bei einer Veranstaltung der DVU in Köln-Porz. In die gleiche, politisch eindeutige Richtung weisen auch die in der WSG gesungenen Kampflieder der HJ (»Ein junges Volk steht auf zum Sturm bereit . . .«) und Sprechchöre wie der folgende:

> Frage des Leiters: »Was sind wir?«
> Antwort der Gruppe: »Grenadiere Europas!«
> Frage: »Wofür kämpfen wir?«
> Antwort: »Für den Sieg der Bewegung!«
> Frage: »Wer ist unser Feind?«
> Antwort: »Bolschewismus und Kapital! . . .«
> Oder:
> Frage des Leiters: »Was sind wir?«
> Antwort: »Schwarze Legionäre!«
> Frage: »Wofür kämpfen wir?«
> Antwort: »Gegen Bolschewismus und Kapital!«

Trotz seiner militanten rechtsextremistischen Grundhaltung und seinen gemeinsamen Auftritten mit Führern neonazistischer Kadergruppen war Hoffmann an dem in diesen Kreisen betriebenen Geschichtsrevisionismus und der Glorifizierung der Person Hitlers wenig interessiert. Seine politischen Vorstellungen gleichen eher der Übertragung paramilitärischer Grundprinzipien auf gesellschaftliche Strukturen. Unter dem nichtssagenden Etikett einer »Rational Pragmatischen Sozial Hierarchie« formulierte Hoffmann die totalitäre Utopie eines

»zentralgelenkten Staatswesens« – ohne Gewaltenteilung, Parteiensystem, ohne Gewerkschaften und parlamentarische Demokratie. Seine totalitäre gesellschaftliche Utopie ist »eine zweckbezogene, vernunftgemäße, der Volksgemeinschaft dienende Staatsform mit freiheitlicher Grundordnung und einer, nach dem Leistungs- und Selektionsprinzip ausgerichteten Führerstruktur. Das Wahlsystem als Methode, geeignete Führungskräfte für den Regierungsapparat zu finden, wird durch ein Selektionsverfahren nach den Grundsätzen des Leistungsprinzips und des Leistungsnachweises ersetzt. Die Regierungsgewalt geht von einer in der obersten Führung zusammengefaßten Gruppe aus.« Innerhalb dieser Gruppe soll das Rotationsprinzip für die partielle Ersetzung der Führer durch neue sorgen. »Die Mitglieder der Regierung sind anonym. Öffentlichkeitsarbeit und Personenkult sind ausgeschlossen.«
Hoffmanns Bewunderung für militärische Führer (er nennt Che Guevara, Fidel Castro, General Giap) und soldatische Legionäre hat diesem kruden Konzept offensichtlich Pate gestanden. Dem »Gegner jeder Spielart demokratischer Ordnung« (Hoffmann) diente seine Truppe mit ihren Wehrsportübungen aber keineswegs nur zur Befriedigung harmloser Landsknechtsromantik. Das war allenfalls der Köder zur Rekrutierung neuer Mitglieder und das gruppendynamische Schmierfett, Jugendliche an sich zu binden. Die eigentliche Zielrichtung lag eindeutig politisch ausgerichtet. In seiner 1979 gegründeten Zeitung »Kommando« heißt es unter der Überschrift »Wie lange wird es dauern?«:

> »›Chef, wie lange dauert es bis zur Machtübernahme noch?‹ so höre ich oft die jungen Kameraden fragen. Teils unmißverständlich als Spaß gedacht, teils aber auch mit durchaus ernstem Unterton. ›Jungs‹ sage ich dann, ›wir sind schwach, unsere Position ist zur Zeit erbärmlich hoffnungslos, wie sie wohl niemals zu anderen Zeiten für ähnliche Zielsetzungen gegeben war.‹ Aber darf uns das hindern, diesen Kampf zu führen – diesen Kampf, von dessen Rechtmäßigkeit und Ehrenhaftigkeit wir überzeugt und durchdrungen sind? – Nein . . . Wir halten in unseren Herzen all unsere Schwächen und Neigungen mit brutaler Brachialgewalt in Schach. Somit sind wir in der Lage, ein hohes Ziel, welches sich der primitiven Sucht nach Sofortverwirklichung entzieht, über einen längeren Zeitraum hinweg zu verfolgen. Am Ende wird der Sieg stehen.« (Zit. nach »Innere Sicherheit«, Nr. 52/1980.)

Die sich Ende der siebziger Jahre zunehmend radikalisierende und zum Teil nun konspirativ agierende WSG wurde mit Wirkung vom 30. Januar 1980 vom damaligen Bundesinnenminister Baum verboten. Das Verbot, das ein »Signal« setzen sollte, traf Hoffmann nicht unerwartet. Die Flucht einer 15köpfigen WSG-Truppe in das Al Fatah-Lager Bir Hassan in den Libanon sollte weniger der Fortsetzung der WSG unter härteren Bedingungen dienen, sondern Hoffmann eher die Türen zum lukrativen Nahost-Handel öffnen helfen. Ausgediente Militärfahrzeuge mit Hilfe von WSG-Mitgliedern über die Jugoslawien-Route in den Libanon zu schaffen, darauf verlegte Hoffmann sein Geschäft nach dem Verbot seiner WSG. Behilflich war ihm dabei das fördernde Mitglied des »Freundeskreises der Wehrsportgruppe«, Josef Oberheid, Inhaber einer Reparaturwerkstätte in Ingolstadt (vgl. »Plärrer«, Nr. 5/1983). Eintritt verschaffte ihm der Rechtsextremist und Waffenhändler Udo Albrecht. Albrecht, der wegen mehrerer Banküberfälle seit August 1980 in Untersuchungshaft saß, floh bei einem Lokaltermin am 29. Juli 1981 vor den Augen der Polizei über die nahe DDR-Grenze und hält sich seitdem wieder im Libanon auf. Kontakte zu radikalen Palästinensergruppen unterhält Albrecht seit Ende der sechziger Jahre. Nach einem verfremdeten autobiographischen Roman seines ehemaligen »Kameraden« Willi Pohl (Pseudonym E. W. Pless, 1979) arbeitete er vorwiegend mit der Terrorgruppe »Schwarzer September« zusammen, die für den Anschlag auf die israelische Olympiamannschaft 1972 in München verantwortlich war (Pless, 1979, S. 83 ff.).

Die internen Querelen der WSG-Libanon, ausgelöst durch Schikanen gegen einzelne ihrer Mitglieder und davon resultierender zunehmender Unzufriedenheit (vgl. Kap. 6.2), die Flucht eines Teiles der Gruppe (unter ihnen Dupper, Hamberger, Hepp) ließen Hoffmanns Geschäfte nicht so recht vorankommen. Ein anderes Ereignis setzte ihnen dann ein Ende. Im Dezember 1980 wurden in Erlangen der jüdische Verleger Shlomo Levin und seine Lebensgefährtin Frieda Poeschke in ihrem Haus erschossen. Verantwortlich für diesen Mord werden Karl-Heinz Hoffmann und seine Freundin gemacht. Der eigentliche Täter, der Hoffmann-Getreue Uwe Behrendt (29) floh in den Libanon und hat dort wahrscheinlich Selbstmord verübt. Behrendt galt als Statthalter Hoffmanns unter den Angehörigen der WSG-Libanon. Erst im Februar 1984 wurde das Verfahren gegen Hoffmann unter anderem wegen Beihilfe

zum Mord vor dem Strafsenat des Oberlandesgerichtes in Nürnberg zugelassen, nachdem das Landgericht es im September 1983 abgelehnt hatte, das Verfahren zu eröffnen.
Am Beispiel der WSG-Hoffmann läßt sich zweierlei dokumentieren: die geringe Wirkung von Verboten auf die Aktivisten und die jahrelange Verharmlosung und Unterschätzung paramilitärischer Wehrsportgruppen wie neonazistischer Kadergruppen. Zwar bilden diese Gruppen machtpolitisch keine Gefahr und verfügen über keinen Massenanhang, doch entfalten sie eine Gewaltdynamik von teils terroristischer Qualität. Mit der Mentalität eines Kamikaze-Kämpfers veranstaltete am 2. August 1982 der 21jährige Stefan Wagner, Mitglied der WSG-Hoffmann und bewaffnet mit zwei geladenen Gewehren und einer Pistole, einen fünfstündigen Amoklauf, während dessen er zwei Geiseln nahm und auf Unbeteiligte feuerte. Der in schwarzer SS-Uniform gekleidete Wagner beging nach seiner Aktion Selbstmord. Über die Wirkung des Verbotes der WSG-Hoffmann schreibt der Bundesinnenminister:

> »Die konsequenten Strafverfolgungsmaßnahmen sowie das Verbot der ›Wehrsportgruppe Hoffmann‹ (WSG) haben in den neonazistischen Zirkeln verunsichernd gewirkt und einzelne Personen, bei denen noch bürgerliche Bindungen vorhanden sind und deren Fanatisierungsgrad noch nicht sehr stark ausgeprägt war, resignieren lassen. Insgesamt stießen aber mehr Aktivisten zu den Neonazis, als sich von ihnen zurückzogen. In den neonazistischen Führungskreisen hat die Zunahme der Verurteilungen, Exekutivmaßnahmen und sonstigen Ermittlungen ferner eine Verhärtung bewirkt, die früher gelegentlich noch aufkommende Zweifel an der Zweckmäßigkeit eigener Aktivitäten nicht mehr entstehen läßt und wiederholt den Übertritt ins terroristische Lager beschleunigte.« (BMI, 1982.)

Dies gilt vor allem für führende Mitglieder aus dem hessischen Raum, die ihre politischen Ambitionen in der VSBD fortsetzten.
Verfolgt man die öffentliche Diskussion um die WSG und ihre Gefährlichkeit, so ergibt sich ein bezeichnendes Bild für die unterschiedliche Bewertung rechtsextremer Gruppen. Im Januar 1974 hatte ein »Stern«-Artikel (»Heil Hoffmann«) die öffentliche Diskussion um die WSG ausgelöst. Faktisch bis zum Verbot begann damit eine Auseinandersetzung über die Hoffmann-Truppe die fast schon Ritualcharakter besaß: Parlamentarischen Anfragen seitens der SPD im bayerischen Landtag folgten die stereotypen Auskünfte des zuständigen

Innenministers, verwertbare Erkenntnisse für ein Verbot lägen nicht vor, die WSG sei durch die Medienberichterstattung erst groß geworden, ihre Gefährlichkeit werde überschätzt. Bundesinnenminister Genscher bezeichnete die Aktivitäten der WSG 1974 als einen »außerordentlich bedenklichen Vorgang« und erwähnte – wie das Land Bayern – die WSG fortan im jährlichen Verfassungsschutzbericht.
1975 wird Hoffmann nach Manövern von einem Nürnberger Schöffengericht wegen Verstoßes gegen das Uniformverbot zu 8000,00 DM Geldstrafe verurteilt. Bezahlt wurde die Strafe vom Herausgeber der »Deutschen National-Zeitung«, Dr. Gerhard Frey, nachdem das Urteil 1977 rechtskräftig wird. Auf eine weitere SPD-Anfrage stellt der bayerische Innenminister im Juli 1977 fest: »Davon unabhängig muß jedoch festgestellt werden, daß das Betreiben des ›Wehrsports‹ selbst keine strafbare Handlung darstellt; gleiches gilt für die ›Ausbildung‹ an verschweißten Waffen.«
Die von Hermann Vinke (1981) zusammengestellten zahlreichen Anfragen und die ebenso zahlreichen ausweichenden Antworten verantwortlicher bayerischer Politiker legen beredtes Zeugnis für die jahrelange Verharmlosung der WSG ab. Erschreckend sind dabei weniger die Hinweise auf mangelnde gesetzliche Grundlagen für eine Einschränkung der Aktivitäten oder das Verbot der WSG. Was bedenklich stimmt, ist die politische Bewertung paramilitärischer Wehrsportgruppen. So kritisierte Franz-Josef Strauß im März 1980 das Verbot und verhöhnte den damaligen Innenminister Baum als verhinderten Cicero, der den Staat retten will und dann »zwanzig Verrückte« ausfragen läßt. »Mein Gott«, so Strauß, »wenn ein Mann sich vergnügen will, indem er am Sonntag auf dem Land mit einem Rucksack und einem mit Koppel geschlossenen ›Battle Dress‹ (Kampfanzug) spazierengeht, dann soll man ihn in Ruhe lassen.« (Zit. nach »Frankfurter Rundschau« vom 1. Oktober 1981, S. 2.)
Es zählt zur Tradition der Verharmlosung, daß Teile der Bürgerblockparteien rechtsextreme Gewalttäter und Mitglieder neonazistischer Kader als Spinner, Verrückte, Psychopathen oder Perverse bezeichnen. Das bagatellisierende Interpretationsschema bleibt immer das gleiche: Man erklärt rechtsextreme Aktivisten als nicht zurechnungsfähig, betont ihren Status als Einzeltäter und läßt zwischen den Zeilen ihre heim-

liche Zielidentität mit den »Linken« oder kommunistische
Hintergründe und Interessen durchblicken. Vermieden wird
gewöhnlich die Einbeziehung des ideologischen Hintergrundes von Gruppen und Einzelpersonen; kriminaltechnische und
juristische Argumente überwiegen die politischen. Die Straußsche Sichtweise der Tätigkeiten der WSG als einer Art alternativen Sonntagsspazierganges blendet genau diese notwendigen Kontextbezüge aus. In diesem Punkt traf er sich mit der
Bewertung der »National-Zeitung«:

> »Hoffmann und seine Sportfreunde stellten für niemanden auf der Welt auch nur den Schein einer Gefahr dar. Sport ist vielmehr gesund und Wehrsport besonders nötig. Ob ein Tennislehrer, Boxmeister, Fußballtrainer, Judokämpfer, Wehrsportler auch mitunter etwas verworrene oder unsinnige politische Ansichten äußert, interessiert ansonsten niemanden. Hoffmann hatte eine etwas kindliche Freude an Uniformen und wählte zu seinem Unglück nicht die der römischen Legionen oder der Wallensteinschen Söldner etc., sondern ausgerechnet solche der jüngsten Vergangenheit ähnliche . . .« (»DNZ« vom 8. Februar 1980, S. 1.)

Vom Verbot der WSG profitierte eine andere neonazistische
Kadergruppe: die *Volkssozialistische Bewegung Deutschlands/Partei der Arbeit* (VSBD/PdA) des 1929 geborenen
Schriftsetzers Friedhelm Busse. Ähnlich wie die WSG ist sie
eine Schule des Rechtsterrorismus gewesen. Busses Aktivitäten in der rechtsextremen Protestbewegung werden 1952
erstmals aktenkundig. Damals wurde er als Mitglied des »Bundes Deutscher Jugend« (BDJ) (vgl. Dudek/Jaschke, 1984 a,
S. 356 ff.) anläßlich des Pfingsttreffens des BDJ am 31. Mai in
Frankfurt wegen gefährlicher Körperverletzung verhaftet.
Busses weitere Karriere verlief über die DRP und NPD, deren
Mitglied er 1967 wurde. Er gehörte zu jenem oben erwähnten
innerparteilichen Oppositionspotential, das die NPD nach der
Wahlniederlage 1969 radikalisieren wollte. Nach dem Scheitern der Aktion Widerstand gründeten in Nordrhein-Westfalen etwa 40 radikale (ehemalige) NPD-Mitglieder am 17. Juni
1971 die »Partei der Arbeit« (PdA) mit dem Ziel, oppositionelle Aktivisten aus der NPD für eine volkssozialistische
Sammlungsbewegung zu gewinnen.
Im vorläufigen Statut der PdA, deren Zentralkomitee Friedhelm Busse vorstand, definierte sie sich als »politische Organisation des Volkssozialismus gegen kapitalistische und kommunistische Ausbeutung«. Und in der Null-Nummer der
PdA-Zeitschrift »Dritte Republik« (1971) heißt es: »Wir wol-

len keine Massen, sondern Kämpfer, die befähigt sind, im entscheidenden Moment Massen zu führen!« Damit verabschiedeten sich diese radikalen Kräfte vom Konzept einer an dem parlamentarischen System orientierten Wahlpartei zugunsten eines sich als revolutionär begreifenden Kaderkonzepts, dessen erste Stufe in der Sammlung politischer Aktivisten und ihre Einbindung in ein fast leninistisch zu nennendes Parteikonzept bestand. Zeitweilige Bündnisse mit der Unabhängigen Arbeiter-Partei (UAP) und der Aktion Neue Rechte (ANR), eine Abspaltung der NPD um den bayerischen Landesvorsitzenden Siegfried Pöhlmann, waren nur kurzfristiger Natur.

Die kaum mehr als 60 Aktivisten starke PdA benannte sich am 1. März 1975 auf ihrem »Parteitag« in München in VSBD/PdA um. Zusammenschlüsse mit anderen »volkssozialistischen« Gruppen und Personen – etwa mit dem Neonazi Werner Kosbab (Frankfurt) oder dem ehemaligen Landesführer (Süd-Baden) von Otto Strassers »Schwarzer Front, Karl Jochheim-Armin – zu einer Volkssozialistischen Einheitsfront blieben letztlich papierne Bekenntnisse ohne Bedeutung. Erst im Jahre 1980 gelang es der bislang nur in Nordrhein-Westfalen und Bayern vertretenen VSBD durch die Rekrutierung militanter Jugendlicher, eine Agitationsdynamik zu entwickeln, die direkt in den Bereich des Rechtsterrorismus führte und das Verbot der VSBD drei Tage vor ihrem 6. Parteitag, nämlich am 27. Januar 1982, provozierte.

Mit Schwerpunkten in München und Frankfurt hatte die VSBD bei ihrem Verbot nach Angaben der Sicherheitsbehörden 120 Mitglieder, nach ihren eigenen Angaben jedoch ca. 1000. Über die Mitgliederzusammensetzung sagte der bayerische Landesvorsitzende Alfred Nusser (Jahrgang 1952) in einem Interview: »Nun, zur Zeit sind die Mitglieder, die zu uns kommen, aus der jüngeren Generation und zwar zum größten Teil jünger als ich und aus den Altersschichten zwischen 16 und 24 Jahren. Es sind Schüler, sind Abiturienten, sind Studenten dabei, es sind aber auch sehr viele junge Leute aus der Arbeiterschicht, die sich eben angesprochen fühlen von unseren politischen Zielen – unser Unter-Name ist ja auch ›Partei der Arbeit‹ – und die hier also eine politische Alternative zu den seit 45 regierenden Parteien sehen.« (PDI, 1981, S. 64.)

Die Verbotsverfügung des Bundesinnenministers argumentiert schwerpunktmäßig mit der These, die VSBD sei in ihrem Gesamtstil, d. h. in ihrem öffentlichen Auftreten wie in ihrer ideologischen Grundlagen, der NSDAP »wesensverwandt«. In der Tat ist das 1975 verabschiedete »Programm für Volkssozialismus gegen Kapitalismus und Kommunismus« (vgl. Dudek/Jaschke, 1984 b, S. 337 ff.) an das 25-Punkte-Programm der NSDAP vom Februar 1920 deutlich angelehnt. Insbesondere die antikapitalistische Rhetorik der VSBD, ihr revolutionär-aktionistisches Pathos und ihre verwaschene Leitidee des Volkssozialismus erinnern an Argumentationsfiguren der historischen SA. In scharfer Frontstellung gegen die angeblichen Ausbeuter der Völker, Marxismus und Liberalismus, fordert die VSBD u. a. »gesetzliche Maßnahmen gegen die Verfälschung unseres Geschichtsbildes und ihre Verbreitung durch eine gewissenlose Presse«, »eine Revision des Nürnberger Kriegsverbrecher-Urteils« sowie als wirtschafts- und sozialpolitische Leitformel: »Gemeinnutz geht vor Eigennutz!«

> »Wir fordern daher die Abschaffung des arbeits- und mühelosen Einkommens durch Absage an den Materialismus und das Profitdenken, denen das menschliche Leben bedenkenlos und skrupellos geopfert wird. Wer den schaffenden Menschen betrügt, der betrügt sein Volk.« (VSBD-Programm)

Die diversen Schriften der VSBD lassen keinen Zweifel daran, daß sie das Mehr-Parteien-Prinzip ablehnt, denn das gegenwärtige »Parteienspektrum sichert die Entrechtung des deutschen Volkes und schickt Freiheitskämpfer in den Kerker« (»Niedersächsischer Beobachter«, Nr. 2/1981). In Schriften, Flugblättern und ihren »Volkssozialistischen Schulungsbriefen« propagierte die VSBD einen rassistischen »Volkssozialismus«, der laut einer ihrer Presseerklärungen vom 9. Februar 1980 auf fünf Fundamenten beruhe: »Rasse, Boden, Staat, Ehre und Arbeit«.

> »Bei einer öffentlichen Veranstaltung am 11. November 1978 in der Gaststätte ›Gärtner-Theater‹ in München hat der Bundesvorsitzende Busse verdeutlicht, um was es der VSBD/PdA bei der Rassendiskriminierung geht. Er führte u. a. aus: ›Wir sehen ja nicht in der Natur, daß sich die Nachtigall mit dem Spatzen paart, und unsere Aufgabe als völkische Deutsche, als Volkssozialisten ist es nicht, andere Völker zu vernichten, sondern unsere eigene biologische Substanz zu erhalten . . . So sehr wir alle an der deutschen Spaltung kranken, so bin ich aber derzeit froh, daß wir diesen augenblicklichen Zustand der deutschen Spaltung haben; denn

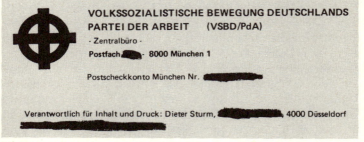

Flugblatt der Volkssozialistischen Bewegung Deutschlands (VSBD), o. J.

in Mitteldeutschland hat sich eine biologische Substanz von 17 Millionen erhalten, während hier bei uns durch die Fremdarbeiter wir auf dem Wege sind, zu verbastardisieren ... Es scheint aber im Sinne gewisser Herrschaften neueuropäischer Prägung zu sein, die dann sagen, man müsse hier verbastardisieren, damit ein bestimmtes, nämlich das auserwählte Volk in der Lage sei, uns besser beherrschen zu können!« (Zit. nach »Innere Sicherheit«, Nr. 61/1982.)

Wie kaum eine andere Organisation verstand es die VSBD, ihre rassistische Algebra in kämpferisch-aggressiver Form umzusetzen. Ganz offen praktizierte sie das der SA entlehnte Prinzip des »Kampfes um die Straße«. Störungen von politischen Veranstaltungen, gewaltsame Auseinandersetzungen mit politischen Gegnern, Angriffe auf Einzelpersonen waren für sie gängige Agitationsformen und bereiteten für einzelne ihrer »politischen Soldaten« den Weg in den Terrorismus vor. Die symbolische Präsentation von NS-Emblemen, Verstöße gegen das Versammlungsgesetz und eine offene Konfrontationsstrategie gegenüber den staatlichen Verfolgungsbehörden ergänzten das Agitationskonzept »Kampf um die Straße«. Bezüglich der Militanzentwicklung bildete das Jahr 1980 einen Einschnitt – auch für die gesamte rechtsextrem-jugendliche Subkultur.

Auftakt hierzu bildete eine – noch vor Gründung des hessischen VSBD-Landesverbandes am 9. Februar 1980 – mit äußerster Brutalität durchgeführte Schlägerei von VSBD-Mitglieder mit ca. 80 Demonstranten am 12. Januar 1980 in Frankfurt. Die jugendlichen VSBD-Aktivisten hatten an diesem Tage einen Stand aufgeschlagen, vor dem sich die Gegendemonstranten versammelten. In dem späteren Urteil gegen sechs der beteiligten VSBD-Aktivisten heißt es, bei den Standbetreibern wurden u. a. 2 Schreckschußpistolen, 2 Spatenstiele, 1 Gummiknüppel und 5 Schlagstöcke gefunden. Unter Führung von Frank Schubert (zur Person: Hennig in: Graf, 1984, S. 54 ff.) stürzte sich das VSBD-Rollkommando dreimal auf Demonstranten und unbeteiligte Passanten und verletzte mehrere Personen zum Teil schwer. Etwa ein Jahr später verurteilte das Amtsgericht Frankfurt sechs der VSBD-Jugendlichen zu Freiheitsstrafen bis zu zwei Jahren. Alle Strafen wurden zur Bewährung ausgesetzt. Angeklagt waren u. a. die späteren Rechtsterroristen Walther Kexel (Jg. 1961), Dieter Sporleder (Jg. 1960) und die beiden ANS/NA-Aktivisten, die Brüder Klaus (Jg. 1958) und Peter Müller (Jg. 1963). Der

Hauptbeteiligte, der 1957 geborene Frank Schubert fehlte. In der Presse wurde er als »Rädelsführer« dargestellt, bei seinen Kameraden galt er als besonders militanter Kämpfer, dessen Weltbild – so Eike Hennigs einfühlsame biographische Analyse – durch Askese, Selbstdisziplin und Gewaltphilosophie geprägt war.
Schubert hatte nach privaten Streitigkeiten mit VSBD-Mitgliedern Mitte 1980 die Gruppe verlassen und im Dezember 1980 Frankfurt den Rücken gekehrt. Am 27. Dezember 1980 meldeten die Zeitungen den Tod Schuberts. Er hatte in der Nacht vom 24. Dezember 1980, beim Versuch, illegal die Schweizer Grenze zu überschreiten, zwei Schweizer Beamte getötet, zwei weitere verletzt und anschließend Selbstmord begangen. Erst im Februar 1981 wird bekannt, daß Schubert, der nach dem Münchner Oktoberfestanschlag und einer weiteren Durchsuchung seiner Wohnung bei dem Mainzer Neonazi Curt Müller untergetaucht war, am 15. Oktober 1980 in Zwingenberg eine Bank überfallen und 34 000,00 DM erbeutet hatte. Schubert war der Typ des Einzelkämpfers in einer neonazistischen Gruppe. Selbst in dieser gewaltbejahenden Gruppe isolieren ihn sein moralischer Rigorismus und seine uneingeschränkte Gewaltakzeptanz.

> »Offensichtlich fordert er von sich uns seinen ›Kameraden‹ so viel Direktheit, die selbst von Neonazis mehrheitlich nicht zu erbringen ist. D. (i. e. Schubert, P. D.) zeichnet indirekt das Bild des einsamen Wolfes (er spricht von ›Wolfsmut‹), der seine ganze Kraft für den politischen Kampf ›spezialisieren‹ will, anstatt sie etwa ›in guten Arbeitsleistungen (zu) vergeuden‹. Folglich sucht er sich nur Hilfsarbeiterjobs, die nur dazu da sind, ihm den kargen Lebensunterhalt zu sichern. Ein Bedürfnis nach Privatem verspürt er nicht (mehr); das ›fehlt einfach‹, wenn man erst einmal anfängt fanatisch zu werden, wie er es ausdrückt. Auch von Kameradschaft redet D. nicht, betont vielmehr, daß Solidarität in der Gruppe nicht ›ausarten‹ darf, daß Schwächere lernen müssen, zu leiden. Wehleidigkeit und Nachsicht dürfen daher in die Gruppe gar nicht erst einziehen.« (Hennig, 1981, S. 140.)

Unter dem Eindruck des Todes von Schubert radikalisierten sich die jugendlichen Mitglieder der VSBD im Raum Frankfurt und München zusehends:
– Am 12. Januar 1981 verletzte Walther Kexel in Begleitung von Peter Müller und Kurt Wolfgram in einem U-Bahn-Zug in Frankfurt ein Mitglied einer »Antifaschistischen Bürgerinitiative«.

- Am 24. März 1981 kam es anläßlich einer Veranstaltung der Humanistischen Union in München zu gewalttätigen Auseinandersetzungen zwischen Friedhelm Busse, Angehörigen der VSBD-Jugendorganisation »Junge Front« (JF) und Versammlungsteilnehmern.
- Am 31. Juli 1981 beleidigten Walther Kexel und Klaus Müller einen burundischen Staatsbürger in einer Frankfurter U-Bahn und gingen gegen protestierende Fahrgäste mit einem Knüppel und einer Gaspistole vor.

Während der Beerdigungsfeier für Frank Schubert im Januar 1981 rief der VSBD-Vorsitzende Busse seiner Anhängerschaft zu: »Es gilt zu rächen, zu brechen die Macht. Wir müssen bereit sein zu sterben, zu retten die Ehr.« Die zum Hitler-Gruß erhobenen Arme und die Racheschwüre am offenen Grab waren keine leeren Drohungen. Die fanatischsten Kader der VSBD bereiteten unter dem Eindruck zunehmender Verfolgung und dem Verbot der WSG-Hoffmann ihren Einstieg in den Terrorismus vor. Den Hausdurchsuchungen und der Beschlagnahme von Waffen und Propagandamaterial folgte ein weiterer Banküberfall am 23. September 1981 in Rennerod.

Auf dem Weg zum nächsten Banküberfall stellt die Münchner Polizei am 20. Oktober 1981 die Gruppe von VSBD-Jugendlichen. Unter letztlich nicht befriedigend aufgeklärten Umständen kam es zu einer Schießerei: Kurt Wolfgram (21) und Klaus Ludwig Uhl (24) wurden dabei getötet, der 18jährige Peter Fabel schwer verletzt. Einer der Polizisten wurde von einem Kollegen getroffen (»Frankfurter Rundschau« vom 13. November 1981), während das VSBD-Kommando von seinen Waffen keinen Gebrauch machte.

Neben Kühnens Verurteilung 1979 und dem Tod Schuberts war diese »Geschichte mit vielen Fragezeichen« (»Die Zeit« vom 27. November 1981) das dritte Ereignis gewesen, das den jugendlichen Fanatikern der VSBD den Anlaß bot, ihre Rolle als kompromißlose »politische Soldaten« der nationalsozialistischen Idee auszubauen. Die NS-Szene hatte ihre ersten »Blutzeugen«. Für manche war dies der Anlaß, aus der Eskalation der Gewalt auszusteigen; für andere wiederum bildeten die verschärften Zugriffe von Justiz- und Polizeibehörden den Beleg dafür, daß keiner von ihnen mit diesem System »seinen kleinen Frieden« (W. Kexel) schließen könne. Es ist deshalb

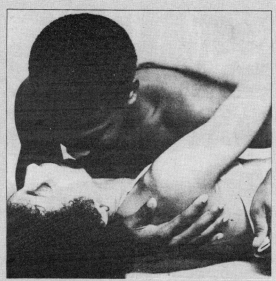

Mit 15 „in" – mit 18 hin

Dank der Schul- u. Integrationspolitik wird uns heute der Verfall von Moral und Ehre als Fortschritt verkauft.
Eine orientierungslose »Null-Bock-Generation« ist entstanden.
Die Krise in unserem Land ist gekennzeichnet durch:

- Arbeitslosigkeit   - Kriminalität
- Wertzerfall   - Ausländerkult
- Umweltzerstörung   - Rauschgift

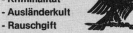

Nicht einmal die Hälfte der hier lebenden Ausländer arbeitet.
Daß Berlin inzwischen zur 3.größten türkischen Stadt geworden ist wird von Kirche und Gewerkschaft als **multinationale Gesellschaft** gefeiert.
Junge Menschen die sich diesem Verfall entgegenstemmen und für eine neue und bessere Ordnung arbeiten, werden von den etablierten Kräften verhöhnt und bekämpft.

 Aktion Ausländerrückführung
Volksbewegung gegen Überfremdung und Umweltzerstörung

Kontaktanschrift: Arnd-Heinz Marx, Postfach ●●●●●, 6450 Hanau 7

Wahlplakat der Aktionsfront Nationaler Sozialisten/Nationale Aktivisten (ANS/NA) für ihre Suborganisation Aktion Ausländerrückführung (AAR) zur Landtagswahl in Hessen am 25. September 1983.

zutreffend, wenn der Bundesinnenminister in seiner Verbotsverfügung gegen die VSBD schrieb: »Die Wurzeln des Terrors liegen tief in unserem Land.«

Im Juni 1983 begann der Prozeß gegen Friedhelm Busse und vier weitere Angehörige der VSBD (Klaus-Dieter Hewicker, 27, Christine Hewicker, 24, Peter Fabel, 20, und Pascal Coletta, 21). Das Verfahren gegen Peter Hamberger wird abgetrennt, denn er sein ein psychisch kranker Mann (zur Person vgl. Benz, 1984, S. 143 ff.). Das Ehepaar Hewicker, beteiligt an dem Banküberfall in Rennerod durch das »Kommando Schubert« distanziert sich im Mai 1983 in einem Leserbrief in der »tageszeitung« von den mitangeklagten »Faschisten« und möchte sich seither als antiimperialistische Kämpfer verstanden wissen. Beide haben, so auch der Urteilsspruch vom 25. November 1983, das politische Lager gewechselt. Sie werden zu sieben bzw. sechs Jahren Haft verurteilt; Friedhelm Busse erhält wegen Hehlerei, Strafvereitelung, Begünstigung und Vergehen gegen das Waffen- und Sprengstoffgesetz eine Strafe von drei Jahren und neun Monaten. Fabel und Coletta werden zu vier bzw. drei Jahren Jugendstrafe verurteilt. Entgegen den üblichen Kommentaren, die die Verharmlosung von Rechtsextremisten durch die Justiz anklagen, notierte die linke »tageszeitung« am 26. November 1983: »Dürftige Begründung für hohe Strafen.«

Die restlichen Kader der VSBD, sofern sie nicht in das terroristische Spektrum abwanderten, nutzen das Jahr 1982 zur Reorganisation, um ab 1983 unter Führung Michael Kühnens ihre Aktivitäten in der *Aktionsfront Nationaler Sozialisten/Nationale Aktivisten* (ANS/NA) fortzusetzen.

Politische Kleingruppen wie die neonazistischen Kaderorganisationen haben in der Regel eine relativ gering entwickelte Infrastruktur, die nicht soweit gefestigt ist, daß sie personenunabhängig agieren kann. Dies gilt nachhaltig für den am 21. Juni 1955 geborenen ehemaligen Bundeswehrleutnant Michael Kühnen. Ohne seine Person, seine Intelligenz und seine analytischen Fähigkeiten wäre es der NS-Bewegung nie gelungen, sich als ernstzunehmenden fundamental-oppositioneller Faktor in der europäischen Medienlandschaft zu präsentieren. Es ist dem Geschick Kühnens zu »verdanken«, daß er seit Mitte der siebziger Jahre – unter tatkräftiger Mitwirkung des Sensationsjournalismus – eine gewisse Sogwirkung auf gewalt-

orientierte, rechtsextrem disponierte Jugendliche ausüben konnte. Von kaum einer anderen rechtsextremen Jugendorganisation sind die Aktivitäten besser dokumentiert als von Kühnens ANS. Angefangen von der Gründung des Freizeitvereins Hansa 1977 bis hin zum Frankfurter Appell der ANS/NA (vgl. Dudek/Jaschke, 1984 b, S. 343) vom 15. Januar 1983 sind die Aktivitäten der Kühnen-Gruppe fast lückenlos bekannt (vgl. Meyer/Rabe, 1979; Rabe, 1980; Broder, 1978; Graf, 1984).
Um Wiederholungen zu vermeiden, wollen wir hier deshalb hauptsächlich auf die Programmatik, die internen Organisationsstrukturen und die Bedeutung von Gewalt und Kampf als Gravitationszentrum neonazistischer Selbstdefinition eingehen. Grundlage ist das von Michael Kühnen während seiner Haftzeit verfaßte und bislang unveröffentlichte Buchmanuskript »Die Zweite Revolution. Glaube und Kampf«. Die Ernst Röhm gewidmete Arbeit wurde am 20. April 1979 abgeschlossen und anschließend aus der Haftanstalt geschmuggelt. (Als Autor wurde Kühnen deshalb vom Landgericht Flensburg am 30. April 1982 zunächst wegen Herstellens von Propagandamitteln verfassungswidriger Organisationen in Tateinheit mit Aufstachelung zum Rassenhaß zu 9 Monaten Freiheitsstrafe verurteilt. Der Bundesgerichtshof stellte am 24. Juni 1983 das Verfahren gegen Kühnen ein, da für das Manuskript noch keine Druckvorbereitungen getroffen waren.) Die Arbeit, deren zweiter Teil überschrieben ist mit »Der Volksstaat. Nationalsozialismus zwischen Louis Napoleon und Mao Tse-tung«, ist die umfangreichste programmatische Schrift, die gegenwärtig aus neonazistischen Kreisen vorliegt. Sie fällt schon deshalb aus dem Rahmen, weil neonazistischen Gruppen im allgemeinen ihre »Kampfprogramme« (vgl. Dudek/Jaschke, 1984 b, S. 335 ff.) als einen zu politischen Schlagworten reduzierten Forderungskatalog abfassen und dessen Legitimierungsbedarf durch Glaubensbekenntnisse ersetzen. So heißt es z. B. im Frankfurter Appell, dem Gründungsdokument der ANS/NA, das zur »nationalen Revolution« aufruft, kurz und bündig:

»Wir fordern:
– Aufhebung des NS-Verbotes
– Ausländerrückführung
– Lebens- und Umweltschutz

- Kulturrevolution gegen den Amerikanismus
- Kampf für ein unabhängiges, sozialistisches Großdeutschland
NATIONALE REVOLUTION!
Alles für Deutschland!«

Gewalt und Kampf sind zwei Begriffe, die für den historischen Nationalsozialismus wie für die jugendlichen Neonazis eine zentrale Rolle spielen. Sie sind nicht lediglich Mittel zum Zweck, sondern Zweck selbst. Sie strukturieren den diffusen Protest der »Nationalen Sozialisten der neuen Generation« (Buchmanuskript Kühnen, S. 11) in ein dualistisches Freund-Feind-Modell, das keine Differenzierungen zuläßt. Kühnens Schrift ist der Versuch einer Begründung der von der SA 1933/34 geforderten »Zweiten Revolution«. In einer Art Sozialfaschismus-These von rechts, die in den ihren Vertretern ideologisch am nahestehendsten Gruppen den »Hauptfeind« sehen, schreibt Kühnen:

> »Die Reaktion ist kein fairer Gegner wie z. B. der Marxismus und seine Anhänger. Sie ist auch keine einheitliche Organisation, die man ohne Schwierigkeiten angreifen und vernichten kann. Die Reaktion ist die zur Politik gewordene Verkörperung bürgerlicher Skrupel, Ängste und Dummheiten. Darum ist sie so schwer zu bekämpfen und so gefährlich für uns. Der schlimmste Feind unserer Bewegung im Lager der Reaktion ist die sog. ›nationale Opposition‹ von Deutsch-Nationalen und Nationaldemokraten (hier nicht nur als Parteinamen verstanden). Diese ›Auch-Nationalen‹ erfüllen – bewußt oder unbewußt – ihre Aufgabe im großen Verwirrspiel der sanften Unterdrückung. Ihre Anpassung an das System isoliert die Rechte von den revolutionären Strömungen unserer Zeit. Ihre Verteidigung von Wirtschafts- und Kapitalinteressen entfremdet uns die große Zahl der Unzufriedenen und Benachteiligten. Ihre bürgerliche Spießigkeit schreckt die Jugend ab. Ihr Versuch, das nationale Lager zur ›besten CSU‹ zu formen, ›die es je gab‹, – ihr Antisozialismus – kostet uns die Sympathie der Arbeiterschaft. ... Dies ›nationale‹ Kleinbürgertum, diese Reaktionäre treten uns seit Ende des Krieges in vielerlei Gestalt entgegen. Ihre bisher letzte Verkörperung ist die NPD – die nationaldemokratische (!) Partei Deutschlands.« (Ebenda, S. 195 f.)

Solche Feinderklärungen, so überraschend sie im ersten Moment sind, sind aus der Sicht der militanten Kader des Neonazismus plausibel. Als erklärte Feinde der Demokratie müssen sie eine Partei wie die NPD als Verräter an der *gemeinsamen* Sache ansehen. Das Auftreten und der Stil der NPD ist ihnen zu bürgerlich und angepaßt. Ihre revolutionäre Strategie zielt auf Randgruppen als sozialen Träger: »bei den Unzufriedenen, den Benachteiligten, den Arbeitern und Arbeitslosen und der unruhigen Jugend – bei den Trägern der Revolution von morgen« (ebenda, S. 196) sieht Kühnen die Basis für den Kampf gegen »Liberal-Kapitalismus«, »Marxismus« und »zionistische Weltpest«. Dieser Kampf gilt der Durchsetzung der nationalsozialistischen Idee und der Erhaltung der »arischen Völkergemeinschaft«. Für Kühnen ist der Nationalsozialismus eine faszinierende Mischung aus Elitebewußtsein und Massenbewegung, in deren Zentrum die Volksgemeinschaft steht. »Korporativismus, Großdeutschland, Rasseneinheit« (ebenda, S. 101) sind die weiteren Eckpfeiler des kommenden 4. Reiches. Es läßt sich nur verwirklichen, wenn die NS-Kader ihren Totalitätsanspruch durchsetzen können. Aus der Optik Kühnens besteht trotz einer »Welt von Feinden« hierfür berechtigte Hoffnung, fühlen sich die Anhänger der NS-Bewegung doch als der politische Ausdruck des Willens der Geschichte. Sie erfüllen sozusagen den ewigen Auftrag der Natur, eine Gesellschaft nach sozialdarwinistischen Prinzipien zu etablieren. Wie alle politischen Sekten, die sich als Vollstrecker der Geschichte verstehen, interpretiert auch die NS-Bewegung jede Opposition gegen sie als gleichsam widernatürlich, als »Volksverrat«.

>Der Nationalsozialismus ist eben keine Partei, die an die Macht will, um irgendein Programm durchzusetzen, sondern er verkörpert in sich eine kommende Gemeinschaft, die sich entweder total durchsetzt oder gar nicht. Es war die Tragödie des Nationalsozialismus, daß Adolf Hitler dies nicht erreichen konnte, sondern einen Pakt mit der Reaktion schloß und Ernst Röhm opferte. Die nationalsozialistische Revolution scheiterte nicht 1939 bei Kriegsausbruch, nicht in Stalingrad und nicht am Tag der bedingungslosen Kapitulation, sie scheiterte am Verzicht auf die Zweite Revolution und an dem sinnlosen Opfer der treuesten Nationalsozialisten am 30. Juni 1934. Dieser Grundsatz muß heute noch fester vertreten werden als damals. Nationalsozialisten halten sich an die Gesetze der Demokratie, aber sie machen kein Hehl daraus, daß sie keine Opposition zulassen werden, wenn sie selber an der Macht sind. Opposition gegen den Nationalsozialismus ist Opposition gegen das Volk und damit Volksverrat.« (Ebenda, S. 21.)

Kühnen formuliert hier den Ausgangspunkt des politischen Glaubensbekenntnisses seiner Kader. Für sie vollzieht sich Geschichte als Geschichte von Rassenkämpfen, die nur eine Alternative zulassen: Kapitulation oder Kampf. Ziel dieses Kampfes ist der rassistisch fundierte »Volksstaat«; revolutionäre Träger der neuen Ordnung sind die »politischen Soldaten« als »kämpferische Elite der Partei«. »Der nationalsozialistische Volksstaat muß zu einer Führungsmacht der Blockfreien heranwachsen und sich an einer nationalistischen Weltfront beteiligen, die die Nachkriegsordnung hinwegfegen wird und als Vorstufe einer auf völkischen und rassischen Grundlagen beruhenden Völkergemeinschaft gelten mag.« (Ebenda, S. 216.) An anderer Stelle faßt Kühnen die ideologischen Grundlagen seines politischen Bekenntnisses wie folgt zusammen:

> »Wenn wir Nationalismus, Sozialismus – als korporativistische Volksgemeinschaftsidee verstanden – und das Wissen um die Bedeutung der Rasse als die wesentlichen Grundlagen unseres Glaubens bezeichneten und in Kapitalismus, Kommunismus und Zionismus unsere Hauptfeinde sehen, so erkennen wir schnell den entscheidenden Unterschied (zwischen Faschismus und Nationalsozialismus, P. D.): Der Faschismus ist nicht unbedingt rassisch geprägt und sieht nicht unter allen Umständen im Zionismus einen Gegner . . . Für Rasse und Nation! Hierin liegt der Sinn unseres persönlichen und unseres völkischen Lebens. Der Kampf um das Weiterleben und um eine neue Blüte der arischen Menschheit verschmilzt unser kleines Ich mit dem gewaltigen Strom der Geschichte. Vor unseren Augen ersteht der Traum einer neuen Hochkultur. In wenigen Jahren tritt der Arier in ein neues Jahrtausend seiner geschichtlichen Existenz. Es liegt an uns allein, ob dieses zum Grabstein oder zum Mahnmal einer neuen Größe wird. *Wir Nationalsozialisten wollen die Ordnung der nächsten Jahrtausende gestalten!* Wir können nicht ahnen, wie diese Neue Ordnung einmal endgültig aussehen wird. Wir stehen mit klopfenden Herzen vor dem Tor in eine unvorstellbar große, schöne und überwältigende Kultur . . . Und nicht nur diese arische Weltordnung ist unser Ziel. Dahinter steht noch ein geheimer Traum, das letzte, verborgene Ziel: Der Neue Mensch!« (Ebenda, S. 249 ff.)

Kühnen weiß sehr wohl, daß solche politischen Entwürfe gegenwärtig jenseits aller Realisierungschancen liegen. Und er weiß sehr wohl um die mangelnde Argumentations- und Diskursfähigkeit neonazistischer Jugendlicher. Deshalb bezieht er seine Appelle an die rigorose Kampfmoral und die prinzipielle Gewaltakzeptanz auf die lebensgeschichtlichen Eindrücke von sozialer Ungerechtigkeit und persönlichen Benachteiligungen. Aus der Not mangelnden Zulaufes und staatlicher Verfolgung macht er eine Tugend: das Kaderprinzip. Dem Häuflein selbstloser Kämpfer steht eine übermächtige Welt von Feinden gegenüber. Gerade deshalb soll aus ihren Reihen die neue Elite erwachsen.

> *»Es ist gut, daß wir nur wenige sind!* Wir bilden eine Elite, unsere Bewegung zieht eine Generation von Kämpfern heran, denen nichts unmöglich sein wird. Die Unterdrückung und Verfolgung formt die Revolutionäre von morgen. Zu uns finden nur die Kameraden, die keine Angst um ihre

bürgerliche Existenz kennen, die entschlossen sind, notfalls alles zu opfern. *Die vielen anderen wollen wir gar nicht – die Lauen, die Zweifler, die Besserwisser, die Spießer!* Die kommen von alleine, wenn der Erfolg erst auf unserer Seite ist. Wir pfeifen auf die Skrupel und Ängste einer bürgerlichen Welt. – Solange wir zusammenhalten, eine verschworene Gemeinschaft bilden, sind wir unbesiegbar. Und wenn Tausende in den Gefängnissen sitzen werden und die anderen von allen gejagt werden: In uns brennt ein Feuer, das nur der Tod löschen kann!« (Ebenda, S. 185 f.)

Die Aufgabe jeder »bürgerlichen Karriere« und damit auch die Aufgabe der Trennung von privat und politisch, die prinzipielle Akzeptanz des Gewaltprinzips als nicht hintergehbarem Naturprinzip einerseits und einem von der Gewalt der Herrschenden aufgedrängten Kampfmittel andererseits kennzeichnet den »politischen Soldaten« des Neonazismus. Zu ihm zählen »Glaube, Gehorsam, Kampf, Kameradschaft, Wille, Macht« (ebenda, S. 187). »Für ihn gibt es nur: Alles oder Nichts! Entweder wir vernichten unsere Feinde und damit die unseres Volkes, oder wir haben die Probe nicht bestanden. Wir dürfen keine Kompromisse schließen, müssen in jeder Lage Revolutionäre bleiben – schmiegsam in der Taktik, aber stahlhart im Grundsätzlichen. Es ist natürlich, daß eine solche Lebenseinstellung, die die Bequemlichkeit verachtet und das Opfer verlangt, immer nur wenige – die Besten – anzusprechen vermag. Es ist unser Stolz dazu zu gehören.« (Ebenda, S. 188.)

Der missionarische Impetus der NS-Gruppen, gepaart mit ihrer endzeitlichen Erlöser-Attitüde und ihrem Gewaltpathos spricht gerade die Unterprivilegierten unter den Jugendlichen an. Es sind dies Jugendliche, die Gewaltanwendung auch in ihrer Lebenswelt erfahren und sie zur »Lösung« privater und gesellschaftlicher Konflikte befürworten. Indem NS-Gruppen strukturell bedingte gesellschaftliche Gewalterfahrungen in direkte persönliche Gewaltstrategien auflösen und sie legitimieren, gewinnen sie gerade als politische Minderheit Attraktivität. Erhöht wird sie – funktional gesehen – durch die Resonanz, die diese Gruppen durch die Massenmedien und die staatlichen Verfolgungsbehörden erhalten. Michael Kühnen hat dies wie kein anderer erkannt und praktiziert. Organisationsinterne Disziplin, der Vorherrschaftsanspruch gegenüber konkurrierenden Gruppen, die Sicherung des Führernachwuchses und Erregung der öffentlichen Aufmerksamkeit sind für ihn die entscheidenden Garanten, die die Verkümmerung politischer Kadergruppen zu unbedeutenden Sekten verhindern sollen.

> »Ich habe nie Wert darauf gelegt, persönliche Anhänger heranzubilden; meine Aufgabe war es vielmehr, junge Menschen für den Nationalen Sozialismus zu begeistern. Es ist wichtig, daß Führung und Verantwortung beim Leiter liegen, aber es ist ebenso notwendig, von Anfang an fähigen Führernachwuchs heranzubilden und einen Stellvertreter zu ernennen, der als einziger über alles informiert ist. Der Verschleiß von Führungskräften ist in unseren Reihen ungeheuer groß. Unsere politische Arbeit ist nicht ungefährlich, und sie kann nur dann erfolgreich sein, wenn der politische Leiter seinen Kameraden mit gutem Beispiel vorangeht. Jeder einzelne Kämpfer geht Risiken ein, der Leiter aber kann sicher sein, daß er vom Staatsschutz schikaniert wird, er muß bereit sein, Wohnung und Arbeit auf's Spiel zu setzen, er opfert Vermögen und Freizeit, und er ist es auch, auf den man sieht, wenn er ins Gefängnis geht; ... Dies alles muß derjenige wissen, der der Bewegung als Amtsträger dienen will, und in diesem Geist muß der Führungsnachwuchs erzogen werden, um mit der Bewegung ein stahlhartes Instrument zu schaffen, das dereinst mit Aussicht auf Erfolg eingreifen und die Zukunft unseres Volkes gestalten wird.« (Ebenda, S. 74 f.)

Im Januar 1983 schlossen sich die Kader der ANS, der ehemaligen Wehrsportgruppe Fulda und im Frankfurter Raum die versprengten Aktivisten der verbotenen WSG-Hoffmann und der VSBD zur ANS/NA zusammen. Die Organisationsstruktur dieser neuen Gruppierung entsprach den strategischen Vorstellungen Kühnens weitgehend. Ihre Mitglieder setzten sich aus »Nationalen Aktivisten« und »ANS-Kadermitgliedern« zusammen. Während die ersteren einfache Mitglieder waren, bestehen die Kader »aus den treuesten und aktivsten Nationalen Aktivisten ... Für sie besteht die Pflicht zur gleichzeitigen Mitgliedschaft in der ›Hilfsgemeinschaft für nationale politische Gefangene‹ (HNG), eine Beitragspflicht von monatlich 15 DM (10 DM davon gehen als Beitrag an die HNG, der von der ANS geschlossen abgeführt wird). Kadermitglieder sind weiter verpflichtet zu strenger Disziplin, regelmäßiger Teilnahme an allen Veranstaltungen, Treffen und sonstiger politischer Arbeit sowie zu einem Leben nach dem Leitbild des politischen Soldaten. Sie erhalten einen Kaderausweis, der erst nach einer Probezeit verliehen wird und der jedes Jahr überprüft werden muß.« (»Innere Front«, März 1983.)

Organisatorisch gliederten sich die ANS/NA-Gruppen in

Stützpunkte, Kameradschaften, ANS-Kader, das Korps der Politischen Leiter und die Organisationsleitung. Ihre Mitglieder sollten zwar prinzipiell anonym bleiben, doch machte die ANS selbst kein Hehl daraus, daß ihre Führungstroika bis zum Frühherbst 1983 aus Michael Kühnen, Thomas Brehl und Arnd-Heinz Marx bestand. Als Organisationsleiter hielt sich Kühnen einen »persönlichen Adjutanten, den in den Hamburger Femegerichts-Mord (vgl. Kap. 8) verwickelten Thorsten König, und ernannte Thomas Brehl zu seinem Nachfolger. Anläßlich ihrer »Deutschland-Fahrt« im Sommer 1983 kam es zu tiefgreifenden Auseinandersetzungen innerhalb der ANS-Führertroika, die mit dem formellen Organisationsausschluß von Marx beendet wurden. Die Hintergründe, die auch im Frankfurter Femegerichts-Prozeß im Frühjahr 1984 zu Sprache kamen (vgl. Kap. 8), schildert Thomas Brehl aus seiner Sicht:

> »Also der Streitpunkt ganz kurz: Wir (i. e. Kühnen/Brehl, P. D.) haben immer gesagt, wir stehen als ANS/NA in der Tradition der SA und hatten zunehmend den Eindruck, daß Marx in der Tradition der SS steht, d. h. mehr oder weniger hinter unserem Rücken eine neue SS mit Sicherheitsdienst aufzubauen begann. Das sind Dinge, die wir grundsätzlich ablehnen. SS-Intrigen wie beim sogenannten SA-Putsch sollen sich nicht wiederholen. Da waren eben die Vorstellungen so konträr, daß eben eine Zusammenarbeit nicht mehr möglich war. Es hat auch noch persönliche Spannungen gegeben . . .
> Ich muß dazu sagen, was in unseren Augen auch eine ganz große Schweinerei war, daß Marx eine Vereidigung durchgeführt hat, nicht nur von seiner Kameradschaft, sondern auch von einigen andern, und in dieser Vereidigung eben die Kameraden nicht vereidigt hat auf Deutschland oder sowas, sondern auf seine eigene Person. Nach der Originaleidesformel der SS, nach dem Motto ›Ich schwöre dir, Arnd-Heinz Marx‹. Das war eigentlich das Ausschlaggebende, das ging uns dermaßen gegen die Hutschnur, da war dann der Größenwahn offensichtlich geworden. Wir sind für das Führerprinzip, aber es ist eine Frechheit, wenn jemand quasi eine Position einnimmt, die unserer Vorstellung nach nur einem gebührt, nämlich unserem Führer Adolf Hitler.« (Graf, 1984, S. 30 f.)

Solche internen Differenzen sind für rechtsextreme Gruppen eigentlich typisch. Gewöhnlich werden sie durch Abspaltungen oder Neugründungen »gelöst«. Dies hängt nicht nur mit der Struktur politischer Kleingruppen und dem Rigorismus ihrer Aktivisten zusammen, sondern auch mit der Mentalität rechtsextrem Engagierter und ihrer ausgeprägten Selbstüberschätzung. Im vorliegenden Falle erwies sich die enge Identifikation mit der NSDAP und die Übernahme ihrer innerparteilichen Konfliktkonstellationen als Auslöser der Krise innerhalb der ANS/NA. Solche Konfrontationssituationen sind in der Regel immer durchmischt mit persönlichen Rivalitäten und können schon durch andere Personenkonstellationen nach relativ kurzer Zeit der Vergangenheit angehören. Offensichtlich aber scheint der Konflikt innerhalb der ANS/NA auch ein Symptom für den Wiederholungszwang solcher Krisen zu sein. Er wurde nicht nur durch die persönlichen Eitelkeiten einzelner Aktivisten ausgelöst, sondern ist auch Ausdruck der Diffusität des rechtsextremen Sozialprotestes und seiner moralischen Entschiedenheit.

Gemäß der zentralistischen Kaderstruktur der ANS/NA war die Organisationsleitung Organ der politischen Willensbildung. Sie bediente sich hierzu sog. »Organisationsbefehle«, die in den beiden Presseorganen »Die Innere Front« (IF) und »Das Korps« (DK) veröffentlicht wurden. Letzteres war für die politischen Leiter der ANS/NA bestimmt. Der von ihr praktizierte permanente Aktivismus drückt sich auch in der Vielzahl besonderer Untergliederungen und Vorfeldorganisationen aus: Jugendbund »Nibelungen« (für Jugendliche unter 16 Jahren), Mädelbund, Amt für Gefangenenhilfe, Amt für Auslandsbeziehungen, Presseamt, ANS-Betriebszellenorganisation, Amt für nationalsozialistische Lebensanschauung und Schulung, Stabswachen. Als von der ANS/NA-Führung kontrollierte Vorfeldorganisationen fungierten der »Freundeskreis Deutsche Politik« (FKDP), dessen Aufgabe in der Sammlung von Spendengeldern und der Rekrutierung von »Kameraden, die aus Alters- und/oder Berufsgründen nicht als Nationale Aktivisten in Erscheinung treten können oder wollen« (»IF«, März, 1983), bestand. Auf dem »ersten Führerthing der ANS/NA« wurde am 26. Juni 1983 als »der parteipolitische Arm der ANS« (»DK«, Juli 1983) die »Aktion Ausländerrückführung – Volksbewegung gegen Überfremdung und Umweltzerstörung« (AAR) gegründet, deren Mitglieder aus ANS-Kadern bestand, damit diese »im Falle von Wahlerfolgen den in der ANS/NA zusammengeschlossenen nationalistischen Kadern nicht aus der Hand gleitet« (ebenda). Hauptzweck der AAR war die Beteiligung an Landtagswahlen. Über formelle Landesverbände verfügte sie in Hessen, Baden-Württemberg, Schleswig-Holstein, Nordrhein-Westfalen und Bayern (»IF«, Oktober 1983). An der

Tabelle 9
Abschneiden der »Aktion Ausländerrückführung« (AAR) bei der hessischen Landtagswahl vom 25. 9. 1983

Wahlbezirk	abs.	%
Mainz-Kinzig II	172	0,3
Fulda I	160	0,5
Frankfurt IV	124	0,2
Frankfurt VI	192	0,3
Groß-Gerau I	175	0,3

hessischen Landtagswahl vom 25. September 1983 nahm sie in fünf Wahlkreisen teil und errang die in Tabelle 9 wiedergegebenen Ergebnisse.
Im Laufe des Jahres 1983 haben sich drei Adressatengruppen für die ANS/NA herauskristallisiert. Neben der Durchsetzung ihres Totalitätsanspruches durch die Gewinnung von Mitgliedern und Sympathisanten anderer neonazistischer Organisationen (vor allem der HNG) sind die Zielgruppen einmal arbeitslose unzufriedene Jugendliche und zum anderen die Mitglieder militanter, ausländerfeindlicher Jugendcliquen. So versuchte die ANS/NA ab Juli 1983 gezielt Einfluß auf Fußball-Fan-Clubs und die sog. »Skinheads« zu gewinnen. Aus der Sicht der in 32 Kameradschaften mit 270 Mitgliedern zusammengeschlossenen ANS/NA war dies plausibel. Denn sowohl die »Skinheads« als auch die anvisierten Fußball-Fan-Clubs teilen mit neonazistischen Gruppen eine prinzipielle Gewaltorientierung, rigide Fremdenfeindlichkeit und den expressiven nazistischen Stil. Die glatzköpfigen »Skins« beispielsweise treten weitgehend einheitlich gekleidet auf: Schnürstiefel, Krempeljeans, grüne Bomberjacken mit dem Aufnäher »Ich bin stolz ein Deutscher zu sein« oder »Unsere Ehre heißt Treue«. Von rechtsextremen Gruppen übernehmen sie Schlachtrufe wie »Rotfront verrecke«, »Sieg Heil« oder »Scheiß-Republik«.
Auch wenn die jugendlichen »Skins« von ihren antidemokratischen Denkmustern her als natürliche Zielgruppe für die ANS/NA erscheinen und an verschiedenen Orten situativ Zusammenarbeit und Bündnisse gelungen sind, darf der Einfluß neonazistischer Kader auf die informellen Jugendcliquen nicht überschätzt werden. Vorfälle wie beim NPD-Landesparteitag

am 28. April 1984 in Wiehl (bei Gummersbach), wo annähernd 100 jugendliche »Skins« brutal auf – zum Teil ältere – Gegendemonstranten einschlugen, blieben in dieser organisierten Form bislang die Ausnahme. Das eigentliche Bindeglied zwischen Neonazis und »Skins« ist die Gewaltakzeptanz. Die Abgrenzungsformel für die Grünjacken wie für die Fußballfans lautet: »Zoff ja – Politik nein.« Sie suchen Situationen gewaltsamer Auseinandersetzung. Ob im Jugendzentrum oder mit konkurrierenden Jugendcliquen, ob bei Fußballspielen oder mit »linken« Demonstranten, für die Masse der »Skins« sind die Anlässe letztlich beliebig. Es ist deshalb fraglich, ob es NS-Gruppen mittelfristig gelingen wird, die spontaneistischen Gewaltfanatiker in ihrer führerzentrierten und Disziplin abverlangenden Organisationsstrukturen zu integrieren. Denn mit dieser Integration wäre der Freizeitcharakter der Skin- und Fan-Cliquen zugunsten einer Totalpolitisierung aufgegeben. Diesen Schritt, verbunden mit dem Verlust bürgerlich-privatistischer Perspektiven, zu gehen, sind aber nur wenige Jugendliche bereit.

Dennoch trägt die Existenz gewaltorientierter Jugendcliquen zur Radikalisierung der Auseinandersetzungsformen mit jugendlichen Neonazis bei. So greifen beispielsweise in Hamburg Jugendliche unter dem Signum des »antifaschistischen Kampfes« zur Selbstjustiz. Auslöser waren die Ankündigungen von »Skinheads« und der ANS/NA anläßlich des Fußball-Länderspiels gegen die Türkei am 26. Oktober 1983 in Berlin, »zum Kampf gegen die Kanaken« aufzurufen. Seither suchen die »autonomen Antifaschisten« die direkte Konfrontation mit jugendlichen Neonazis, observieren sie und verbreiten öffentlich Steckbriefe (vgl. Interview mit Angehörigen der »Autonomen«, in: »Konkret«, Heft 5/1984).

Am 7. Dezember 1983 wurde das Verbot der ANS/NA und aller ihrer Suborganisationen durch den Bundesinnenminister vollzogen. In der entsprechenden Verbotsbegründung heißt es:

> »Die verfassungsfeindlichen Aktivitäten der ANS/NA können nur im Wege eines Vereinsverbotes unterbunden werden. Die bisherigen strafrechtlichen Verurteilungen der maßgeblichen Funktionäre der ANS/NA haben an der Tätigkeit und der politischen Zielsetzung der ANS/NA nichts bewirkt. Durch Verurteilungen haben sich führende Funktionäre der ANS/NA in ihrer ablehnenden Haltung gegenüber der freiheitlich demo-

kratischen Grundordnung nur noch bestärkt gefühlt.« (»Innere Sicherheit« vom 23. Dezember 1983.)

Die Begründung für dieses Verbot läßt sich auf die Maßnahme selbst anwenden. Zwar sind die medien- und öffentlichkeitswirksamen Aktionen deutlich zurückgegangen, was ein Sprecher des hessischen Innenministeriums mit Verweis auf die negativen Auswirkungen des bundesdeutschen Neonazismus im Ausland befriedigt feststellte. Aber weder konnten durch das Verbot die Organisationsstrukturen der ANS/NA entscheidend gestört werden, noch hatte das Verbot abschreckende Wirkung auf die jugendlichen Anhänger. Gewechselt wurden lediglich die Etiketten. Schon im gleichen Monat erschien »Das Korps« unter dem Titel »Die Kameradschaft« und »Die Innere Front« wurde in »Die neue Front« umbenannt. Die verbotenen Kameradschaften schlossen sich zu »Leserkreisen« oder »Freundeskreisen« zusammen. Diese schlossen sich am 19. Februar 1984 in Rüsselsheim zur »Nationalen Volksfront« (NVF) zusammen, aus dem ANS-Mädelbund wurde die »Deutsche Frauen-Front«. Unter der Parole »Trotz Verbot nicht tot« kämpfen die jugendlichen ANS-Kader, die fast alle zwischen 16 und 27 Jahre alt sind, für ihre Hauptforderung: Die Wiederzulassung der NSDAP als legale Partei.

7. Der Terrorismus von rechts

Die von der ANS/NA und anderen neonazistischen Gruppierungen vertretene Gewaltphilosophie zur Durchsetzung ihrer politischen Ziele findet in demonstrativen terroristischen Aktionen ihre Vollendung. Gerade im Terrorismus findet der elitäre Heroismus neonazistischer Kader deshalb seinen extremen Ausdruck, weil der Unterschied zu »legal« arbeitenden Gruppen und Personen in der Regel nicht ideologisch begründet wird, sondern durch den Grad an Mut, Entschiedenheit, Opfer- und Todesbereitschaft. Ähnlich wie Linksterroristen fühlen sich auch Angehörige des Terrorismus von rechts als Revolutionäre. So kritisierte einer ihrer Protagonisten, Walther Kexel, in seiner Kontroverse mit Kühnens ANS in einem Brief vom 11. Juli 1982 (vgl. Dudek/Jaschke, 1984 b, S. 359):

> »Für mich war ›Uniform‹ immer nur Mittel zum Zweck. Sie sollte vor allem auch dem Gegner zeigen, daß wir fest entschlossen sind, nicht vor dem System zu ducken, sondern bereit sind, unseren Weg, auch wenn er durch die Gefängnisse führt, zu gehen. – Achtung ist der erste Schritt zum Erfolg. – Ich weiß, daß mir das damals Kritik aus den ›eigenen‹ Reihen zutrug, daß Eltern um ihre Kinder – und diese um sich selbst Angst hatten. Diesen möchte ich hier in aller Deutlichkeit etwas sagen: Wenn man dieses System umändern oder abschaffen will, dann kann man nicht auf der einen Seite ein bürgerliches Dasein führen – ›seinen kleinen Frieden‹ schließen – und Feierabendrevolutionär spielen; sondern man muß sich mit aller Kraft und Energie für die Sache einsetzen! Ich habe während meiner ›politischen Laufbahn‹ nur sehr, sehr wenige Menschen kennengelernt, die das begriffen haben – zwei davon sind tot; sie wären es vielleicht nicht, wenn es eine revolutionäre Richtung in Form einer Organisation gegeben hätte, diese phantastischen, überströmenden Kräfte in den deutschen Befreiungskampf geführt hätten. Wir ›Nationalen‹ waren nicht in der Lage. Ihr ›Rechten‹ werdet auch niemals dazu fähig sein, denn ihr könnt keine ›Brücken hinter euch abbrechen‹, ihr könnt nicht euer ›liebes Kind‹ erschlagen.«

Ähnlich wie bei Linksterroristen wird auch hier der Wille des handelnden Subjektes, alle Brücken zur bürgerlichen Gesellschaft abzubrechen, in das Zentrum der Argumentation gerückt. Kexels positiver Bezug auf seine beiden toten »Kameraden«, Kurt Wolfgram und Frank Schubert, besagt, daß der prinzipielle Verzicht auf eine Güterabwägung zwischen politischen Zielen und den Mitteln ihrer Durchsetzung auch die eigene Todesbereitschaft beinhaltet. Der bundesdeutsche Rechtsterrorismus hat sich Ende der siebziger Jahre aus dem militanten nationalsozialistischen Netzwerk ausdifferenziert (s. Abschnitt WSG-Hoffmann/VSBD). Vereinzelte terroristische Anschläge gab es zwar schon früher (vgl. den Ereigniskalender: Terroristische Gewalttaten rechtsextremistischer Täter, in BMI, 1981, S. 291 ff.), doch setzte die spürbar gestiegene Militanz in organisierter Form erst 1980 ein.
Initialereignis war das Attentat auf Besucher des Münchner Oktoberfestes im September 1980, bei dem 13 Personen getötet und 213 zum Teil erheblich verletzt wurden. Unter den Getöteten befand sich auch der Attentäter Gundolf Köhler (Jg. 1959), der nachweislich Verbindungen zur WSG-Hoffmann und zum Tübinger HTS hatte. Für unseren Zusammenhang ist es dabei unerheblich, ob die Einzeltäter-These der Bundesstaatsanwaltschaft stimmt oder die Recherchen des »Stern« (vom 1. März 1984) stichhaltig sind, nach denen Köhler Hintermänner und Helfer gehabt hat. Unerheblich ist hier auch, ob politische Motive den Antrieb für das Attentat leiteten oder das Verbrechen aus der Persönlichkeitsstruktur Köhlers zu erschließen ist. Die Ziellosigkeit und die Dimensionen des Anschlages ließen Parallelen zu dem faschistischen Terroranschlag auf den Bahnhof von Bologna, bei dem 84 Menschen starben, zwangsläufig aufkommen. Der Kontakt Köhlers zu militanten Rechtsgruppen erhärtete die These vom Attentat mit rechtsextremem Hintergrund.
Das Münchner Attentat gilt seither als Warnung vor der Gefährlichkeit militanter rechter Zirkel. Weitere Anschläge sollten folgen und in den nächsten Jahren die Eskalation der Gewalt höherschrauben. Im November 1981 warnte deshalb der damalige Innenminister Baum vor der »besorgniserregenden« Entwicklung des Rechtsterrorismus. Für ihn, so betonte Baum in einem Interview, habe der Rechtsterrorismus einen »»Stellenwert, der weit über die Zahlen hinausgeht, die der

Verfassungsschutz ermittelt‹, denn er sei vor dem historischen Hintergrund einer Nazi-Diktatur in Deutschland zu sehen. Es gehe um das Ansehen der Bundesrepublik bei den Völkern, ›die unter uns gelitten haben‹.« (»Frankfurter Rundschau« vom 9. November 1981.) Die rechtsextreme Gewalt durchläuft verschiedene Stufen. Von Morddrohungen gegenüber Ausländern und mit ihnen befreundeten Deutschen, Drohungen gegenüber Frauen, Beschädigungen der Einrichtungen von Juden und Ausländern, tätliche Angriffe auf Einzelpersonen bis hin zu Brandstiftungen und Morden. Dabei variiert der Organisationsgrad rechtsextremer Terroristen von spontanen Ad-hoc-Aktionen bis hin zu konspirativ agierenden Gruppen, die sich der terroristischen Logik der RAF bedienen.

Es geht an dieser Stelle nicht darum, alle Terroranschläge der letzten Jahre vollständig aufzulisten. Vielmehr soll am Beispiel einzelner Gruppen und Aktionen die Qualität und Gefährlichkeit des Rechtsterrorismus als einem Terrorismus aus dem Stand dokumentiert werden. Terrorismus aus dem Stand bedeutet, daß der Übergang von rechtsextremen Einstellungen und terroristischem Handeln sich abrupt vollzieht.

– Die Kasseler Gruppe »Aktion wehrhafte Demokraten« sprühte im Januar 1981 Parolen wie »Türkische Schweine ins KZ« und »Kauft nicht bei Türken«. Einen Monat später legte die Gruppe von drei »unpolitischen« Jugendlichen (20/21 Jahre) und einem 29jährigen ehemaligen NPD-Mitglied Bomben unter Autos türkischer Arbeiter und plante einen Sprengstoffanschlag auf ein SPD-Büro.

– Am 16. März 1981 wurde ein Wohnheim mit türkischen Arbeitern in Bad Homburg v. d. Höhe in Brand gesteckt, wobei drei Personen verletzt wurden. Am gleichen Tag ging beim Leiter des Wohnheimes ein anonymer Brief ein, in dem es hieß: »Sie haben die Kanaken aufgenommen, irgendwann drehen wir Ihnen den Hals um und brennen Ihnen das Dach ab.« In der Tat brannte das Haus nieder.

– Am 25. Juli 1982 erschoß der 26jährige Helmut Oxner in einer Nürnberger Discothek drei ausländische Besucher, verletzte zwei weitere und erschoß sich im Anschluß daran. Bei ihm wurde Propagandamaterial der NSDAP/AO gefunden.

– In der Silvesternacht 1981/82 erschlugen Mitglieder der

fremdenfeindlichen Rocker-Gruppe »Stander Greif« einen Türken.
- Am 21. Februar 1983 überfiel der jugendliche Neonazi Andreas Wagner in Bad Vilbel die Filiale einer Kreissparkasse und erbeutete 40 000,00 DM. Zu der Tat angestiftet hatten ihn der führende HNG-Funktionär Wolfgang Koch, der bereits 1982 wegen eines ähnlichen Deliktes angeklagt war. »In beiden Fällen liegen Hinweise dafür vor, daß die Geldsummen von *Koch* zur Durchführung militanter politischer Pläne benutzt werden sollten.« (BMI, 1984, S. 47.)

Die Liste ließe sich verlängern. Der aus der Gewaltphilosophie resultierende Waffenfetischismus militanter Rechtsextremisten bestätigt sich auch durch die Tatsache, daß allein 1983 bei 326 Hausdurchsuchungen in 127 Fällen Waffen, Munition und Materialien zur Sprengkörperherstellung gefunden wurden. Für die Jahre davor nannte der Bundesverfassungsschutzbericht:

> »*Insgesamt* wurden 1982 folgende Waffen- und Munitionsfunde registriert:
> 6 voll- und halbautomatische Schußwaffen (1981: 15),
> 31 Gewehre (1981: 58)
> 45 Faustfeuerwaffen (1981: 39)
> 19 sonstige Schußwaffen (1981: 39)
> rd. 12 500 Schuß Munition (1981: 28 000)
> sowie 492 Granaten und sonstige Sprengkörper (1981: 618). Darüber hinaus wurde gelegentlich auch Sprengstoff in zum Teil beachtlicher Menge gefunden.« (BMI, 1983, S. 17.)

Von anderer Qualität als die Aktionen der Ad-hoc-Gruppen sind die Terroranschläge konspirativ agierender Organisationen. Am Beispiel der »Deutschen Aktionsgruppen« (DA), der Hepp/Kexel-Gruppe und der Kampfgruppe Ludwig werden im folgenden rechtsterroristische Gruppen und ihre Taten diskutiert. Dabei ist es im einzelnen schwierig, die ausschlaggebende Frage des Überganges von der Idee zur Tat zu rekonstruieren. Um darauf antworten zu können, wäre eine gesonderte Untersuchung erforderlich, die das soziale und politische »Umfeld« und seine spezifischen Konfliktlagen analysiert. An dieser Stelle kann im wesentlichen nur deskriptiv nachgezeichnet werden, was über die vorstehenden Gruppen bekannt ist.

Im Frühjahr 1982 wurde in Stuttgart-Stammheim vier Mitgliedern der »Deutschen Aktionsgruppen« u. a. wegen Mitgliedschaft in einer terroristischen Vereinigung der Prozeß gemacht. Angeklagt waren der Vorsitzende der »Deutschen Bürgerinitiative« (DBI) Manfred Roeder (Jg. 1929), der Facharzt Heinz Colditz (Jg. 1930), der Arbeiter Raymund Hörnle (Jg. 1930) und die medizinisch-technische Assistentin Sibylle Vorderbrügge (Jg. 1956). Den Anfang 1980 gegründeten DA wurden allein im Jahre 1980 sieben Sprengstoff- und Brandanschläge vorgeworfen:

21. 2.: Anschlag auf das Landratsamt Esslingen;
18. 4.: Anschlag auf die Landratswohnung in Ostfildern;
27. 4.: Anschlag auf die Janusz-Korczak-Schule in Hamburg;
30. 7.: Anschlag auf das Ausländerlager in Zirndorf;
 7. 8.: Brandanschlag gegen Ausländerunterkunft in Leinfelden;
12. 8.: Brandanschlag auf das Asylantenheim in Lörrach;
22. 8.: Brandanschlag gegen Ausländerunterkunft in Hamburg mit zwei Todesopfern.

Von den Angeklagten in Stuttgart, die Strafen zwischen sechs Jahren und lebenslänglich erhielten, verfügte allein Roeder über eine politische Biographie, die durch das jahrelange offene Engagement in neonazistischen Gruppen geprägt ist und einen über zehn Jahre andauernden Radikalisierungsprozeß aufweist. Bei Colditz handelt es sich um einen jener »Gesinnungs-Nazis«, die bei Aufrechterhaltung ihrer gutbürgerlichen Existenz neonazistische Aktivisten finanziell und politisch unterstützen, selbst aber im Hintergrund bleiben. Hörnle und die damals 24jährige Sibylle Vorderbrügge sind innerhalb eines Jahres über die Ansprache von Colditz und die Faszination, die Roeder auf sie ausübte, zu Terroristen geworden. Insbesondere die spätere Geliebte Roeders brach innerhalb weniger Monate ihre privaten Kontakte zu Eltern und Freund ab, kündigte ihre Stellung und lebte ausschließlich dafür, Roeder und seine politischen Aktionen zu unterstützen.

Der Vater von fünf Kindern, der sich selbst seit Jahren vermessen als »Reichsverweser« bezeichnete und sich als legitimer Nachfolger des von Hitler als Staatsoberhaupt eingesetzten Großadmirals Dönitz fühlte, besuchte im Dritten Reich eine National-Politische Erziehungsanstalt und seit 1943 ein der SS zugeordnetes Internat. Nach dem Abitur 1947 studierte Roeder Jura und legte 1966 sein Assessorexamen ab. Von

1965 bis 1970 war er Mitglied der CDU und engagierte sich in den sechziger Jahren für die Aktion »Moralische Aufrüstung«, außerdem beteiligte er sich an Kampagnen gegen die Liberalisierung des Sexualstrafrechts und gegen die rechtliche Freigabe der Pornographie. Am 28. November 1971 gründete er mit sieben anderen die DBI, die am 25. Januar 1972 in Bensheim ins Vereinsregister eingetragen wurde. Vom 21. Dezember 1971 bis 1976/77 war die DBI als gemeinnütziger Verein anerkannt. Im § 2 ihrer Satzung heißt es, der Verein erstrebt »eine Erneuerung unserer Staats- und Sittenordnung und will den sittlichen Auflösungserscheinungen entgegentreten. Insbesondere soll die seuchenartige Ausbreitung von Rauschgift, Geschlechtskrankheiten und Gewalttätigkeit verhindert und die allgemeine Volksgesundung gefördert werden. Der Verein betreibt Volksbildung und Erziehung zur Rettung der eigenständigen deutschen Kultur in Verantwortung vor Gott und Liebe zum eigenen Volk und Vaterland.«

Seinem 14. Rundbrief vom April 1973, den er seit Juni 1974 monatlich an seine Anhänger verschickte, legte er die Auschwitz-Broschüre von Thies Christophersen bei. Das Vorwort zu diesem Pamphlet stammte von ihm selbst (vgl. »Frankfurter Rundschau« vom 13. November 1982). Pfingsten 1975 erwarben er und seine Ehefrau mittels Spenden ihrer Anhänger in Schwarzenborn für 170 000,00 DM ein Anwesen, von ihnen als »Reichshof« benannt, in dem die sog. »Freundestreffen« der DBI stattfinden.

Wegen seiner politischen Agitationen kam Roeder in den siebziger Jahren mehrfach mit dem Strafgesetz in Konflikt und entzog sich am 30. Januar 1978 der Verbüßung einer sechsmonatigen Freiheitsstrafe durch Flucht ins Ausland. Zunächst aus Südamerika dann von Juli 1978 bis Juli 1979 aus Nordamerika versorgte er seine Anhänger weiter mit Rundbriefen und besprochenen Kassetten. Ab Juli 1979 titulierte er seine Rundbriefe mit »Europäische Freiheitsbewegung. Deutsche Bürgerinitiative e. V.« In Nr. 1, Juli/Heuert 1979, beschwor er die »Einigkeit aller teutonischen Völker« gegenüber der »Knechtschaft west-östlicher Tyrannei«.

>»Wir kämpfen für:
> 1. *Selbstbestimmung* gewachsener Völker statt Zentralismus einer internationalen Bürokratie.
> 2. *Selbstverwaltung* der Gemeinden statt Diktatur korrupter Parteien.

3. *Einfaches Leben* statt Wegwerfgesellschaft. Naturgebundene Lebensformen statt Überindustrialisierung und Naturzerstörung.
4. *Abendländische Kultur* statt westliche Zivilisation. D. h. Elitedenken statt Vermassung. Arterhaltung statt Rassenchaos. Selbstzucht statt Konsumgesellschaft.
5. *Rückkehr zu bodenständigem Bauerntum und Handwerk* statt Industrieproletariat und ›mobile Gesellschaft‹ von wurzellosen Egoisten.
6. *Eigenverantwortung* statt Wohlfahrtsstaat.
7. *Wehrhafte, stolze Völker* statt ›UNO-Friedenstruppen‹.
8. *Dienende Volkswirtschaft* statt internationales, anonymes Kapital.
9. *Einigkeit aller teutonischen Völker* statt ›Kreuzzüge für die Demokratie‹.
10. Zusammenarbeit mit den islamischen Völkern statt Kriecherei vor Weltjudentum und Zionismus.« (Ebenda.)

Im August 1979 kehrte Roeder heimlich in die Bundesrepublik zurück, um besseren Kontakt zu seinem ca. 2500 Personen umfassenden »Freundeskreis« halten zu können. Immerhin sicherte der ihm in der zweiten Hälfte der siebziger Jahre jährliche Spendeneinnahmen von rd. 100 000,00 DM. Mit wechselndem Aufenthalt versteckte sich Roeder, der während seiner »Exil-Zeit« auch den Libanon und Iran bereiste, bei politischen Freunden. Zusammen mit anderen Angehörigen der DA wurde er am 1. September 1980 verhaftet.

Roeders rassistischer Wahn, seine jahrelang erfolglosen Verbalagitationen und die Erfahrungen seiner politischen Bedeutungslosigkeit in Verhandlungen mit möglichen ausländischen Bündnispartnern trieben ihn in die Alles-oder-Nichts-Position des Terrorismus. Im Rundbrief Nr. 9 vom April 1980 schrieb er:

»*Nach 8 Jahren war der legale Weg erschöpft*. Den gibt es jetzt nicht mehr ... Entweder mußten wir aufgeben oder in den Untergrund gehen. Aufgeben kam nicht in Frage, denn für uns galt die Verpflichtung: Nie mehr lockerlassen, wenn wir ein Übel einmal erkannt hatten. Der Kampf muß jetzt auf einer anderen Ebene mit noch größerer Entschlossenheit fortgeführt werden, denn wir werden niemals tatenlos zusehen, wenn Deutschland zerstört wird. Entweder werden wir siegen oder untergehen!«

Hatten die Attentäter bei ihrem ersten Anschlag auf das Landratsamt Esslingen – aus Protest gegen die dort gezeigte Auschwitz-Ausstellung – noch Skrupel, Menschen zu verletzen, so war dies bei den folgenden Anschlägen gegen Unterkünfte von Asylbewerbern und Ausländern einkalkuliert. Neben den vier Angeklagten des Stammheim-Prozesses wurden zwölf weitere DA-Aktivisten als Täter und Unterstützer identifiziert. Von ihnen waren fünf zwischen 20 und 30 Jahre alt. Die

Prozesse gegen sie fanden im Herbst 1982 und Herbst 1983 in Stuttgart und Hamburg statt.
Kontakte wurden Roeder auch nachgesagt zu dem Rechtsextremisten Heinz Lembke, der nach der Entdeckung seines in 31 Erddepots versteckten Waffenlagers in der Zelle Selbstmord beging (1. November 1971). (Vgl. Kap. 5.2.) Für ihn ging Lembke 1981 für sechs Monate in Beugehaft, nachdem er sich vor der Bundesanwaltschaft weigerte, Auskünfte über seine Beziehungen zur DBI und zu den DA zu geben. Wenige Tage nach Lembkes Haftentlassung wurde das Waffendepot entdeckt. Erst nach über einem Jahr gestand ein Oberfeldwebel der Bundeswehr aus Lüneburg, Lembke Waffen, Munition und Sprengstoff geliefert zu haben (»Frankfurter Rundschau« vom 18. Januar 1983).
Die zwei vollendeten und acht versuchten Morde der DA und die neonazistische Karriere Roeders sind keineswegs die Geschichte von Biedermann und Brandstifter. Zwar vollzog sich bei den meisten DA-Mitgliedern der Übergang von der Idee zur Tat in ihrer Fixierung auf Roeder abrupt, doch hatte man jahrelang seine skurrilen Aktivitäten als Exzentrik eines rechtsextremen Politclowns unterschätzt. Man hätte ihn ernster nehmen sollen, als er nach Khomeinis Vorbild begann, »die tatsächliche Befreiung Deutschlands« vorzubereiten.

> »Khomeini hatte zwar lange über das Konzept eines islamischen Staates geschrieben und gelehrt, aber für den Umsturz genügte das Schlagwort einer ›islamischen Revolution‹ und der Schlachtruf ›Tod dem Schah‹. Aber auch wir haben die Vorlagen für ein neues Staatswesen bis in alle Einzelheiten, aber für die Machtergreifung genügt das Schlagwort ›zerschlagt den Polizeistaat‹ und ›Volksherrschaft ohne Parteien‹ und ›Europa der Vaterländer statt Europa der Funktionäre‹. Wirksamer Umweltschutz und die Ausschaltung internationaler Einflüsse werden die Hauptaufgaben des neuen Staates sein. Dann erfolgt eine schrittweise Rückbesinnung auf unser germanisches Erbe in jedem Lebensbereich. Manche werden sich vor Verwunderung die Augen reiben, wenn das wieder ernst genommen wird.« (3. Rundbrief Scheiding/September, 1979.)

Eine andere Altersstruktur und Zusammensetzung weist die sog. Hepp/Kexel-Gruppe auf, die wohl bisher am stärksten die linksterroristischen »Vorbilder« von RAF und »Bewegung 2. Juni« kopiert hat. Die Gruppe besteht aus ehemaligen Aktivisten der WSG-Hoffmann und der VSBD, die sich 1982 nach ideologischen Auseinandersetzungen von den Resten der VSBD- und ANS-Kader abgespalten hatte. Mit Ausnahme eines 40jährigen ehemaligen NPD- und späteren VSBD-Mitgliedes waren ihre Angehörigen Jugendliche zwischen 20 und 24 Jahren, die sich 1982 konspirativ organisierten.

»Vorwärts im antiimperialistischen Befreiungskampf« – so endete ein im Sommer 1982 von Walther Kexel und Odfried Hepp in Frankfurt verteiltes Flugblatt, das zu einem »undogmatischen Befreiungskampf« gegen den Amerikanismus aufrief. Wenige Monate später, am 15. Februar 1983, werden in einer konspirativ angemieteten Hochhauswohnung im Frankfurter Ostend drei mutmaßliche Rechtsterroristen verhaftet: der 20jährige Hans Peter Fraas (WSG-Hoffmann, Libanon-Gruppe), der gleichaltrige Dieter Sporleder (VSBD) und der 40jährige Helge Blaschke (VSBD). Drei Tage später werden in Parkstone bei London der 21jährige Walther Kexel und der 20jährige Ulrich Tillmann festgenommen. Beide hatten bei einem Ausbilder von Einzelkämpfern, dessen Firma sich Wessex Survival Service nennt, Unterschlupf gefunden. Vier Tage wurden die Verhaftungen geheim gehalten und erst dann durch eine Indiskretion bekannt. Seither ist einer der Köpfe der Gruppe, Odfried Hepp (vgl. Kap. 6.2), flüchtig. Ihnen gemeinsam wird die Bildung einer kriminellen Vereinigung vorgeworfen. Im Zeitraum vom April bis Dezember 1982 sollen sie bei fünf Banküberfällen im Raum Erlangen und Frankfurt/Gießen insgesamt 630 000,00 DM erbeutet haben. Ferner werden sie beschuldigt, im Dezember 1982 drei Mordanschläge auf Angehörige der amerikanischen Streitkräfte in Frankfurt, Butzbach und Darmstadt verübt und zwei Personen schwer verletzt zu haben. Dabei wurden die auf Druck reagierenden Sprengkörper jeweils unter die Fahrersitze von Privatwagen mit amerikanischem Nummernschild deponiert. Ungeklärt ist bislang, ob die Gruppe auch für weitere Anschläge auf amerikanische Armeeangehörige im Raum Frankfurt verantwortlich ist. Ein gemeinsames Charakteristikum aller Anschläge des Jahres 1982 im hessischen Raum war das Fehlen der sonst üblichen Bekennerbriefe (bei RAF oder RZ); ein weiteres Merkmal war die Brutalität und Ziellosigkeit der Anschläge, bei denen auf Unbeteiligte keine Rücksicht genommen wurde. So konnte am 15. November 1982 in einem vor allem von Amerikanern bewohnten 25stöckigen Hochhaus in Eschborn noch rechtzeitig eine 7,25-Kilo-Bombe entdeckt werden. Sie lag in der Tiefgarage unmittelbar neben dem Ver-

sorgungsschacht des Hauses und hätte bei einer Explosion sämtliche Gasrohre und Elektroleitungen zerfetzt.
Zeitgenössischen Presseberichten zufolge (»Frankfurter Rundschau« vom 21. Februar 1983, »Stern« vom 24. Februar 1983) beschuldigte die französische Partei Walther Kexel der Beteiligung an einem Überfall auf Gäste eines jüdischen Restaurants in Paris. Dort starben am 9. August 1982 sechs Personen und 22 wurden verletzt. Nur unweit entfernt von einem ehemaligen Waffendepot der RAF bei Dietzenbach findet die Polizei ein Waffenlager der Hepp/Kexel-Gruppe. Nachdem in London der Oberste Gerichtshof im April 1984 endgültig die Auslieferung von Tillmann und Kexel beschlossen hat, wird der Prozeß gegen die Gruppe vermutlich Ende 1984 begonnen haben.
Wegen der hermetisch in sich abgeschlossenen Struktur neonazistischer Kaderorganisationen läßt sich der Gruppenbildungsprozeß dieser terroristischen Vereinigung nur schwer rekonstruieren. Was bei den einzelnen Mitgliedern die Bereitschaft zum bewaffneten Untergrundkampf ausgelöst und gefördert hat, läßt sich kaum sagen. Ein Hintergrundmotiv dürften der Tod von Schubert und Wolfgram sowie die Verbote der VSBD und der WSG-Hoffmann gewesen sein. Und sicherlich ist die Entscheidung für den terroristischen Kampf auch durch die Kontroversen mit dem »Hitlerismus« der ANS und anderer NS-Gruppen ausgelöst worden. Von dem Versuch, die Geschichte der NSDAP zu kopieren, verabschiedeten sich die »putschistischen Abenteurer« (Kühnen) Hepp und Kexel schon im Juli 1982.

> »... Wir verabschieden uns nun mit dieser Erläuterung nicht nur vom Hitlerismus, sondern ebenso von allen bürgerlichen Erscheinungsformen des Nationalismus, insbesondere von den Faschisten der sogenannten NS-Bewegung ... Mit Erschrecken mußten wir feststellen, daß die äußerste Rechte immer mehr in einen Hitler-Kult abgeglitten ist, der sich von anderen Seiten und Religionen nur dadurch unterscheidet, daß er noch keine Opfertiere schlachtet und sich mit Weihrauch einnebelt. Wer heute noch meint, Adolf Hitler sei unser Führer und ein Reichskanzler, dem können wir nur raten, solchen unrealistischen Quatsch nicht Politik zu nennen ... Ebenso wie den Hitlerismus verurteilen wir auf das Schärfste den bürgerlichen Nationalismus, der schon wieder mit dem kapitalistischen Westen liebäugelt oder sogar offen zu einem Bündnis mit demselben aufruft. Wir können inzwischen froh sein, daß es eine Mauer durch Deutschland gibt, denn diese gewährleistet, daß es im Ostteil unseres Landes immerhin noch 17 Millionen gesunde Deutsche gibt, während bei uns im Westen die Men-

schen geistig und seelisch am Absterben sind ... Unser Ziel ist es ... einen undogmatischen Befreiungskampf zu führen, der unserem Volk das Überleben sichert. Bei diesem Kampf gegen den Amerikanismus ist uns jeder recht, der wie wir erkannt hat, daß nur wenn die aktivistische Jugend, die es in linken und rechten Kreisen gibt, ihre Dogmen überwindet und sich zum Befreiungskampf zusammenschließt, wir eine Chance haben ...« (Zit. nach Dudek/Jaschke, 1984 b, S. 357 f.)

Mit dieser befreiungsnationalistischen Wende vollzog die Gruppe nicht nur den Ausstieg aus der neonazistischen Szene, sondern kündigte im Grunde ihren Einstieg in den Terrorismus an. Anläßlich der Verhaftung Kexels erklärten auch die im Busse-Prozeß angeklagten VSBD-Aktivisten Klausdieter und Christine Hewicker in einer »Erklärung zum Prozeß im April 1983« ihre Distanzierung zu den NS-Gruppen. Ähnlich wie in der obigen Erklärung heißt es auch bei ihnen, wir, als »mehrfach vorbestrafte frühere Nazi-Aktivisten, haben die Konsequenzen aus einem geistigen Lernprozeß vollzogen«. Beide rufen ebenfalls zu einem, das militante linke und rechte Spektrum integrierenden »undogmatischen, antiimperialistischen, nichtpazifistischen« Befreiungskampf auf. Für sie gilt der »US-Imperialismus als der militante Arm der USA bzw. des US-Kapitals« als der politische Hauptfeind, während bei aller Kritik im einzelnen das sozialistische Lager »immer noch der einzig vorhandene Anwalt der Enterbten und Entrechteten auf dieser Erde ist«.

Abschließend soll auf eine rechtsterroristische Gruppe verwiesen werden, deren Aktivisten nicht aus der hier skizzierten Szene kommen und die andere Zielsetzungen hat: die ominöse »Gruppe Ludwig«. Am 2. Mai 1984 meldete dpa, daß der Brandanschlag auf die Münchner Sex-Disco »Liverpool« vor knapp drei Monaten ein Menschenleben gekostet hat. »Eine 20jährige Barfrau, die wie sechs weitere Menschen dabei verletzt worden war, erlag jetzt ihren schweren Verletzungen ...« Mutmaßliche Täter: die Gruppe Ludwig. Als ebenfalls im Frühjahr 1984 in der Nähe von Wiesbaden das Möbelhaus »Ikea« abbrannte, mutmaßte die Polizei nach Bekennerbriefen ebenfalls die Gruppe am Werke. Seit 1977 bekannte sie sich zu insgesamt 14 Morden. Ihre Bekennerbriefe sind mit Hakenkreuzen versehen und in Runenschrift verfaßt. »Gott mit uns« heißt ihr Wahlspruch. Verdächtig, dieser Gruppe anzugehören, ist der Anfang 1984 verhaftete 24jährige Dr. Wolfgang Abel, ein Mathematiker.

Nicht die Parole vom antiimperialistischen Befreiungskampf ist das Mordmotiv, sondern eine Mischung aus neonazistischer Überzeugung und religiösem Wahn. Ihre bevorzugten Opfer sind Prostituierte, Homosexuelle, Rauschgiftdealer und Päderasten. Ihre Aktionsgebiete: Bayern und Norditalien. In einem ausführlichen Hintergrundbericht über diese deutsch-italienische Terrorgruppe, die eher Kultmördern denn den »politischen Soldaten« des Neonazismus zuzurechnen ist, schreibt der »Spiegel« (vom 25. Juni 1984):

> »Für das BKA besteht die Gruppe ›Ludwig‹ aus ›Menschen mit einem hohen Intelligenzgrad, die längst die Grenzen der Normalität überschritten haben‹. Die ›Ludwig‹-Taten und deren spätere Bekanntgabe muten an, als arbeiteten todeswürdige Exorzisten und psychopathische Neonazis Hand in Hand. Die Bekennerbriefe strotzten nur so von faschistischem Beiwerk – Runenschrift, NS-Adler, Hakenkreuz und darunter ein ›Gott mit uns‹. Im Text stehen Sätze wie ›Eisen und Feuer sind die Strafen des Nazismus‹ (nach dem ›spettacolo pirotecnico‹ von München) oder ›Die Macht Ludwigs hat keine Grenzen‹ (nach dem Mord an einem Geistlichen). Dem Tod des Drogenabhängigen in Verona gaben die Täter makabre Programmsätze bei: ›Unser Glaube ist Nazismus. Unsere Gerechtigkeit der Tod. Unsere Demokratie ist Ausrottung.‹«

Was Kommunikationsstrukturen, Aktionsziele und politisch-ideologische Legitimationen betrifft unterscheidet sich die Gruppe »Ludwig« sowohl von der italienischen wie von der deutschen Terrorismus-Szene. Dennoch ist sie wegen ihres germanophilen Glaubensbekenntnisses und ihrer entsprechenden religiösen Mystik dem rechten Lager zuzurechnen.
Inwieweit unterscheidet sich nun »rechter« von »linkem« Terrorismus? Gibt es Überschneidungen personeller, ideologischer und infrastruktureller Art? Oder läßt sich Terrorismus überhaupt nicht auf dem Links-Rechts-Kontinuum einordnen? Abschließende Antworten auf diese Fragen können schon deshalb nicht gegeben werden, weil systematisch vergleichende Untersuchungen hierzu nicht vorliegen. Auch das in den siebziger Jahren vom Bundesinnenministerium finanzierte »Terrorismus-Projekt« konzentrierte sich vorwiegend auf linksterroristische Gruppen. Wir beziehen uns deshalb auf Friedhelm Neidhardts ersten Versuch eines Gruppenvergleiches (BMI, 1981, S. 155 ff.). Die Population umfaßt 227 Mitglieder linksterroristischer und 51 Mitglieder rechtsterroristischer Gruppen, die bis 1978 bzw. 1980 wegen Vergehens

gegen § 129 bzw. § 129 a StGB gesucht, angeklagt oder verurteilt worden waren. Auch wenn im rechtsterroristischen Bereich wegen des frühen Untersuchungszeitraums Verzerrungen bzgl. der erhobenen sozialen Merkmale wahrscheinlich sind, ermittelt Neidhardt einige aufschlußreiche Ergebnisse.

Tabelle 10
Altersverteilung der Gesamtheiten von Links- und Rechtsterroristen

Geburtsjahr	Rechtsterr. %	Linksterr. %	RAF %	2. Juni %
1956 und später	51	3	3	2
1951–55	12	29	15	41
1946–50	4	34	36	39
1945 und früher	33	34	46	17
(1930 und früher)	(12)	(0)	(0)	(0)
N =	51	223	74	41

Hinsichtlich der Altersstruktur bestätigt Tabelle 10 die Zeitreihen-Erhebung aller erfaßten rechtsextremen Täter (vgl. Dudek/Jaschke, 1984 b, S. 372): Es handelt sich mehrheitlich um junge Menschen. Hinsichtlich der Altersverteilung ergeben sich zwischen links- und rechtsterroristischen Gruppen signifikante Unterschiede, die auf ihre unterschiedliche Entstehungsgeschichte zurückzuführen sein dürften. Bei RAF und »Bewegung 2. Juni« handelt es sich um weitgehend *altershomogene* Kollektive, während rechtsterroristische Gruppen eine Mehr-Generationen-Zusammensetzung aufweisen. Neidhardt interpretiert diese Altersspanne als hinderlichen Faktor für ein Gruppenzusammenleben im Untergrund, zumal mit wenigen Ausnahmen die Gruppenideologen aus der Kriegsgeneration stammen. Als zweiten hinderlichen Faktor rechtsterroristischer Gruppen zu erfolgreicher langfristiger Untergrundarbeit benennt er die weitgehende Abwesenheit weiblicher Mitglieder. Weist die Geschlechterzusammensetzung in linksterroristischen Gruppen 67 Prozent Männer und 33 Prozent Frauen aus, muß man bei den Vergleichsgruppen von einer absoluten Männerdominanz (90 Prozent) sprechen. »Die Anwesenheit beider Geschlechter ermöglicht das Ausleben erotischer und sexueller Bedürfnisse *in* der Gruppe, erlaubt ihr in dieser Hinsicht also eine Autarkie, die in mehrfacher Hinsicht für subversive Existenzführung funktional ist.«

(Ebenda, S. 161.) Dies trifft – mit Ausnahme der DA – für rechtsterroristische Gruppen nicht zu. Andererseits korrespondiert der männerbündische Charakter militanter rechter Kadergruppen auch mit den nachweisbaren homoerotischen Bedürfnissen ihrer Aktivisten. Neidhardts Einwand ist deshalb nicht von gravierender Bedeutung. Als gruppendynamisches Problem dürfte sich eher der von homosexuellen Neonazis gelebte Selbsthaß erweisen.

Weitere Unterschiede zwischen Links- und Rechtsterroristen lassen sich hinsichtlich des Bildungsniveaus feststellen.

Tabelle 11
Bildungsstand der Gesamtheiten von Links- und Rechtsterroristen

Bildungsstand	Rechtsterr. %	Linksterr. %	RAF %	2. Juni %
Volksschule	49	17	15	22
Mittel-, Fach-Handelsschule	22	15	12	25
Gymnasium	17	19	22	17
Hochschule	10	42	50	29
KA	2	7	1	7
N =	51	227	74	41

Rechtsterroristen weisen einen deutlich niedrigeren Bildungsstand auf als Linksterroristen (s. Tabelle 11). Vor allem stehen bei diesen sozialwissenschaftliche Ausbildungsgänge im Vordergrund, während sie bei Rechtsterroristen völlig fehlen. Dies mag die unterschiedlichen Reflexionsstile beider Gruppen und den geringen Stellenwert, den Theorien und intellektueller Habitus bei rechten Gruppen einnehmen, erklären.

Untersucht man die soziale Infrastruktur rechtsterroristischer Gruppen im Vergleich mit RAF und »Bewegung 2. Juni«, so fällt die minimal ausgeprägte Hintergrundstruktur rechter Terrorgruppen auf. Als Rekrutierungsfeld erwiesen sich vor allem die Organisationen ANS, VSBD, WSG-Hoffmann, WJ, NSDAP/AO und der regional im Sinne der Durchlauferhitzerfunktion die Jungen Nationaldemokraten. Hohe Bedeutung kommt, wie am Beispiel der DA zu studieren ist, auch Primärbeziehungen (Freund- und Verwandtschaft) zu. Im Gegensatz zu linksterroristischen Gruppen verfügen die militanten Rechten nicht über ein ausdifferenziertes Unterstützerfeld, das nicht nur personelle, sondern auch politisch-ideologische und logistische Funktionen übernimmt. Dies hat Auswirkungen auf die Aktionsformen terroristischer Täter. Denn die fehlende stabile Untergrundstruktur bei Rechtsterroristen und auch die geringe Stabilität ihrer Gruppen führen zwangsläufig zu einer Art Terrorismus aus dem Stande, der ohne umfangreiche infrastrukturelle Absicherungen und ideologische Begründungsleistungen auskommt. Die Fälle Schubert, Oxner, Wagner sowie der Fememord innerhalb der Hamburger ANS weisen gerade auf den eruptiven und primär affektiven denn zweckrationalen Charakter des rechten Terrorismus hin. Allein der Hepp/Kexel-Gruppe gelang in Ansätzen der Aufbau differenzierter Untergrundstrukturen nach dem linksterroristischen »Vorbild«.

Der Erfolg extremistischer und terroristischer Gruppen ist immer auch abhängig von den politischen, juristischen und polizeilichen Reaktionen, die er hervorruft. In der wechselseitigen Interaktion zwischen politischen Institutionen, Medienöffentlichkeit und rechtem Lager entscheidet sich situationsabhängig, inwieweit einzelne Ereignisse und Strategien Radikalisierungs- oder Deradikalisierungstendenzen einleiten. So ist auch die Prognose der ANS/NA-Aktivisten Thomas Brehl noch offen, die er *vor* dem Verbot der Gruppe in einem Brief vom 28. September 1983 formulierte. Die gegenwärtige Strategie taktisch motivierter Gewaltablehnung »funktioniert jedoch nur solange, wie die ANS/NA existiert, d. h. wir Einfluß auf die Politik des extrem rechten Lagers nehmen können. Nach einem Verbot der ANS/NA sähen bestimmt viele jungen Kämpfer keine Möglichkeit mehr zur legalen Arbeit in diesem System. Unbestritten würden die meisten resignieren, aber für einzelne Fanatiker bliebe nur der Weg in den Untergrund, was das bedeutet, brauche ich Ihnen nicht näher zu erklären.«

8. Opfer oder Täter?
Skizzen zu einem Prozeß gegen jugendliche Neonazis

Das folgende Kapitel enthält Auszüge aus dem Tagebuch des Autors, die bewußt in der ursprünglichen Form beibehalten wurden. Alle Namen in dieser Situationsskizze wurden mit Ausnahme der vier öffentlich bekannten ANS-Führer geändert oder abgekürzt.

»Das Femegericht jetzt selber vor Gericht« – mit dieser Schlagzeile leitete die »Frankfurter Rundschau« in ihrer Ausgabe vom 28. Februar 1984 die Berichterstattung über den sog. Frankfurter Femegerichtsprozeß ein. Am Abend zuvor kommentierten Hessenschau, Heute Journal, Tagesschau und Tagesthemen den Prozeßbeginn gegen acht Mitglieder der inzwischen verbotenen »Aktionsfront Nationaler Sozialisten/Nationale Aktivisten« (ANS/NA). Femegericht – das setzt Assoziationen frei zu den Fememorden der rechtsextremen Freikorps in der Weimarer Republik, an die Attentate auf Rathenau und Erzberger und ruft Erinnerungen wach an den Mord an einem ehemaligen homosexuellen ANS-Aktivisten 1981 in Hamburg. Aber ist das wirklich die richtige Dimension, die da angepeilt wird? Immerhin lautet die Anklage auf räuberische Erpressung, Freiheitsberaubung, gefährliche Körperverletzung sowie Verbreitung verfassungswidriger Propaganda (gegen drei der Angeklagten).
Wer an diesem ersten Prozeßtag morgens den Schwurgerichtssaal 165 des Frankfurter Landgerichtes betrat, dem bot sich ein makabres Bild. Im Innenraum des Gerichtssaals befinden sich ca. 20 Fotografen und Kameramänner, die ihre Objektive auf sechs der angeklagten Jugendlichen halten und unaufhörlich knipsen bzw. filmen. Die Angeklagten verstecken ihre Gesichter unter Mänteln, hinter Zeitungen oder bedecken den Kopf mit ihren Händen, ihr Antlitz auf die Anklagebank rich-

tend. Einer von ihnen ist sogar in beigem Anzug mit Krawatte erschienen, modisch adrett, einen seriösen Eindruck vermittelnd. Zwei weitere Angeklagte haben sich die Köpfe kahlgeschoren, aber auch sie sind eher konservativ gekleidet ebenso wie die einzige weibliche Angeklagte, eine achtzehn Jahre alte Bedienung.
Noch hat der Prozeß nicht begonnen und die Fotografen wenden sich den Zuhörerbänken zu. Hier sitzen in den ersten Reihen schwarzgekleidete Mädchen und Jungen. Schwarz als Solidaritätssymbol mit den Angeklagten. Ihr halblautes Gekichere und Gelächter zeugt von der Unsicherheit, mit der Situation umzugehen. Die meisten sind nicht älter als siebzehn oder achtzehn Jahre. Ich schätze eher Sympathisanten und enge Freunde der Angeklagten, die da demonstrativ in das Blitzlichtgewitter der Fotografen blicken. Im Hintergrund einige Angehörige, meist Mütter. Als sich am anderen Ende des Saales eine Tür öffnet, spurten die Journalisten wie Kurzstreckenläufer durch den Innenraum des Gerichts. Gedränge und Geschiebe, gerade noch rechtzeitig kommt das FAZ-Stadtfernsehen. Hereingeführt werden in Handschellen die beiden Hauptangeklagten. Sie sind die einzigen, die in Untersuchungshaft genommen wurden: Arnd-Heinz Marx, Mitglied der ehemaligen Wehrsportgruppe Hoffmann, Mitglied der Libanon-Gruppe der WSG-Hoffmann, später in der VSBD aktiv und nach deren Verbot neben Thomas Brehl und Michael Kühnen führend in der ANS/NA engagiert. Marx ist einer der militanten Kämpfer der neuen Generation des bundesdeutschen Rechtsextremismus, einer der sämtliche Brücken zum bürgerlichen Leben abgebrochen hat. Ein Goebbels-Verschnitt, der rechtsextreme Verhaltensstile nicht nur symbolisiert, sondern sie verinnerlicht hat. Er ist der einzige der Angeklagten, der später dem Richter zu den Fragen nach seinen persönlichen Daten mit einem militärisch strammen »Jawoll« antworten wird. Marx ist einer jener Kamikaze-Aktivisten, die Gefängnisstrafen als Ehrenhaft betrachten, für die der Prozeß – unabhängig von seinem Ausgang – nur ihre politische Überzeugung bestätigen wird. Von ihm wird in den nächsten Jahren noch zu hören sein.
Karl Schmitt, den zweiten Hauptangeklagten, habe ich seit fünf Jahren nicht mehr gesehen. Damals besuchte er den Realschulzweig einer Frankfurter Gesamtschule und ich war

sein Mathematiklehrer. Ein schmales, langgeschossenes dürres Kerlchen, introvertiert, kränkelnd und immer der Außenseiter der Klasse. Wie viele Stunden habe ich eigentlich zugebracht, ihm in Einzelgesprächen die Zins- und Prozentrechnung beizubringen? Unwillkürlich muß ich an die vielen Gespräche mit seiner Mutter denken, an seinen jüngeren Bruder, ebenfalls ein Schüler von mir. Da steht er nun, opulent geworden, mit Schnauzbart und in schwarzer Kluft. Mit Marx ist er der einzige, der sich demonstrativ fotografieren läßt und dadurch noch einmal seine Überzeugung dokumentiert. Aber ist das wirklich seine Überzeugung? Oder genießt er es nicht bloß, im Rampenlicht zu stehen – einer, der stets nur im Schatten gestanden ist?
Während die Fotografen noch ihre Bilder schießen, kommt Bewegung in den Aufgang zur Zuschauertribüne. Durch den Aufgang spazieren sechs schwarzgekleidete Aktivisten der ANS/NA. Bullige Kerle mit kurzem Haarschnitt, die sich ihres werbewirksamen Auftritts wohl bewußt sind. In ihrer Mitte der etwas füllig gewordene Michael Kühnen, der es wie kein anderer versteht, dem Sensationsjournalismus Stoff zu liefern. Nun beginnt das Spiel in umgekehrter Richtung. Die Fotografen hetzen durch den Gerichtssaal, um Kühnen und seinen Anhang abzulichten. Dieser genießt sichtlich die Publicity, zumal am Ende des ersten Prozeßtages noch Interviews im Fernsehen folgen werden. Das ganze Szenario des Prozeßbeginns, vor allem das Verhalten der Journalisten, das alles läuft nach den Vorstellungen Kühnens ab. *Diese* Strategie, sich der Medien zu bedienen, hatte er schon 1979 in seinem Buchmanuskript beschrieben. Dort heißt es:

> »Das Geheimnis unseres politischen Erfolges ist der Einsatz der Massenmedien ... In unserem System haben die Massenmedien zwei Aufgaben – ein ›demokratisches Bewußtsein‹ zu schaffen, das verlangt das System von seinen Rotationssynagogen, und eine interessante Story zu liefern, das verlangt das Publikum. Bei dieser Sachlage braucht die ANS oder andere Kampfverbände des nationalen Sozialismus nur an ein Tabu zu rühren, und die Journalisten wittern eine gute Schlagzeile. Tabus aber liegen in Deutschland zu Dutzenden auf der Straße: Das Judenproblem, der Vergasungsschwindel, die Kriegsschuldlüge, die geschichtliche Größe Adolf Hitlers, die illegale NSDAP. Und auch die Mittel sind einfach: dreißig Mann mit Knobelbechern und braunen Hemden, eine Adolf-Hitler-Gedenktafel oder das schlichte und ehrliche Bekenntnis: Ich bin kein Demokrat. Dieses System ist so wenig gefestigt, seine Machthaber so unsicher, daß sie schon auf solche, im Grunde sehr simplen Herausforderungen

reagieren als hätten sie sich auf ein Nagelbrett gesetzt. Die Presse heult auf, der Justizapparat setzt sich in Bewegung und große Schlagzeilen reißen eine kleine Bewegung aus ihrer politischen Bedeutungslosigkeit.«

Nun, soweit ist es noch nicht. Aber immerhin steht die ANS seit Monaten in den Schlagzeilen und gute Fotografen sorgen für eine Optik, die jene neonazistischen Zirkel als machtpolitische Gefahr darstellen. Auch diesmal kommt Kühnen voll auf seine Kosten. Er produziert sich im Zuschauerraum als Star unter seinen Anhängern, die unter umgekehrten Vorzeichen einen politischen Anschauungsunterricht erhalten wie jene anwesende Schulklasse, die mit ihrem Lehrer zur Prozeßbeobachtung angereist ist.

Der Prozeß beginnt mit Aussetzungsanträgen der Verteidiger L., S. und D., die sich auf die Zusammenlegung der Anklagen wegen Körperverletzung *und* Verteilung neonazistischen Propagandamaterials bezogen, weil letztere nur drei der Angeklagten betrifft. Rechtsanwalt S. versuchte, einen der Richter als befangen abzulehnen und den Prozeß als politischen Prozeß einzustufen. Der vorsitzende Richter gab diesen Anträgen jedoch nicht statt. Nach Verlesung der Anklageschrift äußerte sich Arnd-Heinz Marx zur Sache. Er äußerte sich ausführlich, wie er Andreas S., den Gefolterten, kennengelernt habe. Der gerade aus der Haft Entlassene, der sich an ihn wandte, hätte einen »guten Eindruck« auf ihn gemacht – »ein Untergebener, wie ihn sich ein Vorgesetzter wünscht«. S. sei von ihm protegiert worden und innerhalb der ANS/NA zum Chef der Stabswache, eine Art Sicherheitsdienst für ANS/NA-Funktionäre, aufgestiegen. Dann aber habe S. selbst zur Macht gegriffen, eine »eigene Wehrsportgruppe« aufbauen wollen und gegen die »Führer« intrigiert. Er habe Mitglieder der ANS/NA zu Straftaten aufgefordert und Todeslisten unliebsamer Leute selbst aus den eigenen Reihen angelegt. Außerdem habe er Material über einzelne Mitglieder gesammelt, das er der Presse übergeben wollte. Deshalb habe man beschlossen, »ihn abzuschieben«.

Von den acht Angeklagten wurde S. geprügelt, sein Kopf mehrere Male in einer Badewanne unter Wasser getaucht; später verschleppten ihn die Angeklagten in ein entferntes Waldstück mit der Drohung, ihn zu ermorden. Nach seiner »letzten Zigarette« ließ man ihn mit der Auflage laufen, »aus dem südhessischen Raum zu verschwinden«.

Der Prozeß dauert bis Anfang April an und die Neonazis werden ihn weiterhin als publizistische Tribüne nutzen. So haben alle ihre Schlagzeilen – Michael Kühnen und die Journalisten.

Zweiter Prozeßtag: Rosenmontag, den 5. März 1984. Die Sensationslust der Journalisten scheint befriedigt zu sein. Lediglich das Stadtfernsehen der »FAZ« ist von den Bildmedien noch anwesend und filmt die hereingeführten Marx und Schmitt, die diesmal unwirsch und grimassenschneidend auf die Journalisten reagieren. Beide erscheinen »zivil«; im Zuhörerraum ca. 25 bis 30 ANS-Mitglieder und Sympathisanten, nur Kühnen fehlt. Dafür ist sein Stellvertreter Thomas Brehl erschienen und mit ihm wieder jenes Vorzeigemädchen der ANS, knapp siebzehn Jahre alt, blond und blauäugig, das schon am ersten Prozeßtag in weißen Ringelsöckchen, schwarzem Rock und weißer Bluse mit dem ANS-Emblem erschienen war. Pubertäres Gekichere, Pennälerwitze, so eine Art Klassentreffen begleiten den Prozeß, an dem Karl Schmitt diesmal zur Person und Sache gehört wird.

Zögernd, eher Wortfetzen als Sätze formulierend, beginnt er Angaben zu seiner Person zu machen. Immer wieder müssen die Richter nachhaken, mit der Zeit immer unwirscher. »Lassen Sie sich doch nicht alles aus der Nase ziehen«, ermahnt der Vorsitzende Dr. Lehr häufig. »Sprechen Sie lauter, genauer, präziser«, insistieren die Richter, während Karl immer kleinlauter und mundfauler wird. Aber das war er schon immer. Die Zähigkeit der Befragung erinnert mich stark an ähnliche Situationen im Unterricht. Auch dort: Der Lehrer, vor ihm aufgebaut, versucht ihm vor den spöttischen Blicken seiner Klassenkameraden Antworten zu entlocken. So sind auch diesmal Karls biographische Angaben eher dürftig: Nach Besuch der Grundschule und Förderstufe zunächst Realschulzweig an der XY-Gesamtschule, den er in der 8. Klasse wegen mangelnder Leistungen verlassen muß. Zwei Jahre später Hauptschulabschluß, dann zusammen mit dem im gleichen Stadtteil wohnenden ANS-Aktivisten Peter Müller Besuch des Berufsbildungsjahres. Seine Lehre als Handelskaufmann schließt er mit »ausreichend« ab. Von Januar 1982 bis August 1983 arbeitslos, erhält er endlich eine Stelle, wird wenige Wochen später, Mitte September 1983, verhaftet; seitdem Untersuchungshaft in der JVA Frankfurt-Preungesheim. Über seinen jüngeren Bruder erzählt er nichts; dabei wurde er, der den Gymnasialzweig der gleichen Schule besuchte, ihm von den Eltern als Vorbild präsentiert. Arbeitslosigkeit und Schulversagen, ständige Konfliktpunkte mit dem Vater, führten schließlich zum Auszug aus der elterlichen Wohnung. Bei einem Freund, dessen Namen er verweigert, findet er in der Frankfurter Innenstadt Unterschlupf. Erste Kontakte zu neonazistischen Gruppen erhielt er durch die »XY-Clique« am Ort, zu der sich etwa 20 Jugendliche bekannten. Peter Müller sei es gewesen, der ihn in die rechte Szene – zunächst bei der VSBD seit Februar 1982 – einführte. Der Augenblick schien günstig, hatte Karl doch einen Monat zuvor die elterliche Wohnung verlassen.

Er führt weiter aus, eigentlich hätte bei ihm der Schulverweis eines Freundes von der XY-Schule 1979, den er als ungerecht empfand, weil dieser angeblich wegen »neonazistischer Aktivitäten« »geflogen« sei, die Orientierung an rechte Gruppen ausgelöst. Das Schlüsselerlebnis sei aber der Tod des VSBD-Mitglieds Wolfgram im Oktober 1981 gewesen, der in München bei einem Schußwechsel mit der Polizei ums Leben gekommen war. So schließt er sich denn auch der im Januar 1983 gegründeten ANS/NA an und avanciert zum Mitglied der Stabswache, eine Art Sicherheitsschutz für die drei führenden ANS-Aktivisten Kühnen, Marx, Brehl. Seine Aufgabe sei es gewesen, »Arnd zu bewachen, so eine Art Gorilla«.

Als weitere Motive für den Gruppeneintritt gibt er Ausländerrückführung, Arbeitslosigkeitsbekämpfung und die Forderung nach Beendigung der Wiedergutmachungszahlungen an Israel an. Nachgeschobene Argumente, das wird deutlich, die das eigentliche Motiv verschleiern: Für den sozial isolierten Karl wird die ANS-Kameradschaft zum alleinigen sozialen Bezugspunkt, an den freitäglichen Kameradschaftsabenden fühlt er sich anerkannt, akzeptiert und aufgewertet. Und auch das wird deutlich: Zu Marx entwickelt er ein besonderes Verhältnis, dieser bleibt sein Idol, dem er sich bedingungslos unterordnet. Noch während seiner Aussagen blickt er ständig zu ihm zur Seite, zustimmendes Nicken zu erheischen, soufflierte Stichworte aufnehmend, bis der Richter beide in scharfem Ton zurechtweist. Offensichtlich will er niemanden belasten, mehrmals verweigert er Namensnennungen und verwickelt sich bei seinen Einlassungen zur Sache in Widersprüche. Ähn-

lich wie Marx am ersten Verhandlungstag bestätigt er den Sachverhalt:
Dem Gefolterten S., Chef des ANS-Sicherheitsdienstes, sollte »ein Denkzettel verpaßt« werden. Er hätte Anschläge auf die Friedensbewegung vorbereitet, zu Attentaten auf jüdische Synagogen aufgerufen und geplant, in eine Kaserne einzubrechen. Außerdem hätte er innerhalb der Gruppe »intrigiert«. »Der S. war halt immer schon ein Spinner gewesen.« Schmitt wird vorgeworfen, er hätte den Zeugen mißhandelt. Nach Aufforderung von Marx, S. hätte »eine Erfrischung nötig«, habe er ihm seinen Kopf in der Badewanne der Wohnung unter Wasser gehalten. Außerdem bekam er einen Kinnhaken, weil er Schmitt mit »Arschloch« titulierte. Schläge mit dem Gummiknüppel durch andere Angeklagte auf den mit Handschellen Gefesselten folgten. Nach Verlesung der »Anklageschrift« wird S. unter Morddrohungen in den VW-Bus des Angeklagten H. geschleppt und in ein Waldstück nahe Gelnhausen abtransportiert. Karl Schmitt ist inzwischen nach Hause gegangen. Am nächsten Morgen wird er von Beamten der Kriminalpolizei verhaftet. Seinen Job in der Firma ist er damit auch los. Nach der Mittagspause wird der Angeklagte H. vernommen – ohne neue Erkenntnisse.
6. März: Mit einer richterlichen Besuchsgenehmigung versuche ich Karl zu sprechen. Der Versuch mißlingt. Sprechzeiten nur vierzehntägig für eine halbe Stunde, und vor sechs Tagen hatte er von der Mutter Besuch. Ich spreche mit der Mutter: Ratlosigkeit und Verzweiflung. Die neuerliche Berichterstattung in »Bild« und »Nachtausgabe« macht die Familie fertig. Ihr Sohn ein neonazistischer »Gorilla«. Noch immer muß Karl starke Medikamente nehmen – im Prozeß wird das nicht erwähnt. Anonyme Anrufe erreichen die Eltern: »Nazischweine«. Hier wird einer systematisch zum Neonazi aufgebaut, der das Szenario des Prozesses nicht durchblickt ...
Der zweite Prozeßtag macht deutlich: Ein Sündenbock muß her, um den Hauptverantwortlichen Marx zu schützen. Klassenjustiz offenbart sich, keine politische, aber eine sprachliche. Die Richter drängen bei Schmitts Einlassungen auf verbale Präzision, legen Widersprüche zum Protokoll des Haftprüfungstermins offen – Widersprüche, die keine in der Sache sind, sondern aus sprachlichem Unvermögen von Karl resultieren. Die übrigen Verteidiger versuchen durch ge-

schickte Fragen ihre Mandanten zu entlasten – auf Kosten von Karl, der auf eine entsprechende Frage des Vorsitzenden Richters antwortet: »Ausbildung brauche ich keine. Zuschlagen kann wohl jeder, wenn's hart auf hart kommt.« Das ist es wohl. Gewalt als Lösung aller gesellschaftlichen Probleme, die sich bei näherem Hinsehen schnell als persönliche Probleme entpuppen. Peinlich genug für ihn am Ende des zweiten Prozeßtages die Verlesung des letzten Satzes des Protokolls vom Haftprüfungstermin, in dem er sich von der Neonazi-Szene lossagt.
Öffentlich konfrontiert mit diesem Satz, distanziert er sich angesichts der anwesenden ANS-Mitglieder von ihm. »Kopf hoch, Karl« rufen zwei der ANS-Mädchen ihm zu, bevor er lächelnd und in Handschellen im Raum für Untersuchungshäftlinge verschwindet.
Dritter Prozeßtag: Nun hat auch das FAZ-Stadtfernsehen das Interesse verloren. Die Journalistenbänke sind nur noch halb gefüllt, dafür sitzen im vollen Zuschauerraum mehrere Schulklassen. Die schwarzen Uniformen sind verschwunden, die ANS-Unterstützung beschränkt sich heute auf wenige Frankfurter Aktivisten, die diesmal in »Zivil« erschienen sind. Neben mir unterhalten sich zwei Schülerinnen: »Möchte doch mal wissen, was das für Typen sind, diese Neonazis.« »Wie die wohl aussehen?« »Da kommen se ja. Guck mal der eine, wie en Gorilla.«
Es wird heute ein kurzer Prozeßtag, der aber die politischen wie juristischen Schwierigkeiten des Verfahrens offenlegt. Nachdem die Richter per Beschluß den Befangenheitsantrag des Schmitt-Verteidigers zurückgewiesen und auch dessen Besetzungseinwand abgelehnt hatten, beginnt der Verteidiger Loebe weitere Anträge zu formulieren, denen sich alle Verteidiger mit Ausnahme der von Schmitt und Marx anschließen. Im Kern geht es um folgendes:
– Kritisiert wird die Zusammenlegung zweier Verfahren (Femegericht gegen alle acht Angeklagten und Verbreitung neonazistischer Propaganda gegen drei der Angeklagten) und deren Verhandlung vor einer Staatsschutzkammer. Wegen des jugendlichen Alters der meisten Angeklagten sollte das Verfahren vor einer Jugendstrafkammer verhandelt werden. Die jetzige Situation sei unerträglich, die Medien hätten einen »Monsterprozeß« daraus gemacht, und die Angeklagten wür-

den sich nur an den »Aufbauversuchen aus dem Publikum«
hochziehen.
– Deshalb fordern die Verteidiger die Einstellung des Verfahren und die Abtrennung beider Anklagen.
Der Prozeß wird damit vertagt und die angereisten Schulklassen verlassen enttäuscht den Gerichtssaal.
15. März 1984: Erstes Gespräch mit Karl in der JVA Frankfurt. Er macht einen gelösten Eindruck und ist ungewöhnlich redselig. Während Marx in Einzelhaft sitzt, belegt er eine Doppelzelle. Ihm fehle es an nichts, nur einen Rasierapparat hätte er gerne: »Mit den Klingen komm ich nicht zurecht.« Bald führt das Gespräch auf den Prozeß und seine ANS-Aktivität. Zwar ärgert er sich, daß er nach sechs Wochen schon wieder seinen Job verloren hat, doch seine Solidarität zu seinen »Kameraden« ist weiterhin ungebrochen.
»Meine Meinung hab ich net geändert. Und daß ich aussteigen wollte, hab ich nur gesagt, um aus dem Knast zu kommen. Hat nichts gebracht. Aber mer muß es mal probieren.« Seine politische Überzeugung zu hinterfragen, ist sehr schwierig. Die Knastsituation hat ihn eher darin noch bestärkt, obwohl von der Integrationsklammer neonazistischer Gruppen, nämlich der Kameradschaft, wenig zu spüren ist. So erzählt Karl, er sei nur deshalb in U-Haft, weil er als einziger sich an die vorher verabredete Abmachung gehalten hätte, die Aussage zu verweigern. »Woher soll ich dann wisse, daß die annern auspacke.« Größere Gedanken über seine Zukunft dagegen macht er sich nicht. »Wenn ich hier rauskomme, find ich schon Arbeit. Wer arbeiten will, kriegt auch was. In der Großmarkthalle suche se immer Leut.« »So einfach ist das auch nicht«, wende ich ein. »Wenn du weiterhin bei der ANS aktiv bleibst und wieder geschnappt wirst, dann ist dein nächster Job auch futsch und du sitzt wieder im Bau. Überleg doch mal, wie lang das Spiel noch gehen kann. In ein bis zwei Jahren sitzen alle eure Leute im Knast, politisch hast du nichts bewirkt, aber deine berufliche Karriere ist endgültig kaputt.« »Soweit kann ich im Moment net denke«, antwortet er, aber ich habe das Gefühl, daß er darüber vielleicht nachdenken wird.
Die Gesprächszeit ist um. Wir vereinbaren, daß er an den künftigen Prozeßtagen nicht mehr in symbolischer schwarzer Kluft erscheinen wird. Natürlich hat das Gespräch seine Einstellung nicht verändert. Aber er war sichtlich erfreut, daß ich

ihn besucht habe, nachdem er mich am letzten Prozeßtag im Zuschauerraum erkannt hatte. Vielleicht ist es schon ein »Erfolg«, daß er überhaupt mit mir gesprochen hat, er, für den ich ein »Linker« bin.
Am gleichen Abend: Gespräch mit dem Vater, der von sich aus zu erzählen beginnt. Man merkt ihm an, er hat das Bedürfnis, sich seine Probleme von der Seele zu reden. Angefangen hätte alles mit der »XY-Clique«. »Den B., den kennen Sie ja. Lauter kriminelle Sachen ham die gemacht. Und dann war Karl plötzlich bei der ›XY-Clique‹. Nie hatte der sich für Politik interessiert, obwohl ich ihm und seinem Bruder schon oft gesagt habe, seht euch doch mal was über Wirtschaft und Politik im Fernsehen an. Aber nein, der hat sich nur für Krimis interessiert.« Manifest, so berichtet der Vater, sei aber sein Ausländerhaß gewesen. »Ich habe ihm gesagt, leiste erst einmal was. Du hast ja noch nichts geleistet. Erst wenn du was geleistet hast, dann kannst du auch andere Menschen kritisieren. Die Ausländer sind doch auch Menschen, die haben dir doch nichts getan.« Zu Hause sei die Situation immer unerträglicher geworden. K. hätte sich und seine Lehre immer mehr vernachlässigt. Auf Vorhaltungen sei er aggressiv geworden und hätte den Vater tätlich angegriffen. Selbstzweifel quälen diesen. Was haben die Eltern nur falsch gemacht? Von ihnen kann er die politische Meinung doch nicht haben.
Während K. im Gespräch behauptete, sein Rechtsanwalt sei Pflichtverteidiger, sagt die Mutter, er sei von der Hilfsgemeinschaft für nationale politische Gefangene (HNG) bezahlt. Nach Angaben der Mutter verlangte K.'s Wunschanwalt vor Übernahme des Mandates 3000,00 DM Vorschuß. Darauf besorgte Henry Beyer von der HNG ihm Dr. S.
Schon jetzt verdichtet sich ein Bild, das typisch ist für die Konfliktstruktur, in der sich rechtsextreme Jugendliche befinden. Mißerfolge bezüglich des eingeschlagenen Bildungsweges und schwere biographische Belastungen gehen dem politischen Engagement voraus. Die Erlebnisse in der ANS/NA bringen Selbstbestätigung. Die Gruppe hat für ihn faktisch die Funktion der Nachsozialisierung übernommen. Für seine »Männlichkeit«, seinen Uniform- und Kampfkult bildet sie den idealen Resonanzboden zur Identifikation. Endlich die Gesellschaft zu zwingen, von seiner Person Kenntnis zu nehmen, seine Überzeugungen öffentlich zu machen und gleichzeitig

die Gruppe als Ausweg aus persönlichen Schwierigkeiten zu suchen, denn hier wird er akzeptiert, anerkannt und aufgewertet – das ist der Schlüssel zum Verständnis seines politischen Handelns. Mißerfolgserlebnisse und ihre Belastungen scheinen mir *eine* Erklärungsgrundlage dafür zu liefern, daß Karl die ANS/NA als Auffangbecken seiner Probleme benutzt. Hinzu kommen natürlich die Wirkungen von Einflußpersonen, denen er sich – er definiert sie als Freunde – verbunden fühlt.

Vierter Prozeßtag: Die schwarzen Kluften sind verschwunden. Im Zuschauerraum haben sich die Reihen gelichtet. Neben den wenigen jugendlichen Anhängern fallen diesmal ältere Gesinnungsgenossen der Angeklagten auf, die sich in den Pausen unbeschwert lachend mit ihren Freunden unterhalten, die Absperrung überspringen. Sonderlich zu beeindrucken scheint sie der Prozeß nicht. Einer ihre Mitangeklagten wird johlend begrüßt, als er – mit einstündiger Verspätung – verschlafen den Saal betritt und sich grinsend eine Entschuldigung abringt. Zur Sache wird heute M. Z. vernommen, dessen Antrag auf Ausschluß der Öffentlichkeit als unbegründet zurückgewiesen wird. Die Proteste der Mitangeklagten: »Du willst uns wohl in die Pfanne hauen«, und »Du willst uns wohl in die Untersuchungshaft bringen«, wertet das Gericht nicht als Drohung. Z.'s Befürchtungen einer Gefahr für sein Leben und seine Gesundheit seien unbegründet.

Seine biographischen Angaben sind knapp und dürftig: »Geboren bin ich in Würzburg. Nach der Grundschule Hauptschule mit Abschluß 1975, Realschule mit Abschluß 1977. Elternhaus normal. Ich habe einen Bruder.« Nach der Schule hat er erfolgreich eine Lehre als Elektroinstallateur absolviert und anschließend seine Gesellenprüfung – unterbrochen durch die Zeit bei der Bundeswehr – abgelegt. Schwimmen, Kampfsport, Reiten und Mitgliedschaft in einem Schützenverein bezeichnet der bei seinen Eltern wohnende Angeklagte als seine Hobbys.

Das Bild, das er von der ANS/NA zeichnet, widerspricht zentral den Aussagen von Arnd Marx. Hob dieser vor allem die politischen Aktivitäten der Kadergruppe hervor, ihren kämpferisch-aktionistischen Habitus, will dieser sie nur als »netten Haufen« kennengelernt haben, eine Art Freizeitclique mit Grillabenden und Wochenendausflügen. Vor den sichtlich ungehaltenen Richtern führt er aus, er sei durch zwei Mitangeklagte zu den Kameradschaftsabenden der ANS/NA im April 1983 gekommen. »Das war für mich was Neues, das ich mal kennenlernen wollte. Momentan war praktisch nichts besseres da. Es ging zünftig zu, keine Streitigkeiten.« Nach Rückfragen der Richter präzisiert Z.: »Zu dieser Zeit hatte ich nichts gegen solche (neonazistische P. D.) Äußerungen. Politische Aktivitäten waren für mich zweitrangig. Mir war es wichtig, daß wie bei der Bundeswehr Kameradschaft herrscht.« Und nachdem er Michael Kühnen kennengelernt hatte, habe er – der Obergefreite Z. – sich gedacht: »Das kann kein schlimmer Verein sein, wenn schon ein Leutnant dabei ist.«

An der Strafsache will er sich vor allem wegen seiner Streitigkeiten mit dem Gefolterten beteiligt haben. Dieser hätte bei einer Sonnenwendfeier seine Freundin zu stark belästigt und überhaupt hätte ihm gestunken, daß S. »sich von den anderen Leuten an deren Mädel herangemacht hat«. Bestärkt worden sei er durch die Tatsache, daß S. ihm selbst Dossiers aus einem Geheimfach über ANS-Mitglieder gezeigt hätte und der Verdacht aufkam, er arbeite für den »Schmutz« (Staatsschutz).

Selbst unterstellt, der Angeklagte spielt vor Gericht seine politischen Motive herunter, so erhellt seine Aussage doch die interne Gruppenstruktur der ANS/NA: Die Unterscheidung zwischen Führern, Aktivisten und Mitläufern mit unterschiedlichen Motiven und Zielsetzungen tritt hier plastisch vor Augen. Die Anerkennung von Führerpersonen als Autoritäten, deren »Befehle« nicht hinterfragt werden, denen man bedingungslos folgt, zählt hier ebenso wie die Pflege der »Kameradschaft«, die zwar im Alltag häufig verletzt, doch als Zielwert beibehalten wird. Für die Mitläufer bietet die Gruppe soziale Geborgenheit mit hohem Freizeitwert. Lagerfeuerromantik, Harmoniesehnsüchte und Härterituale bilden für sie das Schmierfett neonazistischer Gruppenstabilisierung. Im Unterschied zu ihnen haben solche Zielwerte für die Führer nur instrumentellen Charakter; die Mitläufer werden durch gezielte Beteiligung an Aktionen allmählich an die Rolle der Aktivisten herangeführt. Hinter dieser Strategie verbirgt sich eine Art »Lernprozeß«, den der ANS/NA-Führer Kühnen schon 1978 in einem Interview wie folgt beschrieben hatte:

> »Es gibt ja zwei Arten zu lernen. Es gibt emotionales Lernen, von der Gefühlswelt her, und es gibt eben Lernen rational, nur vom Verstand her.

Und die Bewegung, der wir angehören, überhaupt die Rechte, die nationale Seite, hat immer im Grunde mehr das Emotionale angesprochen, ohne – worauf ich ausdrücklich Wert lege – das Geistige zu vernachlässigen.«

Kalkulierte Provokation und direkte Konfrontation mit politischen Gegnern und staatlichen Institutionen werden von Führern neonazistischer Kadergruppen eingesetzt, um jugendliche Mitläufer auf eine rechtsextreme Karriere vorzubereiten. An ihrem Anfang stehen Jugendliche wie Z., für die ein Ausstieg noch möglich ist. An ihrem Ende findet man Leute wie Arnd Marx, für die gilt, was Kühnen schon 1978 für sich selbst sagte:

> »Wer einmal in dieser Bewegung wirklich aktiv drinsteht, wer die Kameradschaft erlebt und auch den Haß des politischen Gegners erlebt, wie ich gesagt habe, das Symbol des Hakenkreuzes und unsere Bewegung allgemein, wer das erlebt hat, der geht nicht wieder weg. Und deshalb gibt's keine persönlichen Zukunftsaussichten, sondern nur politische Zukunftsaussichten.« (»Kursbuch« 54)

Fünfter Prozeßtag: Ein in mehrerer Hinsicht bemerkenswerter Verlauf. Vor dem mit Schulklassen überfüllten Saal verkündet die Kammer die Ablehnung der Verteidigeranträge bezüglich der Einstellung, hilfsweise der Abtrennung des Verfahrens.

Zu Person und Sache wird die einzige weibliche Angeklagte vernommen. Auch sie hat eine für neonazistische Jugendliche typische Biographie. Aus einem kleinbürgerlichen Elternhaus stammend, macht sie 1982 ihren Hauptschulabschluß. Die Eltern sind seit zehn Jahren geschieden, eine Friseuse-Lehre bricht sie ab, nimmt nach monatelanger Arbeitslosigkeit die Stellung einer Bedienung an und zieht in das Elternhaus ihres damaligen Freundes, dem älteren Bruder einer der Angeklagten. Nach der großen Presseresonanz auf den ersten Prozeßtag, so berichtet sie, sei sie erneut entlassen worden. Nach Trennung von ihrem Freund habe sie mit dessen Bruder und seiner »Verlobten« zusammengewohnt. Dieser habe sie dann auch zur ANS gebracht. Das habe ihr zugesagt, denn es ging »zünftig« zu, »net so Chaoten wie in der Disco, net so Freaks. In der Disco laufe nur so Typen rum, die schon an der Spritze hängen.« Mit drei anderen Mädchen habe sie dem »Mädelbund« angehört. Auch sie zeichnet ein völlig unpolitisches Bild von der ANS. Man habe sich halt getroffen, Bier getrunken und unterhalten. Von Politik sei ihr nichts aufgefallen. Zur Sache selbst verweigert sie fast immer die Aussage bzw. beruft sich darauf, sich nicht mehr erinnern zu können. »Des is ja jetzt schon sechs Monate her.« »Bei Ihrem Gedächtnis sehe ich schwarz für Ihren Beruf«, wirft der Vorsitzende Richter ironisch ein. »Wenn Sie bei mir ein Bier bestelle, bring ich Ihne das ja net nach sechs Monat«, kontert die Angeklagte und hat die Lacher im Zuschauerraum auf ihrer Seite. Dennoch darf man ihr glauben, daß sie als relativ Unbeteiligte und Unwissende in die Strafsache hineingerutscht ist und auch dies: Seit sie einen neuen Freund hat, treffe sie die »Kameraden« kaum noch.

Die Verhandlung geht weiter mit der Vernehmung des A. R., der ganz in schwarz gekleidet mit kahlgeschorenem Kopf seine Angaben zur Person beginnt. Auch hier: kleinbürgerliches Elternhaus, Einzelkind, Eltern getrennt lebend; bis zu seinem Eintritt in die ANS hätte er jedoch ein »gutes Verhältnis« zu ihnen gehabt. »Aus politischen Gründen« sei er vom Gymnasium geflogen, Hauptschulabschluß hätte er auch nicht erreicht, einen diesbezüglichen Versuch an der VHS letztlich im Februar 1983 abgebrochen. Ende 1982 hat er Anschluß an die Jugendorganisation der NPD gefunden und sei dann unter Eindruck des im Januar 1983 ausgestrahlten Fernsehfilms »Die verdrängte Gefahr« zur ANS gekommen. »Der Film sollte ja abschreckend wirken. Mich hat er angezogen.« Ein ANS-Kontaktmann bei den JN, dessen Namen er verweigert, habe ihn dann zu den Stammtischen mitgenommen. Ihm habe vor allem das politische Programm der ANS zugesagt. Auf Rückfrage allerdings kann er das kaum präzisieren. Schlagworte wie »Ausländerrückführung, Wiedervereinigung, Einrichten von Mütterhilfswerken, eben das ganze Programm«. Nun, viel mehr enthält das ANS-Programm ja auch nicht an Inhalt.

R.'s weitere Einlassungen geben dann allerdings interessante Einblicke in Gruppeninterna. Von Intrigen, Erpressungen einzelner Mitglieder ist ebenso die Rede wie von kollektiven Vereidigungen auf die NSDAP und Adolf Hitler. Schriftlich schwor R. seinem Kameradschaftsführer Marx »Gehorsam bis zum Tode«. Seine Unterschrift zeichnet auch ein vertrauliches Dossier, das der Richter verliest und in dem R. führende ANS-Funktionäre der Homosexualität bezichtigt. Einer aus der Führungstroika hätte unter dem Geständnis, er liebe ihn, versucht, homosexuelle Beziehungen zu ihm aufzunehmen. R. wehrt ab. Das Schriftstück hätte er nur auf Druck des später Gefolterten S. unterschrieben. Das alles entspreche nicht der Wahrheit. Sehr zurückhaltend antwortet der Angeklagte in diesem Punkt, der ansonsten im Gegensatz zu seinen Aussagen bei der polizeilichen Vernehmung alle Schuld und Initiative auf sich nimmt, um offensichtlich die anderen zu entlasten.

Homosexualität in neonazistischen Organisationen – mit diesem Thema wird ein kritischer Punkt dieser männerbündlerischen Gruppen berührt. Einerseits zählen nämlich Homosexuelle zu den erklärten Feindbildern der Neonazis, andererseits haben Untersuchungen festgestellt, daß diese Jugendlichen in ihrer Adoleszensphase in der Regel Probleme beim Umgang mit dem anderen Geschlecht haben. Bei homosexuell veranlagten neonazistischen Jugendlichen scheint deshalb der Fremdhaß die Projektion des Selbsthasses zu sein, gelten Homosexuelle in ihrem Weltbild doch als abartig, unmännlich, schwach und verweichlicht. Speziell in der ANS hat die Homosexuellenjagd in den eigenen Reihen eine unrühmliche Vorgeschichte. Am 29. Mai 1981 nämlich ermordeten Hamburger ANS-Mitglieder ihren homosexuellen Kameraden Johannes Bügner auf bestialische Art. Der Obduktionsbefund vermerkte: »Die Sektion der Leiche ... ergab ... 14 in verschiedener Richtungsanordnung liegende Stichverletzungen auf dem Rücken und unter der linken Schulterhöhe. Eine weitere quer verlaufende Stichverletzung im Nacken, sieben Stichverletzungen im Bereich der linken Achselhöhle, eine Einstichverletzung, neben dem Brustbein, eine breite klaffende Schnittverletzung an der rechten Halsvorderseite. Eine Durchtrennung des rechten Nasenflügels, zahlreiche Abwehrverletzungen an der Außenseite des linken Unterarms.«

Diese Hinrichtung ihres eigenen Kameraden bildete den traurigen Höhepunkt einer seit Mitte 1980 einsetzenden Kampagne innerhalb der ANS gegen »Verräter«, »Homosexuelle und Päderasten« mit dem Ziel, sie als Volksschädlinge »total und radikal« vom rechten Lager zu isolieren. Wegen dieser Tat verurteilte das Landgericht Lübeck die Angeklagten Friedhelm Enk (29) und Michael Frühauf (25) zu lebenslänglicher Haft, die Zwillinge Olaf und Thorsten König (20) als Helfer

und Mitwisser zu zwölf bzw. zehn Monate Freiheitsstrafe und Willi Wegner (30) zu achtzehn Monaten.
Vor diesem Hintergrund mag es verständlich sein, daß die Frankfurter Angeklagten zu diesem Komplex schweigen, bzw. bei der Vorlesung des entsprechenden Schriftstücks lautstark protestieren. Auch bei Befragen nach den internen Differenzen zwischen einer »SA-Richtung« und »SS-Richtung« machen sie von ihrem Recht der Aussageverweigerung Gebrauch. Die anschließende Vernehmung der Angeklagten R. und Sch. bringt keine neuen Erkenntnisse. Sie bestätigt jedoch nochmals die gruppensoziologische Erkenntnis, daß die primären Motive der ANS und ihrer Führer für den einzelnen – besonders die Mitläufer – von sekundärer Bedeutung sind wie umgekehrt die privaten Motive allenfalls als strategisches Moment der Gruppenintegration und der Heranführung an politische Aktivitäten von Bedeutung sind.
Sechster Prozeßtag: Ein Höhepunkt. Vernommen wird der Hauptbelastungszeuge A. S. Vor dem Gerichtssaal das gleiche Szenario wie immer. Anhänger der ANS und eine Schulklasse warten auf Einlaß. Deren Lehrer berichtet, die Klasse hätte sich ausführlich mit dem Thema Nationalsozialismus/Rechtsextremismus beschäftigt. Schon jetzt hätten sie an diesem Morgen einen lehrreichen Anschauungsunterricht erhalten. »Guck mal, der sieht doch jüdisch aus«, so reagieren die jugendlichen Neonazis auf die Schüler. Angst macht sich breit unter ihnen. Verunsicherung auch. Peinlich die Situation des gemeinsamen Wartens auf Einlaß mit den unbefangen und selbstbewußt auftretenden jugendlichen ANS-Anhängern und »ihren« Großvätern, die sich der Wirksamkeit allein ihrer Anwesenheit bewußt sind und solche Situationen ausnutzen. Sie sind es, die die Szene prägen und sie kosten es aus, die Blicke auf sich gerichtet zu haben. Wenn der Begriff »symbolische Macht« einen Sinn hat, so findet das hier vor dem Justizgebäude seine Bestätigung. Blicke schüchtern ein, schwarze Uniformen ziehen scheue Blicke an und lösen Getuschel unter den Schülern aus.
Der Prozeß wird fortgesetzt. K. ist wieder in »Zivil« erschienen, was mich freut. Zum erstenmal merkt man heute die Angespanntheit der Angeklagten. Ernste Gesichter. Hereingeführt wird, bewacht von drei Beamten des Staatsschutzes, A. S. (21). S., ganz in schwarz gekleidet, hat bis Januar 1983

schon 3 Jahre und 8 Monate Haftanstalt hinter sich: Mordversuch an einem Polizisten, mehrfacher Diebstahl, Androhung einer Straftat (Drohung, den Frankfurter Hauptbahnhof in die Luft zu sprengen). Schon zu Beginn macht der Zeuge, der als Jugendlicher Kontakte zur Hamburger ANS hatte und Mitglied der Wehrsportgruppe »Nordland« war, deutlich, daß er »auspacken« will und auch eigene Straftaten nicht verschweigen wird. Die Anwesenheit der Staatsschutzbeamten wird dadurch begründet, daß S. bedroht werde.

Dieser beginnt seine Schilderung mit der Haftentlassung Anfang 1983. Durch den Film »Die verdrängte Gefahr« sei er auf Marx aufmerksam geworden. Von einem Mitgefangenen, der wie S. Mitglied der HNG war, hätte er die Adresse von Marx bekommen und diesen aufgesucht. Seine weiteren Stationen: Unterschlupf bei Thomas Brehl und Thomas Weißmüller in Fulda, danach Bewachung des Anwesens der neonazistischen Gärtnerfamilie Müller in Mainz, später wohnhaft bei Peter Müller in Frankfurt und zuletzt mit D. G., ebenfalls einem ANS-Mitglied, zusammen in dem bewußten Appartement. Schnell sei er innerhalb der ANS zum Kader aufgestiegen. Im Unterschied zu den Nationalen Aktivisten müssen die Kader »bedingungslos jedem Befehl folgen«. So erhält er, vereidigt auf Adolf Hitler und Arnd Marx, den Auftrag, den ANS von Spitzeln und Denunzianten freizuhalten. Dossiers über einzelne »Kameraden« werden angelegt: Nr. 26, K. S., notiert unter Hobbys: »Ausländer zusammenschlagen, hält sich eine Schlange in der Wohnung.« Weiter berichtet S. von Führungsrivalitäten. Während der »Deutschland-Fahrt« von Kühnen, Brehl und Marx im Sommer 1983, in deren Zuge die ANS zwanzig »Lesekreise« und »Förderkreise« (mit jeweils zehn Mitgliedern) gründete, sei es zu politischen Auseinandersetzungen gekommen. Während Kühnen und Brehl weiterhin die »SA-Richtung« vertraten, bestand Marx darauf, die SS zum Vorbild der »Bewegung« zu machen. Brehl sah er nur als Marionette, der zwar Kühnens Nachfolger sein sollte, den er aber als eigentlich starker Mann dirigieren wollte.

Glaubte man dem Zeugen, so liegt das eigentliche Motiv der Tat in der Rivalität zwischen ihm und Marx um dessen frühere Freundin. Sie habe sich von Marx abgewandt und mit S. geschlafen. »Du alte Lügensau«, schreit die Betroffene im Zuschauerraum erregt und wird daraufhin des Saales verwiesen.

Man merkt den Angeklagten ihre Erregung an. Nur schwer können sie sich beherrschen, den Zeugen nicht zu unterbrechen.
Aufschlußreich sind die weiteren Einzelheiten, die S. aus dem Innenleben der ANS/NA berichtet. Ein Grundmuster der Erzählung prägt seine Angaben. Während des Dritten Reiches gab es das geflügelte Wort: »Wenn das der Führer wüßte...« und mit ähnlichem Duktus schildert S. die Praxis der Frankfurter Kameradschaft. »Wenn das Michael Kühnen gewußt hätte...« Die Schuldzuweisung ist klar verteilt: Marx erscheint als Intrigant, der machtbesessen gegen den Organisationsbefehl Kühnens verstoßen habe. Nicht *er* hätte zu einem Überfall auf ein Bundeswehrdepot aufgerufen, Anschläge auf die Friedensbewegung und eine Synagoge geplant, sondern andere Mitglieder der ANS/NA hätten ihn dazu animiert. »Wer hart sein will, muß bluten können« (S.), sei damals seine Devise gewesen. Erst die Gewalttat an ihm selbst habe ihn zu Bewußtsein gebracht. »Ich bereue es, daß ich jemals Nazi war. Und ich fühle mich moralisch mitschuldig an den sechs Millionen ermordeten Juden.« Gelächter auf der Anklagebank. Zu glatt gehen S. solche Bekenntnisse von den Lippen, fast einstudiert. Noch vor gut einem halben Jahr rechtfertigte er genauso ungeniert Kioskeinbrüche und Zigarettendiebstähle als politische Aktionen, denn schließlich werde »dadurch der Staat geschädigt«. Ins Bild des Zeugen passen auch seine Arbeiten an einem »Projekt Kobold«, eine Art Konstruktionsanleitung mit Verbesserungsanleitungen zum Bau von Bomben und ferngesteuerten Sprengsätzen.
Höhepunkt des Tages ist ohne Zweifel die Befragung des Zeugen durch Arnd Marx. Marx entpuppt sich als geschickter »Verhörspezialist«. Scharf in der Stimme, präzise in der Fragestellung, ruppig im Ton (»Werden Sie nicht frech, Herr S.«), bis ihn die Richter ermahnen, die Situation nicht zu verwechseln. Am Ende des Prozeßtages wird S. vereidigt. Ein ungutes Gefühl bleibt zurück. Ob er wirklich in allen Punkten die Wahrheit gesagt hat? Ich habe meine Zweifel. Dennoch hat seine Aussage die Chancen erhöht, daß Karl demnächst aus der Haft entlassen werden kann.
Politischer Fanatismus, soziale Deklassierung und ganz gewöhnliche kriminelle Energien bilden die explosive Mischung der Dynamik neonazistischer Gruppen. Unter dem Druck von

außen wächst die Binnensolidarisierung auch bei jenen, die, politisch wenig gefestigt, die ANS als Freizeitclique benutzen. Andererseits binden die geschlossene Sozialmoral und der Kameradschaftsmythos auch diese Jugendlichen an die Gruppe und ihre Führer. Beispielsweise rechtfertigte der knapp 15jährige Angeklagte R. bei seiner polizeilichen Vernehmung die Tat damit, S. hätte es verdient gehabt, »eins aufs Maul zu kriegen«. Er jedenfalls würde sich jederzeit wieder an einer solchen Aktion beteiligen. »Fehlendes Unrechtsbewußtsein« bescheinigt ihm der als Zeuge gehörte LKA-Beamte ...
Karl ist überraschend schnell aus der U-Haft entlassen worden. Juristisch und menschlich korrekt, doch was bleibt ihm in seiner sozialen Situation und unter dem Eindruck des fortlaufenden Prozesses? Doch nur seine Gruppe, befürchte ich. Und die wird ihm Güter- und Interessenabwägungen erschweren. Eigentlich müßte in solchen Augenblicken Sozialarbeit einsetzen, die Wohn- und Arbeitssituation klären helfen und mit ihm behutsam ein neues soziales Umfeld aufbauen. So jedenfalls steht es in den pädagogischen Lehrbüchern. Doch in der Praxis tritt die Reparaturkolonne der Pädagogen, Sozialarbeiter und Lehrer meist erst dann auf, wenn es nichts mehr zu reparieren gibt.
Soeben meldet der Nachrichtensprecher, Michael Kühnen habe sich in die Schweiz abgesetzt. Flucht in die Resignation oder Versuch, aus dem ausländischen Exil die Arbeit der ANS neu zu organisieren und Kontakte zu ausländischen Gesinnungsgenossen zu knüpfen? Einiges spricht für die zweite Vermutung. Vor allem Kühnens Fanatismus, der durchsetzt ist mit der Fähigkeit zu analytischem Denken. Warum haben ihn aber die Sicherheitsbehörden ausreisen lassen? Panne oder Absicht? Oder ganz einfach Ausdruck der neonazistischen Gruppen? Wegen der anhängigen Verfahren müßte nun jedenfalls Haftbefehl erlassen werden ...
Anruf von Karls Mutter. Obwohl seit einer Woche aus der Haft entlassen, hat er sich zu Hause noch nicht gemeldet.
Ich verspreche, ihn aufzusuchen und schreibe ihm vorsorglich einen Brief, er möge ohne Furcht vor dem Vater seine Eltern besuchen.
Karl treffe ich nicht an – trotz mehrmaliger Versuche. In einem tristen Hinterhof einer Altbausiedlung hat er ein Zimmer, auf der gleichen Etage wohnen drei türkische Familien.

385,00 DM für knapp zehn Quadratmeter, keine Wohnung – ein Loch. Heinrich Zilles Worte, man könne Menschen auch mit einer Wohnung erschlagen, fallen mir ein, während ich die morschen Treppen hintersteige.
Treffen mit Karl vor dem Gerichtssaal. Er hat sich sichtlich verändert. Zum erstenmal trägt er wieder seine grüne »Kampfjacke« mit dem Schriftzug »Kameradschaft Frankfurt« und dem Aufnäher »Ich bin stolz, ein Deutscher zu sein«. Manchmal sagen Symbole mehr als Worte. Die Gruppe hat ihn wieder und er hat sie. Die neue Wohnung, von der er geheimnisvoll erzählt, scheint ihm auch die Szene besorgt zu haben. Seine Eltern hat er inzwischen auch besucht und sich mit ihnen ausgesprochen; sichtlich erleichtert erzählt er das, hatte sich doch seine Angst vor dem Vater als unbegründet erwiesen. Hilfe lehnt Karl ab, er käme schon alleine zurecht, dazu brauche er auch nicht den ihm vertrauten Sozialarbeiter der evangelischen Kirche. Plötzlich umringt von seinen Gesinnungsgenossen, die uns (ihn) entdeckt haben, verstummt Karl. Zwecklos noch weiter zu reden.
Prozeßbeginn vor fast leeren Zuschauerbänken. Der Richter verliest die Vorstrafen der Angeklagten. Vier von ihnen sind schon vorbestraft, aber allein Marx weist ausschließlich Strafen wegen »politischer« Delikte auf: Vergehen gegen das Versammlungsgesetz, Tragen verbotener Uniformen, gemeinschaftliche Sachbeschädigung und Nötigung, schwerer Landfriedensbruch und unerlaubter Waffenbesitz. Die beiden vorbestraften Jugendlichen sind wegen Eigentumsdelikten und Betrug verurteilt worden, der volljährige H. H. weist sieben Vorstrafen u. a. wegen mehrfacher Körperverletzung, Unterschlagung, Sachbeschädigung und Beleidigung auf. Das sind die »politischen Soldaten einer neuen Ordnung«, wie sie sich selbst in einem ihrer Flugblätter bezeichnet haben. Bei einigen von ihnen drängt sich der Eindruck auf, ihr neonazistisches Engagement sei die Fortsetzung ihrer kriminellen Karriere. Aber dies ist symptomatisch für NS-Gruppen: Sie sind selbst im rechten Lager die »under-dogs«, dort teilweise nicht ernstgenommen oder gar als agents provocateurs kritisiert.
Der Prozeß schleppt sich hin. Nach Beendigung der Beweisaufnahme stellen die Verteidiger neue Anträge. Einen Befangenheitsantrag des Verteidigers von Karl gegen die Richter

lehnt das Gericht ab; aber es tritt erneut in die Beweisaufnahme. Karl erscheint wieder in seiner »Kampfjacke«. Für Außenstehende muß sein Verhalten dumm und töricht wirken. Eine gewisse Logik gewinnt es nur, wenn man die Sichtweise der Gruppe einnimmt und sich in ihre von der Realität abgeschotteten Denkweisen hineinversetzt. Ich erinnere mich des Wortes von Pier Paolo Pasolini. Er antwortete auf den Wunsch eines Freundes, nie junge Faschisten kennenlernen zu müssen: »Also: erstens wirst du nie diese Gelegenheit haben, selbst, wenn du in einem Zugabteil, in einer Schlange, in einem Geschäft, auf der Straße oder in einem Empfangsraum junge Faschisten treffen solltest, *denn du würdest sie einfach gar nicht als solche erkennen;* zweitens ist der Wunsch, nie junge Faschisten kennenlernen zu wollen, eine Lästerung, denn wir sollten, im Gegenteil, alles tun, um sie zu finden und mit ihnen zu sprechen. Sie sind nämlich nicht vom Schicksal auserwählte und prädestinierte Ausgeburten des Bösen: *Sie sind nicht geboren worden, um später Faschisten zu werden.* Niemand hat ihnen, als sie halbwegs erwachsen und im Stande waren, sich zu entscheiden – aus Gründen und Zwängen heraus, die wir nicht kennen –, rassistisch das Brandmal eines Faschisten aufgedrückt. Was einen jungen Menschen zu dieser Entscheidung treibt, ist eine Mischung von grenzenloser Verzweiflung und Neurose, und vielleicht hätte eine kleine andersartige Erfahrung in seinem Leben, eine einzige simple Begegnung genügt, um sein Schicksal anders verlaufen zu lassen.« (Pasoloni, 1975, S. 47 f.) Ein kluges Wort. Denn es verweist darauf, daß es keinen biographischen Determinismus gibt, der junge Menschen zu Neonazis werden läßt. Und was heißt bei Karl eigentlich Neonazi? Ohne seinen manifesten Ausländerhaß entschuldigen zu wollen, er teilt ihn mit großen Teilen der westdeutschen Bevölkerung, die von der Arbeit und der Eßkultur der Fremden profitieren, ihre Länder im Urlaub besuchen und sie doch samt ihren Familien zum Teufel wünschen. Ich frage mich, was wohl schlimmer ist: der Wohnzimmerfaschismus mit bürgerlich-honorigem Anstrich, der statt von »Ausländer raus« von Rückführung spricht, der offene Diskriminierung hinter Sachzwangargumenten verbrämt oder der Protest der jungen Faschisten? Aber vielleicht sind die Antworten darauf alle falsch, weil die Frage falsch ist . . .

Endlich zeichnet sich das Prozeßende ab. Der Staatsanwalt plädierte. Gegen Marx werden drei Jahre Freiheitsstrafe, gegen Karl ein Jahr und sechs Monate und gegen H. H. ein Jahr und acht Monate beantragt. Für die übrigen Angeklagten hält die Staatsanwaltschaft Bewährungsstrafen sowie Jugendarrest für angemessen. Das Verfahren wegen der Verteilung rechtsradikaler Flugblätter wird vorläufig eingestellt. Im Gegensatz zum Staatsanwalt sprach ein Verteidiger von einer Art »Klassenkeile härterer Art« und Marx meinte in seinem Schlußwort: »Der Aufwand, der hier gemacht wurde, steht in keinem Verhältnis zur Tat.« Das Ganze sei ein »Schauprozeß, der von den Medien riesig aufgebauscht worden ist«. Die Ausschreitungen des Femegerichts seien nicht geplant gewesen, bei ihm habe es sich um einen »Eifersuchtsausbruch« gehandelt, da der Gefolterte mit seiner Freundin ein Verhältnis angefangen habe. Bei S. habe es sich außerdem nicht um einen Abtrünnigen, sondern um einen Kriminellen gehandelt. Als ob das die Tat rechtfertigen würde. Mit ähnlicher Logik meinte A. R.: »Die Tat war gerechtfertigt, irgendwie zum Schutz der Öffentlichkeit.« Karl schweigt. Was sollte er auch sagen? . . .
Der Schlußakkord des Prozesses war kräftig. Das Interesse der Journalisten ist wieder geweckt und auch die ANS-Anhänger sind zahlreicher erschienen als bei den letzten Verhandlungstagen. Die Spannung im Gerichtssaal ist spürbar. Ungewöhnlich: Marx wird hereingeführt und reckt seinen Arm in Richtung Zuschauerbänke, drei Finger gespreizt: *Widerstand*, ein Zeichen, das die Neonazis von der »Aktion Widerstand« gegen die Ostverträge der sozialliberalen Koalition Anfang der siebziger Jahre übernommen haben und das für sie – aus strafrechtlichen Gründen – der Ersatz des Hitler-Grußes ist. Angespannte Gesichter der Angeklagten als der Richter den Urteilsspruch verliest. Die Strafhöhe bleibt unter dem Antrag der Staatsanwaltschaft, aber immerhin hoch genug, um die Angeklagten zu treffen. Für Marx zwei Jahre und drei Monate, für H. H. ein Jahr und sechs Monate, Karl ein Jahr Strafe mit Bewährung. Die übrigen erhalten Bewährungsstrafen, Geldstrafen von 2400,00 bis 6000,00 DM, zwei Jugendliche werden mit Arbeitsauflagen von 160 und 120 Stunden verwarnt. Der Vorsitzende schildert in der Begründung Karl als ohne eigene Initiative und »etwas stupiden Befehlsempfänger«, Marx als »sensibel« und »strafempfindlich«. Das sind

wohl die falschen Worte, empfindlich und reizbar trifft den Sachverhalt eher. Denn gerade Marx, der sich noch immer als Rächer in einer gerechten Sache fühlt und in seinem Schlußwort betonte: »daß es die Frau nicht wert ist, daß ich dafür auch nur eine Minute im Gefängnis sitze . . . Ich bin alles andere als ein Verbrecher. Allerdings komme ich ich mir bei den Sicherheitsvorkehrungen schon vor wie Honka«, gerade er kehrt nach der Urteilsverkündung der »typischen« Faschisten heraus. Zusammen mit H. H. beschimpft er das Gericht als »Judensäue«, »rote Proleten«, »die 23. Kammer soll hängen«. Voller Wut brüllt H. H.: »Wenn wir erst an der Macht sind, dann sitzt ihr hier auf den Bänken.« Und Marx: »Wir werden dann auch die umbringen, die es 1933 nicht erwischt hat.« Währenddessen stimmen die ANS-Mitglieder, unterstützt von einigen Angeklagten, das Lied an: »Einst kommt der Tag der Rache . . .« Drei der Angeklagten und die Freundin von H. H. erhalten von dem hilflosen Gericht Ordnungsstrafen. Nun wurde es doch noch ein politischer Prozeß. Dennoch: Es bleiben Zweifel. Am Tag nach der Urteilsverkündung schreibt die »Frankfurter Rundschau« in einem Kommentar zutreffend:

> »Die wichtigste Voraussetzung für das Mißlingen des Prozesses war indes schon vor Beginn der Hauptverhandlung geschaffen worden, als das – juristisch – ›politische‹ Verfahren gegen Marx und zwei andere wegen Verteilung von Flugblättern mit dem vermeintlich unpolitischen ›Femegerichts‹-Prozeß verbunden wurde, an dem fünf weiter Angeschuldigte beteiligt waren. Vier von ihnen wären ohne Flugblattkoppelung vor einer Jugendkammer sicher besser aufgehoben gewesen, anstatt mit den drei älteren Jungnazis per Gerichtsbeschluß solidarisiert zu werden. Der ›politische‹ Part endete kläglich: Die inkriminierten Flugblätter waren seinerzeit von der Frankfurter Staatsanwaltschaft für unbedenklich erklärt worden – eine Peinlichkeit, die man auch vor der Hauptverhandlung hätte bemerken können. So stahl sich die Kammer mit einer teilweisen Einstellung des Verfahrens aus der Affäre; mit dem Ergebnis, daß Jugendliche und Heranwachsende, von denen lediglich einer einen Hauptschulabschluß hat, zusammen mit der lokalen Führungsriege der Neonazi-Szene die Anklagebank vor einer Staatsschutzkammer drückten. Daß sie in dem Prozeß, der nach dem Jugendstrafrecht erzieherische Wirkung hätte haben sollen, kaum etwas dazu gelernt haben dürften, daran ist die 23. Große Strafkammer des Frankfurter Landgerichts nicht unschuldig.« (»Frankfurter Rundschau« vom 19. April 1984, S. 12.)

Zynisch könnte man hinzufügen: »und die Medien auch nicht«. Denn ihre Berichterstatter haben mit der Unbedenklichkeit von Boulevardjournalisten dem Prozeß eine Dimen-

sion verliehen und den Angeklagten ein Klischee verpaßt, das in den politischen Implikationen beiden nicht gerecht wird. Von der »Bild-Zeitung« bis zur »Frankfurter Rundschau« kokettierten die Journalisten mit dem »Exoten-Image« von Neonazis, angereichert mit vermeintlichen Pikanterien, die mit anderen als rechtsextremen Hintergründen eher banal und alltäglich wirken. Von daher hebt sich der oben zitierte Kommentar wohltuend von der übrigen Berichterstattung ab.
Verständlich sind auch die Stimmen, die wie der Vorsitzende der Jüdischen Gemeinde, Galinski, ein Gesetz gegen die Verherrlichung oder Leugnung der Nazi-Verbrechen fordern, ein Gesetz, das die gegenwärtige Bundesregierung vorbereitet. Aber eine sondergesetzliche Regelung schafft die soziale Bewegung »Rechtsextremismus« nicht aus dem Wege und ob sie sie eindämmen kann, bleibt fraglich. Das strafrechtliche Vorgehen gegen neonazistische Geschichtsfälschungen kann sich leicht als stumpfe Waffe erweisen. Denn Strafgesetze richten sich im allgemeinen gegen Rechtsgüterverletzungen und nicht gegen Gesinnungsäußerungen. Wie groß das Ärgernis auch ist, ein solches Gesetz kann sich schnell als Bumerang erweisen. Schon heute fordern CSU-Abgeordnete, auch das Leugnen des Völkermordes des »roten Totalitarismus« müsse dann unter Strafe gestellt werden. Vor allem aber können solche Gesetze dazu führen, wegen politischen Außenseitern Mammutprozesse um die »historische Wahrheit« führen zu müssen. Auf der Strecke bleibt allemal die Meinungsfreiheit.
Und noch eine andere Frage bleibt offen. Welche erzieherische Wirkung hat der Prozeß auf die Angeklagten gehabt? Hat das Strafmaß abschreckend gewirkt?
Man wirft der Justiz ja häufig vor, sie sei auf dem »rechten Auge« blind und fasse Rechtsextremisten mit Samthandschuhen an. Das mag sicher im einen oder anderen Fall zutreffen; auf lange Sicht gesehen jedoch läßt sich diese These nicht bestätigen. Im übrigen ist die Höhe des Strafmaßes nicht immer ein verläßlicher Indikator für die Bereitschaft der Justiz, Rechtsextremisten als politische Gefahr ernstzunehmen. Aufmerksame Beobachter konnten an diesem Prozeß den *Zielkonflikt* studieren, in dem sich die Strafverfolgungsbehörden gegenüber politischen Extremisten befinden. Hohe Strafmaße haben zwar Legitimationsfunktion gegenüber der Öffentlichkeit und können auch abschreckend auf Sympathisanten wir-

ken. Für einzelne Aktivisten haben sie aber häufig bestätigende und radikalisierende Wirkung, für die Gruppe insgesamt solidarisierende Effekte. So distanzierte sich Z. von der ANS schon vor Prozeßbeginn. Auf seine Güterabwägung zwischen seiner beruflichen und politischen Karriere hatte der Prozeßausgang also keinen Einfluß. Anders bei den übrigen Angeklagten. Auf sie wirkte der Verlauf des Prozesses, das Strafmaß und das solidarisierende Szenario auf den Zuschauerbänken gruppenstabilisierend. In ihren Deutungen sind sie durch den Prozeß zu politisch Verfolgten geworden, ist das Urteil ein politisches Gesinnungsurteil. Mit der entspechenden Einstellung werden sie auch ihre Strafe absitzen. »Mir hat meine Haft nichts ausgemacht. Ich habe immer daran gedacht, daß Rudolf Heß nun schon seit über vierzig Jahren in Einzelhaft sitzt. Das hat mir geholfen«, sagte der ANS-Aktivist Peter Müller einmal in einem Gespräch mit dem WDR. Für Außenstehende mögen solche Vergleiche vermessen und realitätsblind sein. In der Welt der Neonazis spielt aber der Verfolgten- und Entrechteten-Mythos, den die nazistisch überzeugten Großväter nach 1945 kultiviert haben, eine wichtige Rolle. In dem bereits erwähnten Buchmanuskript beschreibt Michael Kühnen die Deutungen der jugendlichen Neonazis in diesem Punkt:

> »Der brave Bürger staunt: Wie kommen diese jungen ›Spinner‹ dazu, sich für den nationalen Sozialismus zu begeistern? Denen geht's wohl zu gut? Ja, unseren Kameraden geht es wohl wirklich zu gut in diesem System: sie stammen fast durchweg aus Arbeiterfamilien, sind selber Lehrlinge mit wenig Geld, finden keine Lehrstellen, sind arbeitslos oder wegen ihrer Gesinnung entlassen! Vor allem aber: Sie sehen keine Aufstiegschance in einem System, in dem Herkunft und Vermögen mehr zählen als Leistung, in dem die Handarbeit gering geachtet und ein Volksschüler wie der letzte Dreck behandelt wird.
> Sie haben ständig Krach zu Hause und werden von der Polizei gejagt, wenn sie ihre Parteikluft tragen. Sie sind mit 16 oder 17 Jahren schon häufiger festgenommen worden als der Durchschnittsspießer in seinem ganzen Leben. Und warum das alles? Was antworten die Jungens, wenn man sie fragt: ›Warum seid Ihr Nationale Sozialisten? Euch geht's doch gut.‹
> Oft müssen sie die Antwort schuldig bleiben: sie sind mit ihrem Herzen dabei, mit ihrem jungen glühenden und gläubigen Herzen; sie wollen ein besseres Deutschland; sie wollen eine Heimat, keine technokratisch gelenkte, materialistische Betonwüste! Sie können es vielleicht nicht in Worte fassen, aber das ist das Schlüsselwort: HEIMAT! Und es gibt noch ein zweites: HASS!

Haß auf die bürgerliche verlogene Welt, die ihnen die Zukunft stiehlt; Haß auf die Staatsschützer, die Sechzehnjährige durch die Straßen deutscher Großstädte jagen; Haß auf die Feinde und Verräter, die Deutschland ausbeuten wie eine fremde Kolonie, weil sie nicht deutsch empfinden können! . . . Und dann gibt es die Alten. Auch ihnen geht es angeblich so gut in diesem System: Sie erhalten gekürzte Bezüge, weil sie in der Waffen-SS dienten, sie wurden von Besatzungssoldaten gefoltert, weil sie als Amtsträger zur nationalsozialistischen Bewegung zählten; ihre Gesundheit ist ruiniert von den eisigen Wüsteneien der Zwangsarbeitslager Sibiriens oder von den Folterpraktiken westlicher Umerziehungslager. Seit Jahrzehnten müssen sie mitanhören, wie alles, woran sie in ihrer Jugend glaubten, wofür sie kämpften und litten, wofür ihre Freunde und Kameraden starben, verlacht, verspottet und verfolgt wird. Sie stehen auf der Verliererseite der Weltgeschichte, doch sie blieben treu und jetzt endlich – sie hatten es nicht mehr zu hoffen gewagt – tritt eine neue Generation an und nimmt die alten Fahnen in ihre Hände. Der Kampf geht weiter bis Deutschland wieder frei ist!«

Das klingt pathetisch konstruiert und doch geben diese Zeilen Einblick in die Wahrnehmungen jugendlicher Neonazis. Sie kompensieren ihre fehlende politische Programmatik durch das Ressentiment, und das Bündnis der Enkel mit den unbelehrbaren Großvätern verhilft ihnen zu einer scheinbar gewichtigen politischen Tradition, die politische Religionen zu ihrer Orientierung brauchen, um ihre eigene Bedeutungslosigkeit zu kaschieren.

Sieht man sich dagegen einzelne Biographien wie die von Karl an, so kann man erkennen, daß für viele neonazistisch engagierte Jugendliche die politischen Begründungen nachgeschoben sind.

Was sind sie also: Opfer oder Täter? Täter, juristisch und politisch auf alle Fälle. Aber Opfer? Von wem? Von den neonazistischen (Ver)führern? Oder etwa Produkte der gesellschaftlichen Krisensituation? Mancher mag mit Erklärungen leicht bei der Hand sein, aber stimmen sie? Warum hat sich Karl z. B. nicht in der Gewerkschaftsjugend engagiert? Aus welchem Stoff werden Neonazis heute gemacht? Fragen, unbeantwortet bislang, aber wichtig für jene, die einen Faschismus, in welchem Gewande auch immer, verhindern wollen. Feindbilder sind schnell geschaffen, Demonstrationen schnell organisiert, griffige Parolen schnell verfaßt – aber schlagen wir nicht die Schlachten von gestern, holen wir nicht heute nach, was unsere Väter und Großväter vor 1933 versäumt haben?

9. Politische Deutungsmuster und rechtsextreme Karrieren

Die Auseinandersetzung mit dem organisierten Rechtsextremismus wird sowohl in den Medien als auch in der wissenschaftlichen Literatur häufig unter dem Aspekt einer Wiederholungsgefahr faschistischer Herrschaft gesehen. Vor allem Autoren, die sich den sowjetmarxistischen Faschismusanalysen verpflichtet wissen, heben in dieser Tradition den Zusammenhang von kapitalistischer Gesellschaft und faschistischer Bewegung hervor und betonen die angeblichen politischen Funktionen rechtsextremer Gruppen für die Interessen »des Großkapitals«. (Zur Kritik, vgl. Dudek, 1984 b.) Danach haben rechtsextreme Gruppen *immer*

- »die Auffangfunktion bzw. die Funktion der Ableitung und Umfunktionierung von Protestpotentialen ...
- die Barometerfunktion ...
- die Alibifunktion für reaktionäre Regierungspolitik ...
- die aktive Antreiberfunktion in der Rechtsentwicklung ...
- die langfristige ideologische Umorientierungsfunktion ...
- die terroristische Einschüchterungs- und Hilfspolizei-Funktion gegenüber demokratischen Bewegungen ...
- die Destabilisierungsfunktion ...
- die Straßenkampf- und Bürgerkriegsfunktion ...« (Opitz, 1984, S. 241 ff.).

Das Kernproblem dieses Ansatzes liegt in seinem rein hypothetischen Charakter. Auch Opitz gelingt es nicht in seiner mit über 400 Anmerkungen gespickten Untersuchung zum Neofaschismus in der Bundesrepublik seinen eigenen Anspruch empirisch einzulösen. Diese Mischung aus Halbwahrheiten, verschwörungstheoretischen Konstruktionen und problematischer Quellenverwendung macht zum wiederholten Male die Schwächen sowjetmarxistisch orientierter Rechtsextremismus-Interpretation deutlich. Sie bedient sich vorwiegend empirisch unzulänglicher und suggestiver Argumentationswei-

sen – kurz: Sie kann den »Beweis« für ihre Hypothesen nicht antreten. In diesem Zusammenhang kritisiert Eike Hennig (in Graf, 1984, S. 55) zu recht, daß eine Forschung, die ihre Erklärungsleistungen und Fragestellungen ausschließlich auf den »Monopolkapitalismus« zentriert, die Frage nach der persönlichen Geschichte verdrängt. »Nicht der Täter, sondern die Tat und bevorzugt deren interessenmäßig-strategischen Hintergründe werden betrachtet.«
Es mag auch an den durchschlagenden Berührungsängsten von Sozialwissenschaftlern gegenüber rechtsextremen Jugendlichen liegen, daß biographische Analysen, die etwa in der Geschichtsschreibung der Arbeiterbewegung oder in Untersuchungen von Berufsrollen, in der psychoanalytischen Literatur gang und gäbe sind, im vorliegenden Feld nur zögernd einsetzten. Neben der Veröffentlichung einzelner biographischer Porträts (Dudek, 1980; Rabe, 1980) hat als erster Eike Hennig systematisch Lebenslaufanalysen rechtsextremer Jugendlicher vorgelegt (Hennig, 1981; Hennig, 1982)*. Im folgenden werden kommentierend die Ergebnisse dieses Projektes referiert. Die im Zeitraum vom Dezember 1979 bis März 1982 durchgeführte Untersuchung basiert auf offenen Interviews mit 32 rechtsextremen Jugendlichen im Alter von 16 bis 25 Jahren; ein Jugendlicher war älter als 25 Jahre. Von den Interviewten gehörten 50 Prozent nationaldemokratischen, 43,8 Prozent neonazistischen und 6,2 Prozent nationalrevolutionären Gruppen an. Ergänzt wird die Studie durch die Auswertung von Gerichtsurteilen der Jahre 1978 bis 1980 gegen 42 rechtsextreme Jugendliche. Das Interesse an Biographie und politischer Sozialisation Jugendlicher im rechten Lager schälte zwei erkenntnisleitende Fragestellungen heraus:
»1. Warum schließen sich Jugendliche in der Bundesrepublik rechtsextremistischen Organisationen an?
2. Wie begründen sie die Entscheidungen bzw. welche politisch-sozialen Deutungsmuster entwickeln sie, denen sich diese Entscheidung einfügt, bzw. aus denen dieser Schritt erwächst?« (*Hennig, 1982, S. 14.*)
Es ist klar, daß biographisch orientierte Analysen die politisch-soziale Bewegung Rechtsextremismus nicht »erklären«

---

* Ich danke E. Hennig für die Genehmigung, aus dem unveröffentlichten Manuskript zu zitieren.

können. Makropolitische Protestpotentiale lassen sich nicht streng kausalanalytisch auf die Bedingungen subjektiven politischen Handelns und die Entwicklung politischer Sozialisationsprozesse beziehen.
Ein entwicklungsgeschichtlich durch komplexe Faktorenkonstellationen systematischer wie situativer Art bedingtes Phänomen »Rechtsextremismus« läßt sich nicht kausalanalytisch aus bestimmten Prinzipien oder Gesetzen »erklären«. Wer dies tut, wie die Autoren in der Tradition sowjetmarxistischer Faschismusanalyse, verwechselt Erklärungen mit Behauptungen. Demgegenüber liegt die Stärke biographischer Analyse darin, nach *Gründen* suchen zu können, die rechtsextremes Engagement in bestimmten Situationen für bestimmte Personengruppen verständlich und d. h. rational nachvollziehbar macht. Mit der Benennung von Gründen, von hemmenden oder fördernden Faktoren und Bedingungskonstellationen ist noch nichts darüber ausgesagt, inwieweit diese Gründe auch als Ursachen von Rechtsextremismus herangezogen werden.
Aus der umfangreichen Studie, die sowohl Lebensläufe einzelner Aktivisten rekonstruiert als auch ihre politisch-sozialen Deutungsmuster freilegt, werden im folgenden *einige* dieser Deutungsmuster näher vorgestellt. Das Grundmuster rechtsextremen Politikverständnisses bezieht sich auf die Schere zwischen Problem und Lösung gesellschaftlicher Konfliktlagen, die in der verbreiteten Dichotomie »Wir da unten – ihr da oben« interpretiert wird. »Der aktionistische Zugriff und der entdifferenzierende Sprach- und Denkstil rechtsextremistischer Deutungen . . . entwickelt sich als Reaktion auf die wahrgenommene soziale und politische Orientierungslosigkeit und Entscheidungsunfähigkeit und entspricht in seiner Direktheit dem hohen individuellen Lösungs- wie Erklärungsdruck und -anspruch . . .

›Mein Elternhaus seh ich so . . .: Mir geht's gut, ich hab mein Fernseher, ich hab mein Auto, ich hab'n Kind großgezogen, was will ich mehr. Ja, mein Vater sitzt abends vorm Fernseher, ißt Nüß'. Meine Mutter ist so überarbeitet, daß sie schon vorm Fernseher einschläft. Da leeft nix.‹
Zwei Mitglieder einer neonazistischen Organisation akzentuieren demgegenüber die öffentlichkeitsbezogene Seite der Institutionenkritik und spitzen sie bezüglich des Feindbildes zu:
›. . . dieser Staat (ist) . . . praktisch überhaupt nicht in der Lage, gegen diese . . . gewaltige revolutionäre Macht, die hinterm Kommunismus steckt, . . . was zu unternehmen‹.

Angesichts dieses apokalyptischen Szenarios von Problemen und untauglichen Lösungen entwickeln gerade neonazistische Gruppen aus der Einsicht in diese Schere ihre elitäre Einstellung und Massenverachtung:
›Vor zehn Jahren . . ., damals war doch der großen Wirtschaftsboom. Ja, da dachten die Jugendlichen, es geht aufwärts, dieser Staat hier ist richtig, ja, das System ist das richtige . . . Jetzt, jetzt sehen doch die meisten, daß es bergab geht . . . und . . . auch da heraus, . . . haben wir viel Zuwachs.‹
›Solange es dem Spießbürger irgendwie noch gut geht, und er sein Bäuchlein füllen kann, wird er niemals über seine Situation nachdenken. Wir sehen die heutige Zeit als eine Herausbildung junger Kräfte zu einer Elite, die dann in dem entscheidenden Moment Massen führen können. Wir sehen dann den Moment gekommen, wenn eine Weltwirtschaftskrise eintritt mit Arbeitslosigkeit, Hungersnöten usw. Und wir sind absolut sicher, daß diese kommen wird . . .‹« (Hennig, 1982, S. 23 f.)

Das politische System der Bundesrepublik wird als dekadent, korrupt und unfähig zur Lösung gesellschaftlicher Probleme angesehen. Vorherrschend ist eine generelle Konsumkritik, die sich sowohl auf das Konsumverhalten der Eltern wie auf die jugendspezifischen Angebote der Freizeitindustrie bezieht. Discotheken sind vor allem für Mädchen das Negativbild zu jener Kultur, die sie vertreten.
»H, Mitglied einer nationalen Pfadfindergruppe, meint, daß Disco-Besuche sie ›von den Problemen‹ ablenken, obwohl sie gerne hingeht:

›Um abzuschalten oder so, um auszuflippen, um den ganzen Alltagsstreß loszuwerden und so. Und vor allem kann man sich da nicht mit den Leuten unterhalten, weil das so ohrenbetäubende Musik ist.‹

Abschalten ist aber verwerflich; deshalb denkt sie selbst in der Disco an die Gruppe:

›Da bin ich mit 'nem Jungen ins Gespräch . . . oder ins Gebrüll gekommen (Lachen). Und wir mußten dann rausgehen, weil wir uns drin nicht mehr unterhalten konnten. Da hab ich ihm auch so von der Pfadfindergruppe erzählt, und da meinte er: So was hab ich ja noch nie gehört. Und das finde ich ja unheimlich interessant.
Leider wohnt er aber zu weit weg: ich konnte ihn nicht für unsere Gruppe werben.‹« (Hennig, 1981, S. 307)

In den Kapiteln 6 und 7 ist schon angeklungen, daß aus einer biologistisch eingefärbten Konsumkritik speziell neonazistische Jugendliche die DDR zum Vorbild erklären. »D meint:

›Es gibt eine Reihe von Menschen, . . . die alles mögliche und unmögliche angestellt haben, um hier in den Westen zu kommen. Und nachdem sie eine Zeitlang hier im Westen gelebt haben, doch gesagt haben, daß diese

Gedankenlosigkeit, dieser sinnlose Konsumrausch, das Fehlen jeder menschlichen Bindung, daß alle diese Dinge ihnen also hier im Westen ganz, ganz bitter aufstoßen.«« (Hennig, 1981, S. 305.)

Generell läßt sich konstatieren, daß die Wertemuster rechtsextremer Jugendlicher sozialdarwinistisch bestimmt sind. Dabei lassen sich jedoch nach dem Grad der Rigidität Unterschiede zwischen Angehörigen »weicher« Gruppen und jenen »harter« Gruppen feststellen. Namentlich in neonazistischen Organisationen entwickeln Jugendliche einen aggressiven Männlichkeitskult, der das quasi naturgesetzlich legitimierte Gewalt- und Kampfprinzip als charakteristischen Gruppenstil nach außen demonstriert. Obwohl Gewalt prinzipiell nicht abgelehnt wird, begründen die befragten Jugendlichen aus NS-Gruppen ihre Gewaltakzeptanz in den meisten Fällen als Gegengewalt. Diese Jugendlichen heben die prinzipielle Gewalttätigkeit ihrer politischen Gegner hervor, die zumeist noch ihnen gegenüber in der Überzahl seien. Gewalt wird hier als defensives Verhaltensmuster interpretiert.

»Ein Neonazi geht so weit, hieraus die Kooperation von Polizei und Linken abzuleiten:

> ›Wir (wissen) jetzt genau . . ., wie die Roten und wie die Li-, eh, Polizei handelt, ja. Die Polizei hat uns praktisch in eine Falle laufen lassen. Das sah nämlich so aus: Die Zivilpolizei . . . stand da drum rum . . ., und wollte praktisch, daß die Linken die Dreckarbeit machen für die Polizei, daß die Linken praktisch unsern Stand wegräumen, ja. Und die Polizisten gucken bloß zu, ja, und freuen sich darüber.‹ (D)

Bei neonazistischen Gruppen kommt hinzu, daß dem Staat grundsätzlich Einschüchterung und Kriminalisierung des rechten Lagers unterstellt wird. Als Entgegnung entwickeln diese Jugendlichen eine Gruppenstrategie, die staatliche Repressionen einplant:

›Der Staat kann uns gar nichts besseres liefern als Verfolgung‹ (V), denn sie beschleunigt die Auslese, nur die Besten bleiben zurück, ›das Gesündeste, was es überhaupt gibt‹ (C). Erst, ›wer also bereit ist, in den Knast zu gehen für seine Überzeugung, der ist gut.‹ (V)« (Hennig, 1981, S. 255 f.). Für die Führer neonazistischer Gruppen erfüllen Gewalterfahrungen ihrer Mitglieder durch politische Gegner oder Polizei wichtige Integrations- und Radikalisierungsfunktionen. Sie werden als Bestätigung für die umfassende politische Verfolgung umdefiniert. Michael Kühnen beschrieb diese Form von politischer Sozialisation in einem Interview einmal so:

»Es gibt ja zwei Arten zu lernen: Es gibt emotionales Lernen, von der Gefühlswelt her, und es gibt eben Lernen, rational, nur vom Verstand her. Und die Bewegung, der wir angehören, überhaupt die Rechte, hat im Grunde mehr das Emotionale angesprochen, ohne – worauf ich ausdrücklich Wert lege – das Geistige zu vernachlässigen. Es ist also nicht so, wie schon in der Weimarer Republik gesagt wurde: ›Der Geist steht links.‹ Darüber habe ich immer nur gelacht. Aber es ist eine andere Art zu lernen. *Wir lernen durch das, was andere uns antun.* Wir lernen durch die Aktion schlechthin und überlegen dann rational, wie kommt das zustande . . .« (Rabe, 1980, S. 172 f.; Hervorhebung P. D.)

Eigene Gewaltanwendung wird damit als Annahme einer Herausforderung durch andere legitimiert. Namentlich bei Jugendlichen in neonazistischen Gruppen markiert diese Deutung den Übergang von Gegengewalt zur Angriffsgewalt.

»›Wir müssen erst ganz radikal unsere Stärke zeigen, ja, und dann können wir mit den Leuten reden, das ist ein Naturgesetz.‹ (D)

Für D ist die gesamte Gesellschaft von Gewaltverhältnissen geprägt. Jedem einzelnen bleibt keine Wahl, will er nicht ein ›Heuchler‹ werden oder hoffnungslos untergehen, dann muß er ein positives Verhältnis zur Gewalt entwickeln:

›Ich sage: Jeder, der in einer menschlichen Gesellschaft lebt, der muß erstens zur Gewalt Stellung nehmen, und zweitens muß er die Gewalt akzeptieren . . . Sonst muß er sich, . . . um seiner eigenen Moral nicht zuwiderzulaufen, da muß er sich aus der menschlichen Gesellschaft entfernen . . .‹
›Jeder, der in einer menschlichen Gesellschaft lebt und sagt, er lehnt Gewalt ab, ist für mich ein Heuchler, weil er nämlich Gewalt in Kauf nimmt . . .‹

Diese Gewalt übt D als weltanschauliches Prinzip kühl und distanziert, gleichzeitig aber so ungehemmt und total aus, daß ihn selbst Mitglieder seiner Gruppe deswegen kritisieren.
Im zweiten Interview, an dem u. a. mit V ein weiterer erprobter Straßenkämpfer teilnimmt, kommt die Rede auf die Frage, ob es Regeln eines fairen Straßenkampfes gebe. Es wird ersichtlich, daß V es als eine Regelverletzung ansieht, wenn eine Axt oder ein Messer verwendet werden oder wenn man auf einem schon am Boden liegenden Feind ›noch 'ne halbe Stunde drauf rum . . . trampelt‹. V bezeichnet dies als ›Sadismus‹. Demgegenüber betont D, man müsse immer ›noch brutaler zurückschlagen‹ als der Feind, um den Eindruck eines Zurückweichens und der Verweichlichung zu vermeiden oder gar nicht erst aufkommen zu lassen. Den utilitaristischen Hin-

weis V's (›Du kannst in der gleichen Zeit, wo du auf einem rumtrampelst wie ein Blöder, kannst du zehn Stück außer Gefecht setzen‹), weist D als ›theoretisch‹, als situationsunangemessen zurück.« (Hennig, 1981, S. 276 f.)
Im folgenden schildert D am Beispiel einer Alltagssituation seine prinzipielle Position zur Gewaltfrage. Wir zitieren die entsprechende Passage aus dem Forschungsbericht ausführlich, weil sie Einblicke in eine Gewaltphilosophie gibt, die sozialdarwinistische Deutungen als individuelles Verhaltensmuster in extremer Form akzeptiert und praktiziert.

> »›Als ich noch Kellner war, ja, auf dem Rummel . . ., hat mir sogar Spaß gemacht, weil da ein bißchen was los war, ja, aber da war es manchmal so hart, ja, da mußte man so brutal reinhauen . . .
> Da habe ich so einen umgerissen, umgerissen und der lag am Boden, und da habe ich ihn auf den Kopf getreten, ja, das hat richtig laut geknallt , , , Ich hab überhaupt nicht gemerkt, daß der atmet, ich hab gedacht, der wär tot, ja. Aber das mußte man machen, weil da ging es so hart zu, ja. Als Kellner, als Kellner muß man sich da einfach durchsetzen . . .
> Und die saßen da alle so dumm rum, und haben das mitgekriegt . . . und die haben ja nun gesehen, ja, ich hab dem ganz regulär ein Bier gebracht und er will nicht bezahlen, ja, und nun sind das alles sone Typen, ja, die gehen auch nach der Stärke . . ., denen imponiert Stärke und die sagen, wer stark ist, zu dem fühlen wir uns hingezogen.‹

D sieht gar keine andere Möglichkeit, als demonstrativ gewaltsam zu seinem Ziel zu kommen. Entweder er gibt nach, macht sich vor den Zuschauern lächerlich, oder er muß Gewalt anwenden, die Distanz schafft – Distanz nicht nur zu seinem Opfer, vor allem auch zu den Umsitzenden, die dann zu weiteren potentiellen Gegnern werden, wenn er nicht seine gerechte Forderung exekutiert:

> ›Also muß ich da ganz hart vorgehen und weil die nämlich auch unheimlich brutal sind, weil ich gesehen hab, wie die sich auch untereinander geprügelt haben, ja . . .‹

D schildert noch einmal die Auseinandersetzung und betont dabei ihren rituellen, öffentlichkeitswirksamen Charakter:

> ›Ruckzuck hat er gelegen, ja, und da hat er zwar gelegen, aber dann mußte ich noch ein bißchen was demonstrieren . . ., daß die andern richtig geschockt sind, ja, da habe ich ihn noch auf den Kopf getreten, damit es so richtig schön geknallt hat.‹

Die Vorstellung, in dieser Situation, so herausgefordert, bloß die einfache körperliche Überlegenheit zu beweisen (›hätte ich ihn einfach bloß umgehauen‹), erscheint D bereits als Beweis von Schwäche und Zugeständnis, daß die Gerechtigkeit nicht gilt:

> ›Die würden sagen . . ., entweder der ist verweichlicht, ja. Dann hat man sowieso keinen Respekt, ja. Oder, eh, die denken sich, eh naja, . . . den hat er zwar umgehauen, aber mich haut der bestimmt nicht um, denn . . . sinkt die Angstschwelle, ja, sinkt unheimlich herab, ja. Dann sagen sie sich, ja, und wenn er mich umhaut, ja, ich kann es ja mal drauf ankommen lassen, mir passiert ja nicht viel, ja, denn haut er mir bloß eine runter, und dann liege ich da und – halt praktisch so wie ein Wettkampf, oder ich kann, so bin ich nun auch nicht, ja, daß ich mich mit jedem messen kann, ich bin nicht der Größte, ja, sondern eher einer der Allerkleinsten, ja, in solchen Sachen.‹« (Hennig, 1981, S. 278 f.)

Neben der Rekonstruktion politisch-sozialer Deutungsmuster rechtsextremer Jugendlicher wertet Hennig das Interviewmaterial biographisch, d. h. bezogen auf den individuellen Prozeß politischer Sozialisation aus. Läßt man einmal die geringe Fallzahl der Interviewten, die immer existierenden biographischen Zufälligkeiten und situationsbedingte Einflüsse außer acht, so läßt sich ein *Modell* rechtsextremer »Karrieren« rekonstruieren. Im Rekonstruktionsmodell sieht der schematische Verlauf einer rechtsextremen Karriere so aus:

Schematischer Verlauf einer rechtsextremistischen Karriere		
Alter (ungef.)	Krisenbereich, Konfliktfeld	Orientierung, Teilhabe an Organisationen
	gestörtes Elternhaus	national, konservativ, privatistisch
14 (ff.)	Schulkrise	öffentliches Fragen, erste Stigmatisierungen
15	Probleme mit dem anderen Geschlecht	Gleichaltrigen-Gruppen, männerbündische Kameradschaft
17	Beruf, Arbeitslosigkeit	Minderwertigkeit, in-group-Orientierung
	Stigmatisierung, Auffälligkeit im Alltag	Abschluß der kurzen Orientierungsphase, Beginn der Radikalisierung von »weichen« zu »harten« Organisationen
18	Polizei, Justiz	»politisches Soldatentum«, Abbruch bürgerlicher Karrieremuster

(Hennig, 1982, S. 33)

Parallel dazu läßt sich ein prozeßorientiertes Phasenmodell rechtsextremer Karriereverläufe bestimmen, das zwar keine Angaben über den Gruppenbildungsprozeß rechtsextremer Organisationen macht, aber Stufen der individuellen Annäherung und Integration in bestehende Gruppierungen identifiziert. Der Idealtypus, auf den dieses Phasenmodell ausgerichtet ist, ist der »politische Soldat« in einer neonazistischen Kadergruppe. Hennig unterscheidet in seinem Modell folgende Phasen:

> »— Die *Ausbildungsphase* der orientierenden Einflußgrößen bzw. der konservativ-autoritären und nationalistischen Vorprägungen steht am Anfang.
> — Es folgt die *Orientierungsphase*, in der diejenige Organisation gesucht/ausgefiltert wird, der man sich zuneigt; zum Abschluß dieser Phase ist der Entschluß zum Eintritt gereift.
> — Die *Initiation*, der Eintritt in eine Organisation, ist verbunden mit der Bereitschaft, die äußeren Kennzeichen, das Sprachverhalten und das Programm der ausgewählten Organisation zu übernehmen.
> — Vielfach geht der Initiation die *Zugehörigkeit zur rechten Szene* voraus. Möglich ist die Beteiligung an informellen Gruppen (z. B. in Schulen, auf Spielplätzen, in Kneipen/Treffpunkten), die zur Perfektionierung der Mitgliedsrolle oder zum ›Aussteigen‹ nach Kennenlernen führen kann.
> — Der Initiation folgt die *Mitgliedschaft*, die sich durch die sichtbare Abgrenzung und einen auf Gesellschaft und Staat bezogenen Änderungswillen auszeichnet.
>
> Nach dem Grad des *Rigorismus* und der *Radikalisierung* kann die Mitgliedsrolle weiter ausdifferenziert werden. Gewaltakzeptanz und Totalitätsperspektive der Mitgliedschaft gegenüber alternativen Entwürfen einer ›bürgerlichen Existenz‹ sind diejenigen Merkmale, die darauf hinweisen, wie sehr das Mitglied durch praktisches Verhalten dokumentiert, die Ansprüche der rechtsextremistischen Organisationen und Strategien zu übernehmen und als Leitlinie eines mehr und mehr entindividualisierten asketischen Lebens zu akzeptieren.
> Bezüglich der Mitgliedschaft kann zwischen Führern, Mitläufern, Aktivisten, Militanten und Außenseitern/›underdogs‹ unterschieden werden.« (Hennig, 1982, S. 34.)

Im abschließenden Kapitel werden a) die meines Erachtens relevantesten Ergebnisse des Biographie-Projektes zusammengefaßt und b) thesenartig mit makroanalytischen Interpretationen der jugendlich-rechtsextremen Subkultur verknüpft. Die Thesen sind so akzentuiert, daß sie zu Widerspruch und Diskussion anregen können.

10. Thesen zum Rechtsextremismus unter Jugendlichen

1. Rechtsextremismus unter Jugendlichen ist nur *eine* von möglichen Ausdrucksformen politischer Entfremdung. In gesellschaftlichen Situationen, in denen Jugendliche (und Erwachsene) eigene Lebenserfahrungen und soziale Perspektiven mit dem Prozeß des gesellschaftlichen und sozialen Wandels nicht mehr sinnvoll integrieren können, greifen sie auf autoritär strukturierte Ordnungsmodelle und einfache Orientierungsmuster zurück. Dualistische entdifferenzierte Freund-Feind-Schemata und Fermente antidemokratischen Denkens gehen weit über den Bereich des organisierten Rechtsextremismus hinaus.
2. Politisch gefährlicher als die insgesamt geringe Zahl rechtsextrem organisierter Jugendlicher ist das antidemokratische Resonanzfeld, das gegenwärtig trotz umfassender gesellschaftlicher Krisensituationen durch die bürgerlichen Parteien integriert wird. In der fehlenden demokratischen Tradition der politischen Kultur der Bundesrepublik liegt *ein* Gefahrenmoment für den Umschlag von autoritärem Denken in faschistisches Handeln. Das gilt trotz der systemkonform kolorierten Jugendbilder in Wissenschaft und Medien auch für Jugendliche.
3. Für die Orientierung Jugendlicher in rechtsextremen Gruppen ist – nach Hennig – die Ambivalenz von Protesthaltung und Unterordnung kennzeichnend. Die bestehenden politischen Institutionen werden von ihnen als unglaubwürdig erlebt, ihre Repräsentanten als Personen beschrieben, deren Handlungen von persönlichem Vorteilsdenken bestimmt werden und nicht den selbstlosen Einsatz für die »Gemeinschaft« repräsentieren.
4. Rechtsextreme Jugendliche interpretieren ihre eigene politische Sozialisation als zwangsläufige Folge ihrer Entwick-

lung. Namentlich in neonazistischen Kadergruppen erfährt diese geschlossene Deutung eine biologistische Wendung, in dem ihre Mitglieder behaupten: »Wir sind zu Nationalsozialisten geboren.«

5. Rechtsextreme Karrieren unter Jugendlichen sind nicht zwangsläufig. Es gibt keine hinreichenden Bedingungen, die kausalgesetzlich für rechtsextreme Orientierungen verantwortlich gemacht werden können. Andererseits lassen sich häufig begünstigende Faktoren im sozialen Umfeld der Jugendlichen benennen, die eine solche Karriere fördern.

6. Zu begünstigenden Faktoren einer rechtsextremen Karriere zählen soziale Isolation, Stigmatisierungserfahrungen und Dequalifikation. Die Reaktionen von Öffentlichkeit, Polizei und Justiz lassen sich von rechtsextremen Führern einsetzen, um politische Karrieren zu fördern. Der Endpunkt rechtsextremer Karrieren ist der »politische Soldat« in einem neonazistischen Zirkel, der Berufsnationalsozialist, jedweder beruflichen oder privaten Perspektive beraubt.

7. Rechtsextreme Jugendliche, ob in den »weichen« Gruppen (BHJ, JN) oder in »harten« Gruppen (VSBD, WSGs, ANS, NSDAP/AO) sehen sich selbst als Wertelite, als »Führungskräfte« eines zu verwirklichenden Zukunftsstaates (nationale Volksgemeinschaft/NS-Staat). Speziell Jugendliche in neonazistischen Zirkeln grenzen sich gegen berufliche Aufstiegsorientierungen ab. In ihren Leitbildern vom »politischen Soldaten« entwerfen sie eine Ersatzkarriere; dabei übernehmen sie vollständig die an den bürgerlichen Institutionen kritisierten Leistungs-, Aufstiegs- und Karriere-Ideale.

8. Während die Angebote der weichen Jugendgruppen eher auf Gemeinschafts- und Kameradschaftserlebnisse auch im Alltag der Jugendlichen abstellen, dominiert in den harten Gruppen der politische Aktivismus, die unmittelbare und militante Auseinandersetzung mit dem politischen Gegner. Sowohl die »bündischen« Strategien als auch die Strategie des »Kampfes um die Straße« setzen auf ein gemeinsames Lernkonzept: Lernen durch Erfahrung und Überzeugungs*erlebnisse*. Damit werden die kognitiven Defizite des rechten Lagers kompensiert.

9. Charakteristisch für die in rechtsextremistischen Gruppen organisierten Jugendlichen ist die besonders schwere Adoleszenzkrise. Schwer bezeichnet in diesem Zusammenhang die überdurchschnittliche Anhäufung von Problemen in der Reifungsphase. Hierzu zählen Konflikte im Elternhaus, gestörte Erziehungsverhältnisse, Schulprobleme, Schwierigkeiten am Arbeitsplatz, soziale Isolation und Probleme beim Umgang mit dem anderen Geschlecht.
10. Rechtsextreme Jugendliche verfügen über einen moralischen Rigorismus, der – speziell bei Mitgliedern neonazistischer Gruppen – Güterabwägungen zwischen politischer und privater Karriere oder auch Abwägungen zwischen politischen Zielen und den Mitteln ihrer Durchsetzung verdrängt.
11. Positive Vorbilder rechtsextremer Jugendlicher sind nicht Eltern oder Lehrer, sondern Personen aus der Großelterngeneration. Die populistische NS-Legende wird zumeist über Großeltern und/oder »Altnazis« vermittelt. »Die alten Kämpfer sehen in uns die Söhne, die behandeln uns auch als Söhne, als neue Kraft.« (VSBD-Jugendlicher) Bei provozierenden Auftritten lösen die organisierten jugendlichen Rechtsextremisten, die durch Uniform, Habitus und militantes Verhalten demonstrativ und grenzziehend zu erkennen geben, daß sie im rechten Lager stehen, bereits auf einer niedrigen Reizschwelle hohe Sanktionen aus. Besonders Gefängnisstrafen werden in der Szene als Gesinnungsstrafen und Beugehaft interpretiert. Sie haben allerdings für Aktivisten keinen abschreckenden Effekt, im Gegenteil, sie befördern eher rechte Karrieren.
12. Der rechtsextreme Jugendprotest unterscheidet sich von anderen jugendlichen Subkulturen und Protestformen u. a. durch seinen geringen Autonomiespielraum gegenüber Erwachsenenorganisationen. Trotz der häufig geübten Kritik an der Saturiertheit und politischen Apathie der älteren Generation basiert die jugendlich-rechtsextreme Subkultur nicht auf einem Generationskonflikt (s. These 11).
13. Politische Institutionen und institutionelle politische Strukturen haben bei Jugendlichen an Bedeutung verloren. Weder die etablierten Parteien noch die Gewerkschaften, weder die Jugendverbände noch die »linke Subkultur« sind

gegenwärtig in der Lage, Jugendlichen überzeugende Angebote zu machen, die der gesellschaftlichen Krise und ihrer subjektiven Perspektivlosigkeit entsprechen würden. Die Existenz informeller Jugendcliquen mit antidemokratischen Einstellungen und gewaltbetonten Gruppenstilen (Fußball-Fan-Clubs, Skinheads etc.), mit eigenen kommunikativen Strukturen und sozialen Zusammenhängen sind Ausdruck der abnehmenden Integrationskraft der Jugendverbände und Indiz für zunehmende politische Entfremdung.

14. Die politische Gefahr des Rechtsextremismus liegt heute *nicht* in seiner vermeintlichen Funktion als »Einsatzreserve« »des« Kapitals oder anderer bürgerlicher Krisenstrategien. Dieser Mythos eines verkehrten Antifaschismus, der sich von der gescheiterten Politik der KPD in der Weimarer Republik noch immer nicht lösen kann, bedarf einer gründlichen Desillusionierung. Der organisierte Rechtsextremismus ist vielmehr ein Indikator für antidemokratische Fermente in der politischen Kultur der Bundesrepublik.

15. Die Auseinandersetzung mit rechtsextremen Tendenzen (unter Jugendlichen) ist primär eine politische Aufgabe. Sie darf nicht vorschnell in ein polizeiliches oder pädagogisches Problem umdefiniert werden. Antidemokratisches Denken und rechtsextremes Handeln basieren nicht auf Informations- oder Aufklärungsdefiziten über den historischen Nationalsozialismus.

16. Geschichte wiederholt sich nicht. Die Versuche militanter Neonazis wie bestimmter »Antifaschisten«, die Schlachten der Endphase der Weimarer Republik nochmals zu schlagen, führen ins politische Abseits und machen blind für Gefahren, die mit dem Nationalsozialismus nichts zu tun haben (Umweltproblematik, neue Technologien und ihre Verwendung als Instrumente sozialer Kontrolle etc.).

17. Die bestimmende politische Tradition in Deutschland ist die autoritäre. Politische Auseinandersetzung mit dem Rechtsextremismus heißt deshalb auch, politische Arbeit für eine demokratische Kultur zu leisten. Denn die Sozialmaxime des Autoritarismus und Rechtsextremismus legen die Antwort auf die Frage nach einer antifaschistischen Politik heute nahe, nämlich: »eine Politik verfolgen, die das

genaue Gegenteil von dem tut, was rechtsextreme Ideologien fordern: nicht sozialdarwinistischen Kampf, nicht das Recht des Stärkeren, nicht das Prinzip von Befehl und Gehorsam als durchgängige Maxime des sozialen Lebens, nicht Härte im Umgang mit der Jugend, nicht Dominanz des Mannes in allen Lebensbereichen etc. etc.« (Greiffenhagen in: Rittberger, 1983, S. 215.)

> Ein Faschist, der nichts ist
> als ein Faschist,
> ist ein Faschist.
> Aber ein Antifaschist,
> der nichts ist
> als ein Antifaschist,
> ist kein Antifaschist.
>   Erich Fried

11. Literaturverzeichnis

Bartsch, G., 1975, Revolution von rechts?, Freiburg
Becker, H., 1949, Vom Barette schwankt die Feder. Die Geschichte der deutschen Jugendbewegung, Wiesbaden
Benz, W. (Hrg.), 1984, Rechtsextremismus in der Bundesrepublik. Voraussetzungen, Zusammenhänge, Wirkungen, Frankfurt
Berendt, J. E., 1958, Tanz als Ausbruch – Zur Problematik der modernen Tanzmusik, in: Der Tanz in der modernen Gesellschaft, hrg. von H. Heyer, o. O.
BMI, 1962, Erfahrungen aus der Beobachtung und Abwehr rechtsradikaler und antisemitischer Tendenzen 1961, Bonn (Manuskript)
ders., 1963, Rechtsradikalismus in der Bundesrepublik im Jahre 1962, aus politik und zeitgeschichte, B 14
ders., 1964, Rechtsradikalismus in der Bundesrepublik im Jahre 1963, aus politik und zeitgeschichte, B 26
ders., 1981, Gewalt von rechts. Beiträge aus Wissenschaft und Publizistik, Bonn
ders., 1982, Verfassungsschutz 1981, Bonn
ders., 1983, Verfassungsschutz 1982, Bonn
ders., 1984, Verfassungsschutz 1983, Bonn
Broder, H. (Hrg.), 1978, Deutschland erwacht, Bornheim-Merten
Büsch, O./Furth, P., 1957, Rechtsradikalismus im Nachkriegsdeutschland. Studien über die »Sozialistische Reichspartei« (SRP), Berlin/Frankfurt
Bundesregierung (Hrg.), 1960, Die antisemitischen und nazistischen Vorfälle, Bonn
Degner, P. (Hrg.), 1964, Wille zur Zukunft. Zeugnisse Deutscher Jugend, Leoni
Dorner, R., 1980, Halbstarke in Frankfurt, in: Eisenberg, G./Linke, H. J. (Hrg.), Fuffziger Jahre, Gießen
Dudek, P., 1980, Von Holocaust, Emanzipation und einem Mädchen, das für Deutschland kämpft, in: Beck, J. u. a. (Hrg.): Hoffnung und Terror. Leben in Deutschland 1933–1945, Reinbek
ders., 1984 a, Konservatismus, Rechtsextremismus und die »Philosophie der Grünen«, in: Th. Kluge (Hrg.): Grüne Politik – eine Standortbestimmung, Frankfurt
ders., 1984 b, Deutungen jugendlich-rechtsextremen Protestverhaltens, in: Otto, U. (Hrg.); Fürsorge-, gesundheits- und familienpolitische Strategien zur Durchsetzung nationalsozialistischer Herrschaft (Arbeitstitel), Neuwied

Dudek, P./Jaschke, H. G., 1981 a, Revolte von rechts. Anatomie einer neuen Jugendpresse, Frankfurt/New York

dies., 1981 b, Die Deutsche National-Zeitung. Geschichte. Inhalte. Aktionen, München

dies., 1984 a, Entstehung und Entwicklung des Rechtsextremismus in der Bundesrepublik. Zur Tradition einer besonderen politischen Kultur, Band 1, Opladen

dies., 1984 b, Entstehung und Entwicklung des Rechtsextremismus in der Bundesrepublik. Dokumente und Materialien, Band 2, Opladen

Enquete-Kommission des Deutschen Bundestages, 1983, Jugendprotest im Demokratischen Staat, Deutscher Bundestag, Drucksache 9/2390 vom 17. 3. 1983

Filmer, W./Schwan, H., 1983, Was von Hitler blieb. 50 Jahre nach der Machtergreifung, Frankfurt/Berlin/Wien

Fischer, E., 1963, Probleme der jungen Generation. Ohnmacht oder Verantwortung?, Wien

Fröhner, R., 1956, Wie stark sind die Halbstarken?, Bielefeld

Ganther, H. (Hrg.), 1959, Die Juden in Deutschland, Hamburg

Haack, F. W., 1981, Wotans Wiederkehr. Blut-, Boden- und Rasse-Religion, München

Haß, K., 1950, Jugend unterm Schicksal, Hamburg

Hennig, E., 1979, Kontinuitäten zum historischen Faschismus und jugendliches Politikverhalten in der Bundesrepublik, in: Paul, G./Schoßig, B. (Hrg.), Jugend und Neofaschismus. Provokation oder Identifikation?, Frankfurt

ders., 1981, Neonazistische Militanz und Rechtsextremismus unter Jugendlichen, unveröffentlichter Forschungsbericht, Frankfurt

ders., 1982, Neonazistische Militanz und Rechtsextremismus unter Jugendlichen, Schriftenreihe des BMI Nr. 15, Bonn

Hornstein, W., 1982, Jugendprobleme, Jugendforschung und politisches Handeln, aus politik und zeitgeschichte, B 3

Jaide, W., 1978, Achtzehnjährige – Zwischen Reaktion und Rebellion, Opladen

Jugendliche heute, 1955, Ergebnisse einer Repräsentativbefragung der Hörerforschung des Nordwestdeutschen Rundfunks, München

Kaiser, G., 1959, Randalierende Jugend. Eine soziologische und kriminologische Studie über die sogenannten ›Halbstarken‹, Heidelberg

Kallina, B., 1973, Mehr als Parteijugend? Die »Jungen Nationaldemokraten« vor dem langen Marsch, Nation Europa, Heft 1

Klönne, A., 1960, Jugend rechtsaußen. Eine dokumentarische Übersicht, Pläne-Sonderheft

ders., 1982, Jugend im Dritten Reich, Köln

Kühnen, M., 1979, Die Zweite Revolution. Glaube und Kampf, unveröffentlichtes Manuskript

Laqueur, W., 1962, Die deutsche Jugendbewegung. Eine historische Studie, Köln

Meyer, A./Rabe, K. Kl., 1979, Unsre Stunde die wird kommen, Bornheim-Merten

Mörig, G., 1977, Jugend im Volk: Heimattreue Jugendarbeit, Nation Europa, Heft 4 ders., 1977, Aus neuen Erkenntnissen für morgen handeln, Förderpreis des DKEG, hrg. v. DKEG, München

ders. (Hrg.), 1981, Deutschlands junge Zukunft, Kiel

Muchow, H. H., 1956, Zur Psychologie und Pädagogik der Halbstarken I–III, Unsere Jugend, Hefte 9–11

Mußgnug, M., 1982, Deutschland wird leben!, Stuttgart

ders., 1983, Es geht um die Zukunft und um das Leben der deutschen Nation, Stuttgart

Nahrath, W., 1964, Wege der Jugenderziehung aus der Sicht der volkstreuen Jugendbünde, Hannover

Oertwig, B., 1981, Großstadtwölfe. Gladows Bande der Schrecken von Berlin, Berlin

Opitz, R., 1984, Faschismus und Neofaschismus, Frankfurt

Paetel, K. O., 1963, Jugend in der Entscheidung 1913–1933–1945, Bad Godesberg

Pasolini, P. P., 1975, Freibeuterschriften. Die Zerstörung der Kultur des Einzelnen durch die Konsumgesellschaft, Berlin

PDI, 1981, Die Volkssozialistische Bewegung Deutschlands – Sammelbecken militanter Rechtsradikaler, PDI-Sonderheft 17, München

Penz, L., 1974, Nationalismus und »unbewältigte Vergangenheit«, Junges Forum, Heft 1

Peters, J. (Hrg.), 1979, Neofaschismus. Die Rechten im Aufwind, Berlin

Pipping, K. u. a., 1954, Gespräche mit der deutschen Jugend. Ein Beitrag zum Autoritätsproblem, Helsingfors

Pless, E. W., 1979, Geblendet. Aus den authentischen Papieren eines Terroristen, Zürich

Preuß-Lausitz u. a., 1983, Kriegskinder, Konsumkinder, Krisenkinder. Zur Sozialisationsgeschichte seit dem Zweiten Weltkrieg, Weinheim/Basel

Rabe, K. Kl. (Hrg.), 1980, Rechtsextreme Jugendliche. Gespräche mit Verführern und Verführten, Bornheim-Merten

Reichel, P., 1982, Politische Kultur. Zur Geschichte eines Problems und zur Popularisierung eines Begriffs, aus politik und zeitgeschichte, B 42

Rittberger, V. (Hrg.), 1983, 1933 – Wie die Republik der Diktatur erlag, Stuttgart

Sauermann, U., o. J., Über die Rolle und den Auftrag des NHB. Referat auf dem Münchner Parteitag der NPD, in: alternative 2. Zeitschrift der Jungen Nationaldemokraten, hrg. v. JN-Bundesvorstand

Schelsky, H., 1975, Die skeptische Generation, München

Schütte, R., 1967, Wir bekennen, wir glauben, wir sind bereit 1951–1966. 15 Jahre heimattreue Jugendbewegung, Braunschweig

Shell-Studie, 1981, Jugend '81. Lebensentwürfe, Alltagskulturen, Zukunftsbilder, hrg. v. Jugendwerk der deutschen Shell, 3 Bände, Hamburg

SINUS, 1983, Die verunsicherte Generation. Jugend und Wertewandel, Opladen

Sochatzky, Kl. u. a., 1980, Parole rechts! Neofaschismus im Schülerurteil, Frankfurt

Stöss, R. (Hrg.), 1983, Parteien-Handbuch. Die Parteien der Bundesrepublik Deutschland 1945–1980, Band 1, Opladen

Verfassungsschutzbericht Baden-Württemberg 1983, 1984, Stuttgart

Verfassungsschutz Schleswig-Holstein, 1984, Verfassungsschutz in Schleswig-Holstein 1983, Kiel
Vinke, H., 1981, Mit zweierlei Maß. Die deutsche Reaktion auf den Terror von rechts, Reinbek
Wangenheim, F. v., 1982, Erziehung durch Vorbild, Nation Europa, Heft 9
Weber, A., 1982, Haben wir Deutsche nach 1945 versagt? Politische Schriften 1, Frankfurt
Zulliger, H., 1958, Jugendliche und Halbstarke. Ihre Psychologie und ihre Führung, Zürich/Stuttgart

12. Personenverzeichnis

Abel, Wolfgang 192
Adenauer, Konrad 49, 54, 60, 88
Albrecht, Udo 159

Bannert, Walther 13
Barschel, Uwe 20
Baum, Rudolf 183
Baur, Hans 114
Becker, Howard 30
Behrendt, Uwe 110, 159
Berendt, Ernst Joachim 47
Bergmann, Kay-Uwe 137
Bernau, Peter 94
Beyer, Henry 206
Bismarck, Otto von 70
Blaschke, Helge 190
Böhme, Herbert 65
Börm, Manfred 137
Borchardt, Siegfried 16
Bormann, Karl 76
Brehl, Thomas 177, 196, 198, 201 f., 213
Buck, Felix 141
Bügner, Johannes 211
Burger, Norbert 99
Busse, Friedhelm 155, 162, 164, 168, 170

Carstens, Carl 109
Christophersen, Thies 155 f.
Colditz, Heinz 186
Coletta, Pascal 170

Deckert, Günter 126
Dehoust, Peter 90
Dietl, Eduard 73

Dönitz, Karl 73, 75, 186
Dorner, Rainer 43, 45
Dupper, Steffen Joachim 137, 159

Eckes, Ludwig 109
Enk, Friedhelm 211
Erzberger, Matthias 197
Etzel, Richard 63, 69, 99

Fabel, Peter 168, 170
Fiedler, Hans-Michael 112
Fischer, Dieter 76
Fischer, Ernst 48
Fraas, Hans Peter 190
Frey, Gerhard 106, 161
Fröhlich, Hans-Günter 14
Frühauf, Michael 211

Gerhard, Dirk 133
Gladow, Werner 44
Globke, Hans 88
Grimm, Hans 79, 100
Gringmann, Helmut 79

Härtle, Heinrich 100
Hamberger, Peter 159, 170
Haußleiter, August 58
Heinzmann, Axel 110
Hellwege, Heinrich 60
Hennig, Eike 224 ff., 232
Hepp, Odfried 132, 137 ff., 159, 185, 189 ff., 196
Heß, Rudolf 55, 69
Heubaum, Karl-Heinz 78
Hewicker, Christine 170, 192
Hewicker, Klaus-Dieter 170, 192
Hierl, Konstantin 70

Hitler, Adolf 37, 114, 133, 138, 153, 173, 177
Höffkes, Heinz-Gert 123, 126
Höller, Alfons 60, 75 f., 99
Hörnle, Raymund 186
Hoffmann, Karl-Heinz 110, 133, 156 ff., 161 ff.
Hornstein, Walter 25
Hueber, Alfons 141
Hübner, Hans 99

Jäschke, Uwe 122 f.
Jaide, Walter 21
Jochheim-Armin, Karl 163

Kaiser, Günther 43 ff.
Kern(mayr), Erich 100
Kesselring, Albert 73
Kexel, Walther 166 ff., 182 f., 185, 189 ff., 196
Kleist, Peter 100
Klönne, Arno 31
Knabe, Gerd 114
Koch, Wolfgang 185
Köhler, Gundolf 110, 183
König, Olaf 211
König, Thorsten 177, 211
Kosbab, Werner 163
Krauß, Winfried 141, 150
Kriszat, Reinhold 70
Kühnen, Michael 103 f., 107, 138, 150, 154, 170 ff., 182, 191, 198 f., 201 f., 208 f., 213 ff., 221, 227

Lauck, Gerd 155
Lehmann, Hermann 152
Lembke, Heinz 96, 189
Levin, Shlomo 159
Lipschitz, Joachim 89
Löwenthal, Gerhard 109
Lorenz, Konrad 118

Manke, Alfred 114 f.
Marx, Arnd-Heinz 137, 153, 177, 198 ff., 207 ff., 213 ff.
Matthaei, Walter 58, 63, 128
Meissner, Karl 63
Mörig, Gernot 114, 116, 118 ff., 122 f., 126 f.
Muchow, Hans 45

Müller, Curt 167
Müller, Klaus 166, 168, 213
Müller, Peter 166 f., 201 f., 213, 221
Münchow, Herbert 58
Mußgnug, Martin 141, 143

Nahrath, Raoul 128
Nahrath, Wolfgang 66, 128, 130, 139
Nusser, Alfred 163

Oberheid, Josef 159
Oberländer, Karl 88
Opitz, Reinhard 223
Oxner, Helmut 184, 196

Pachman, Ludek 108 f.
Paetel, Karl Otto 79
Panteleit, Karl-Heinz 94
Papke, Werner 44
Pasolini, Pier Paolo 217
Penz, Lothar 101
Poeschke, Frieda 159
Pohl, Willi 159
Pozorny, Reinhard 114
Pross, Harry 24

Rabe, Karl Klaus 114
Rahn, Helmut 69
Rathenau, Walter 197
Reder, Walter 73
Reichel, Peter 31
Remer, Otto Ernst 58, 73
Riedel, Liberto 139
Riefenstahl, Leni 136
Roeder, Manfred 136, 155, 186 ff.
Röhm, Ernst 154, 171, 173
Rohwer, Uwe 137
Rudel, Hans Ulrich 73, 79, 100 f., 123
Rusche, Herbert 14
Rust, Hans Peter 149

Schelsky, Helmut 31 ff., 39 f., 48
Scheuch, Erwin 17
Schirach, Baldur von 128
Schlageter, Leo 70
Schmid, Carlo 88
Schmid, Herbert 76

Schmidt, Siegfried 77
Schönborn, Erwin 155
Schönen, Paul 85
Schröder, Gerhard 87
Schubert, Frank 166 ff., 183, 191, 196
Schubert, Heiner 69
Schütte, Rüdiger 103
Schulte, Ingeborg 14
Seebohm, Hans Christoph 60
Siebrands, Hans-Ulf 80, 95
Siebrands, Uwe 95
Speer, Albert 69
Sporleder, Dieter 190
Springmann, Baldur 126
Stöckicht, Peter 14, 90
Stolle, Uwe 95
Strasser, Otto 163
Strauß, Franz-Josef 161
Strunck, Arnold 85

Thadden, Adolf von 141, 144, 154
Tillmann, Ulrich 190 f.

Uhl, Klaus Ludwig 168

Vinke, Hermann 161
Vogel, Rainer 152
Vorderbrügge, Sibylle 186

Wagner, Andreas 185
Wagner, Stefan 160, 196
Wangenheim, Friederike von 115
Walter, Fritz 69
Weber, Alfred 33 f.
Wegner, Willi 212
Weißmüller, Thomas 213
Will, Richard 126
Windisch, Konrad 63, 65
Wolfgram, Kurt 167 f., 183, 191, 202

Zietzmann, Alfred 82 f.
Zumach, Andreas 114

Faschismus und Widerstand

Gerhard Beier
Die illegale Reichsleitung der Gewerkschaften 1933–1945

Martin Hirsch, Diemut Majer, Jürgen Meinck
Recht, Verwaltung und Justiz im Nationalsozialismus
Ausgewählte Schriften, Gesetze, Gerichtsentscheidungen von 1933 bis 1945, mit Einleitungen

Oswald Hirschfeld (Hrsg.)
Die Folgen des Dritten Reiches
»Ihr werdet Deutschland nicht wiedererkennen«

IG Druck und Papier (Hrsg.)
Faschismus in Deutschland
Ursachen und Folgen · Verfolgung und Widerstand · Ausländerfeindlichkeit und neonazistische Gefahren

Hermann Langbein
Pasaremos
Wir werden durchkommen
Briefe aus dem spanischen Bürgerkrieg

Hermann Langbein
Die Stärkeren
Ein Bericht aus Auschwitz und anderen Konzentrationslagern
Mit zahlreichen Abbildungen

Werner Lansburgh
Strandgut Europa
Erzählungen aus dem Exil
1933 bis heute

Heiner Lichtenstein
Warum Auschwitz nicht bombardiert wurde
Eine Dokumentation
Vorwort: Eugen Kogon
Mit zahlreichen Fotos

Heiner Lichtenstein
Im Namen des Volkes?
Eine persönliche Bilanz der NS-Prozesse
Mit einem Vorwort von Robert M. W. Kempner

Heiner Lichtenstein
Raoul Wallenberg, der Retter von hunderttausend Juden
Ein Opfer Himmlers und Stalins
Mit einem Vorwort von Simon Wiesenthal und acht Kunstdrucktafeln

Gerhard Paul
»Deutsche Mutter – heim zu Dir!«
Warum es mißlang, Hitler an der Saar zu schlagen
Der Saarkampf 1933 bis 1935
Vorwort: Professor Dr. Eike Hennig
Mit 56 Abbildungen und zwei Karten

Detlev Peukert
Die Edelweißpiraten
Protestbewegungen jugendlicher Arbeiter im Dritten Reich
Eine Dokumentation

Detlev Peukert
Volksgenossen und Gemeinschaftsfremde
Anpassung, Ausmerze und Aufbegehren unter dem Nationalsozialismus
Mit 59 Abbildungen auf 24 Kunstdrucktafeln

Bund-Verlag